宋 歐陽修 宋 祁 撰

新唐書

第 一 三 册

卷九八至卷一一四（傳）

中 華 書 局

唐書卷九十八

列傳第二十三

王珪 燾 薛收 元超 元敬 稷 伯陽 馬周 載 韋挺 待價 武 萬石

王珪字叔玠。祖僧辯，梁太尉、尚書令。父顗，北齊樂陵郡太守。世居郿。性沈澹，志量隱正，恬於所遇，交不苟合。隋開皇十三年，召入祕書內省，讎定羣書，爲太常治禮郎。季父頍，通儒有鑒裁，尤所器許。頍坐漢王諒反，誅，珪亡命南山十餘年。

高祖入關，李綱薦署世子府諮議參軍事。建成爲皇太子，授中舍人，遷中允，禮遇良厚。太子與秦王有隙，帝責珪不能輔導，流巂州。太子已誅，太宗召爲諫議大夫。帝嘗曰：「正主御邪臣，不可以致治；正臣事邪主，亦不可以致治。唯君臣同德，則海內安。朕雖不明，幸諸公數相諫正，庶致天下於平。」珪進曰：「古者，天子有爭臣七人，諫不用，則相繼以死。今陛下開聖德，收采芻言，臣願竭狂瞽，佐萬分一。」帝可，乃詔諫官隨中書、門下及三品官入閤。珪推誠納善，每存規益，帝益任之。封永寧縣男、黄門侍郎，遷侍中。

它日進見，有美人侍帝側，本廬江王瑗姬也。帝指之曰：「廬江不道，賊其夫而納其室，何有不亡乎？」珪避席曰：「陛下以廬江爲是邪？非邪？」帝曰：「殺人而取妻，乃問朕是非，何也？」對曰：「臣聞齊桓公之郭，問父老曰：『郭何故亡？』曰：『以其善善而惡惡也。』公曰：『若子之言，乃賢君也，何至於亡？』父老曰：『不然，郭君善善不能用，惡惡不能去，所以亡。』今陛下知廬江之亡，其姬尚在，竊謂陛下以爲是。審知其非，所謂知惡而不去也。」帝嗟美其言。

帝使太常少卿祖孝孫以樂律授宮中音家，伎不進，數被讓。珪與温彥博同進曰：「孝孫，脩謹士，陛下使教女樂，又責譙之，天下其以士爲輕乎！」帝怒曰：「卿皆我腹心，乃附下罔上，爲人游說邪？」彥博懼，謝罪，珪不謝，曰：「臣本事前宮，罪當死，陛下矜其性命，引置樞密，責以忠効。今疑臣以私，是陛下負臣，臣不負陛下。」帝默然慙，遂罷。明日，語房玄齡曰：「昔武王不用夷、齊，宣王殺杜伯，自古帝王納諫固難矣。朕夙夜庶幾于前聖，昨責珪等，痛自悔，公等勿懲是不進諫也！」

時珪與玄齡、李靖、温彥博、戴胄、魏徵同輔政。帝以珪善人物，且知言，因謂曰：「卿標鑒通晤，爲朕言玄齡等材，且自謂孰與諸子賢？」對曰：「孜孜奉國，知無不爲，臣不如玄齡；兼資文武，出將入相，臣不如靖；敷奏詳明，出納惟允，臣不如彥博；濟繁治劇，衆務必舉，臣不如冑；以諫諍爲心，恥君不及堯、舜，臣不如徵。至潔濁揚清，疾惡好善，臣於數子有一日之長。」帝稱善。而玄齡等亦以爲盡己所長，謂之確論。

進封郡公。坐漏禁近語，左除同州刺史。帝念名臣，俄召拜禮部尙書兼魏王泰師。王見之，爲先拜，珪亦以師自居。王問珪何以爲忠孝，珪曰：「陛下，王之君，事思盡忠；陛下，王之父，事思盡孝。忠孝可以立身，可以成名。」王曰：「忠孝既聞命矣，願聞所習。」珪曰：「漢東平王蒼稱『爲善最樂』，願王志之。」帝聞，喜曰：「兒可以無過矣！」

子敬直，尙南平公主。是時，諸主下嫁，以帝女貴，未嘗行見舅姑禮。珪曰：「主上循法度，吾當受公主謁見，豈爲身榮，將以成國家之美。」於是，與夫人坐堂上，主執笄盥饋乃退。其後公主降，有舅姑者備禮，本於珪。

十三年，病，帝遣公主就第省視，復遣民部尙書唐儉增損藥膳。卒，年六十九。帝素服哭別次。詔魏王率百官臨哭，贈吏部尙書，謚曰懿。

珪少孤且貧，人或餽遺，初無讓。及貴，厚報之，雖已亡，必酬贍其家。性不苛察，臨官務舉綱維，去甚不可者，至僕妾亦不見喜慍。奉寡嫂，家事咨而後行。敎撫孤姪，雖其子不過也。宗族匱乏，周卹之，薄於自奉。獨不作家廟，四時祭于寢，爲有司所劾，帝爲立廟媿之，不罪也。世以珪儉不中禮，少之。

始，隱居時，與房玄齡、杜如晦善，母李嘗曰：「而必貴，然未知所與游者何如人，而試與偕來。」會玄齡等過其家，李闚大驚，敕具酒食，歡盡日，喜曰：「二客公輔才，汝貴不疑。」

敬直封南城縣男，後坐交皇太子承乾，徙嶺外。

珪孫燾、旭。

燾，性至孝，爲徐州司馬。母有疾，彌年不廢帶，視絮湯劑。數從高醫游，遂窮其術，因以所學作書，號外臺祕要，討繹精明，世寶焉。歷給事中、鄴郡太守，治聞於時。旭，見酷吏傳。

薛收字伯褒，蒲州汾陰人。隋內史侍郎道衡子也，出繼從父孺。年十二，能屬文。以父不得死於隋，不肯仕，郡舉秀才，不應。聞高祖興，遁入首陽山，將應義舉。通守堯君素覺之，迎置其母城中，收不得去。及君素東連王世充，遂挺身歸國。房玄齡亟言之秦王，王召見，問方略，所對合旨，授府主簿，判陝東大行臺金部郎中。是時方討世充，軍事繁綜，收爲書檄露布，或馬上占辭，該敏如素構，初不竄定。

竇建德來援，諸將爭言斂軍以觀賊形勢，收獨曰：「不然。世充據東都，府庫盈衍，其兵皆江淮選卒，正苦乏食爾，是以求戰不得，爲我所持。今建德身總衆以來，必飛芻轉糧，更相資哺。兩賊連固，則伊、洛間勝負未可歲月定也。不若勒諸將嚴兵綿壘，浚其溝防，戒毋出兵。大王親督精銳據成皋，厲兵按甲，邀建德路。彼以疲老，當吾堂堂之鋒，一戰必舉。不旬日，二賊可縛致麾下矣。」王曰：「善。」遂禽建德，降世充。

王入觀隋宮室，且嘆煬帝無道，殫人力以事夸侈。收進曰：「峻宇彫牆，殷辛以亡；土階茅茨，唐堯以昌。始皇興阿房而秦禍速，文帝罷露臺而漢祚永。後主曾不是察，奢虐是矜，死一夫之手，爲後世笑，何此之能保哉？」王重其言。俄授天策府記室參軍。從平劉黑闥，封汾陰縣男。嘗上書諫王止畋獵，王答曰：「覽所陳，知成我者卿也。明珠兼乘，未若一言，今賜黃金四十挺。」

武德七年，寢疾，王遣使臨問，相望於道。命輿疾至府，親舉袂撫之，論敘生平，感激涕泗。卒，年三十三。王哭之慟，與其從兄子元敬書曰：「吾與伯褒共軍旅間，何嘗不驅馳經略，款曲襟抱，豈期一朝成千古也。且家素貧而子幼，善撫安之，以慰吾懷。」因遣使弔祭，贈帛三百段。其後圖學士像，歎其早死不得與。既卽位，語房玄齡曰：「收若在，朕當以中書令處之。」又嘗夢收如平生，賜其家粟、帛。貞觀七年，贈定州刺史。永徽中，又贈太常卿，陪葬昭陵。

子元超，九歲襲爵。及長，好學，善屬文。尙巢王女和靜縣主，累授太子舍人。高宗卽位，遷給事中，數上書陳當世得失，帝嘉納。轉中書舍人、弘文館學士。省中有盤石，道衡爲侍郎時，常據以草制，元超每見輒泫然流涕。以母喪解，奪服授黃門侍郎、檢校太子左庶子。所薦豪俊士，若任希古、高智周、郭正一、王義方、孟利貞、鄭祖玄、鄧玄挺、崔融等，皆以才自名於時。

累拜東臺侍郎。李義府流巂州，舊制，流人不得乘馬，元超爲請，坐貶簡州刺史。歲餘，又坐與上官儀文章款密，流巂州。上元初，赦還，拜正諫大夫。三年，遷中書侍郎、同中書門下三品。

帝校獵温泉，諸蕃酋長得持弓矢從。元超奏：「夷狄野心，而使挾兵在圍中，非所宜。」帝納可。嘗宴諸王，召元超與，從容謂曰：「任卿中書，寧藉多人哉！」俄拜中書令兼左庶子。帝幸東都，留輔太子監國，手敕曰：「朕留卿，若失一臂。顧太子未習庶務，關中事，卿悉專之。」時太子射獵，詔得入禁籞，故太子稍怠政事。元超諫曰：「內苑之地，緣叢薄，冒翳薈，絕磴險塗。殿下截輕禽，逐狡兔，銜橛之變，詎無可虞？又戶奴多反逆餘族，或夷狄遺醜，使兇謀竊發，將何以禦哉？夫爲人子者，不登高，不臨深，謂其近危辱也。天皇所賜書戒丁寧，惟殿下罷馳射之勞，留情墳典，豈不美歟！」帝知之，遣使厚賜慰其意，召太子還東都。

帝疾劇，政出武后。因陽喑，乞骸骨。加金紫光祿大夫。卒，年六十二，贈光祿大夫、秦州都督，陪葬乾陵。

子曜，聖曆中，附會張易之，官正諫大夫。

元敬，隋選部郎邁之子，與收及收族兄德音齊名〔一〕，世稱「河東三鳳」。收爲長離，德音爲鸑鷟，元敬年最少，爲鵷鶵。武德中，爲祕書郎、天策府參軍，直記室、文學館學士。是時，收與房、杜處心腹之寄，更相結附。元敬謹畏，未嘗申款曲。如晦嘆曰：「小記室不可得而親，不可得而疏！」秦王爲皇太子，除舍人。於是軍國之務總於東宮，而元敬掌文翰，號稱職。卒于官。

稷字嗣通，道衡曾孫。擢進士第。累遷禮部郎中、中書舍人，與從祖兄曜更踐兩省，俱以辭章自名。景龍末，爲諫議大夫、昭文館學士。初，貞觀、永徽間，虞世南、褚遂良以書顯家，後莫能繼。稷外祖魏徵家多藏虞、褚書，故銳精臨倣，結體遒麗，遂以書名天下。畫又絕品。

睿宗在藩，喜之，以其子伯陽尙仙源公主。及踐阼，遷太常少卿，封晉國公，實封三百戶。會鍾紹京爲中書令，稷諷使讓，因入言於帝曰：「紹京本胥史，無素才望，今特以勳進，師長百僚，恐非朝廷具瞻之美。」帝然之，遂許紹京讓，改戶部尙書。翌日，遷稷黃門侍郎，參知機務。與崔日用數爭事帝前，罷爲左散騎常侍。歷太子少保、禮部尙書。帝以翊贊功，每召入宮中與決事，恩絕羣臣。竇懷貞誅，稷以知本謀，賜死萬年獄，年六十五。

伯陽爲駙馬都尉、安邑郡公，別食實封四百戶。稷死，坐貶晉州員外別駕，又流嶺表，自殺。

伯陽子談，尙玄宗恆山公主，拜駙馬都尉、光祿員外卿。

馬周字賓王，博州茌平人。少孤，家窶狹。嗜學，善詩、春秋。資曠邁，鄉人以無細謹，薄之。武德中，補州助教，不治事。刺史達奚恕數咎讓，周乃去，客密州。趙仁本高其才厚以裝，使入關。留客汴，爲浚儀令崔賢所辱，遂感激而西，舍新豐，逆旅主人不之顧，周命酒一斗八升，悠然獨酌，衆異之。至長安，舍中郎將常何家。

貞觀五年，詔百官言得失。何，武人，不涉學，周爲條二十餘事，皆當世所切。太宗怪問何，何曰：「此非臣所能，家客馬周教臣言之。客，忠孝人也。」帝卽召之，間未至，遣使者四輩敦趣。及謁見，與語，帝大悅，詔直門下省。明年，拜監察御史，奉使稱職。帝以何得人，賜帛三百段。周上疏曰：

臣每讀前史，見賢者忠孝事，未嘗不廢卷長想，思履其迹。臣不幸早失父母，犬馬之養，已無所施；顧來事可爲者，惟忠義而已。是以徒步二千里，歸于陛下。陛下不以臣愚，擢臣不次。竊自惟念無以論報，輒竭區區，惟陛下所擇。

臣伏見大安宮在宮城右，牆宇門闕方紫極爲卑小。東宮，皇太子居之，而在內；大安，至尊居之，反在外。太上皇雖志清儉，愛惜人力，陛下不敢違，而蕃夷朝見，四方觀聽，有不足焉。臣願營雉堞門觀，務從高顯，以稱萬方之望，則大孝昭矣。

臣伏讀明詔，以二月幸九成宮。竊惟太上皇春秋高，陛下宜朝夕視膳。今所幸宮去京三百里而遠，非能旦發暮至也。萬有一太上皇思感，欲卽見陛下，何以逮之？今茲本爲避暑行也，太上皇留熱處，而陛下走涼處，溫凊之道，臣所未安。然詔書既下，業不中止，願示還期，以開衆惑。

臣伏見詔宗室功臣悉就藩國，遂貽子孫，世守其政。竊惟陛下之意，誠愛之重之，欲其裔緒承守，與國無疆也。臣謂必如詔書者，陛下宜思所以安存之，富貴之，何必使世官也？且堯、舜之父，有朱、均之子。若令有不肖子襲封嗣職，兆庶被殃，國家蒙患。正欲絕之，則子文之治猶在也；正欲存之，則欒黶之惡已暴也。必曰與其毒害於見存之人，寧割恩於已亡之臣，則向所謂愛之重之者，適所以傷之也。臣謂宜賦以茅土，疇以戶邑，必有材行，隨器而授。雖幹翮非彊，亦可以免累。漢光武不任功臣以吏事，所以終全其世者，良得其術也。願陛下深思其事，使得奉大恩，而子孫終其福祿也。

臣聞聖人之化天下，莫不以孝爲本，故曰「孝莫大於嚴父，嚴父莫大於配天」，「國之大事，在祀與戎」，孔子亦言「吾不與祭如不祭」，是聖人之重祭祀也。自陛下踐祚，宗廟之享，未嘗親事。竊惟聖情，以乘輿一出，所費無藝，故忍孝思，以便百姓。而一代史官，不書皇帝入廟，將何以貽厥孫謀、示來葉邪？臣知大孝誠不在俎豆之間，然聖人訓人，必以己先之，示不忘本也。

臣聞致化之道，在求賢審官。孔子曰：「惟名與器，不可以假人。」是言愼舉之爲重也。臣伏見王長通、白明達本樂工輿皁雜類；韋槃提、斛斯正無他材，獨解調馬。雖術踰等夷，可厚賜金帛以富其家。今超授高爵，與外廷朝會，騶豎倡子，鳴玉曳履，臣竊恥之。若朝命不可追改，尚宜不使在列，與士大夫爲伍。

帝善其言，除侍御史。又言：

臣歷觀夏、商、周、漢之有天下，傳祚相繼，多者八百餘年，少者猶四五百年，皆積德累業，恩結於人，豈無僻王，賴先哲以免。自魏、晉逮周、隋，多者五六十年，少者三二十年而亡。良由創業之君不務仁化，當時僅能自守，後無遺德可思，故傳嗣之主，其政少衰，一夫大呼，天下土崩矣。今陛下雖以大功定天下，而積德日淺，固當隆禹、湯、文、武之道，使恩有餘地，爲子孫立萬世之基，豈特持當年而已。然自古明王聖主，雖因人設教，而大要節儉於身，恩加於人，故其下愛之如父母，仰之如日月，畏之如雷霆；卜祚遐長，而禍亂不作也。今百姓承喪亂之後，比於隋時纔十分一，而徭役相望，兄去弟還，往來遠者五六千里，春秋冬夏，略無休時。陛下雖詔減省，而有司不得廢作，徒行文書，役之如故。四五年來，百姓頗嗟怨，以爲陛下不存養之。堯之茅茨土階，禹之惡衣菲食，臣知不可復行於今。漢文帝惜百金之費而罷露臺，集上書囊以爲殿帷，所幸愼夫人衣不曳地；景帝亦以錦繡纂組妨害女功，特詔除之，所以百姓安樂。至孝武帝雖窮奢極侈，承文、景遺德，故人心不搖。向使高祖之後卽値武帝，天下必不能全。此時代差近，事迹可見。今京師及益州諸處，營造供奉器物，幷諸王妃主服飾，皆過靡麗。臣聞昧旦丕顯，後世猶怠，作法於治，其弊猶亂。陛下少處人間，知百姓辛苦，前代成敗，目所親見，尙猶如此，而皇太子生長深宮，不更外事，卽萬歲後，聖慮之所當憂也。

臣竊尋自古黎庶怨叛，聚爲盜賊，其國無不卽滅，人主雖悔，未有重能安全者。凡脩政教，當脩之於可脩之時。若事變一起而後悔之，無益也。故人主每見前代之亡，則知其政教之所由喪，而不知其身之失。故紂笑桀之亡，而幽、厲笑紂之亡，隋煬帝又笑齊、魏之失國也。今之視煬帝，猶煬帝之視齊、魏也。

往貞觀初，率土霜儉，一匹絹纔易斗米，而天下帖然者，百姓知陛下憂憐之，故人人自安無謗讟也。五六年來，頻歲豐稔，一匹絹易粟十餘斛，而百姓咸怨，以爲陛下不憂憐之。何則？今營爲者，多不急之務故也。自古以來，國之興亡，不由積畜多少，在百姓苦樂也。且以近事驗之，隋貯洛口倉而李密因之，積布帛東都而王世充據之，西京府庫亦爲國家之用。向使洛口、東都無粟帛，王世充、李密未能必聚大衆。但貯積者，固有國之常，要當人有餘力而後收之，豈人勞而強斂之以資寇邪？

夫儉以息人，貞觀初，陛下已躬爲之，今行之不難也。爲之一日，則天下知之，式歌且舞矣。若人既勞，而用之不息，萬一中國水旱，而邊方有風塵之警，狂狡竊發，非徒旰食晏寢而已。古語云：「動人以行不以言，應天以實不以文。」以陛下之明，誠欲厲精爲政，不煩遠采上古，但及貞觀初，則天下幸甚。

昔賈誼謂漢文帝云「可痛哭及長歎息者」，言：當韓信王楚、彭越王梁、英布王淮南之時，使文帝即天子位，必不能安。又言：賴諸王年少，傅相制之，長大之後，必生禍亂。後世皆以誼言爲是。臣竊觀今諸將功臣，陛下所與定天下，無威略振主如韓、彭者；而諸王年並幼少，縱其長大，陛下之日，必無他心，然則萬代之後，不可不慮。漢、晉以來，亂天下者，何嘗不在諸王。皆由樹置失宜，不豫爲節制，以至滅亡。人主豈不知其然，溺於私愛爾。故前車既覆，而後車不改轍也。今天下百姓尚少，而諸王已多，其寵遇過厚者，臣愚慮之，非特恃恩驕矜也。昔魏武帝寵陳思王，文帝即位，防守禁閉同獄囚焉。何則？先帝加恩太多，故嗣王疑而畏之也。此武帝寵陳思王，適所以苦之也。且帝子身食大國，何患不富，而歲別優賜，曾無限極。里語曰：「貧不學儉，富不學奢。」言自然也。今大聖創業，豈唯處置見子弟而已，當制長久之法，使萬代奉行。

臣聞天下者以人爲本。必也使百姓安樂，在刺史、縣令爾。縣令既衆，不可皆賢，但州得良刺史可矣。天下刺史得人，陛下端拱巖廊之上，夫復何爲？古者郡守、縣令皆選賢德，欲有所用，必先試以臨人，或由二千石高第入爲宰相。今獨重內官，縣令、刺史頗輕其選。又刺史多武夫勳人，或京官不稱職始出補外；折衝果毅身力彊者入爲中郎將，其次乃補邊州。而以德行才術擢者，十不能一。所以百姓未安，殆在于此。

疏奏，帝稱善。擢拜給事中，轉中書舍人。

周善敷奏，機辯明銳，動中事會，裁處周密，時譽歸之。帝每曰：「我蹔不見周卽思之。」岑文本謂所親曰：「馬君論事，會文切理，無一言可損益，聽之纚纚，令人忘倦。蘇、張、終、賈正應此耳。然鳶肩火色，騰上必速，恐不能久。」俄遷治書侍御史，兼知諫議大夫，檢校晉王府長史。王爲皇太子，拜中書侍郎，兼太子右庶子。十八年，遷中書令，猶兼庶子。時置太子司議郎，帝高其除。周歎曰：「恨吾資品妄高，不得歷此官。」帝征遼，留輔太子定州。及還，攝吏部尙書，進銀青光祿大夫。帝嘗以飛白書賜周曰：「鸞鳳沖霄，必假羽翼；股肱之寄，要在忠力。」

周病消渴連年，帝幸翠微宮，求勝地爲構第，每詔尙食具膳，上醫使者視護，躬爲調藥，太子問疾。疾甚，周取所上章奏悉焚之，曰：「管、晏暴君之過，取身後名，吾不爲也！」二十二年卒，年四十八，贈幽州都督，陪葬昭陵。

初，帝遇周厚，周頗自負。爲御史時，遣人以圖購宅，衆以其興書生，素無貲，皆竊笑。它日，白有佳宅，直二百萬，周遽以聞，詔有司給直，并賜奴婢什物，由是人乃悟。周每行郡縣，食必進雞，小吏訟之。帝曰：「我禁御史食肉，恐州縣廣費，食雞尙何與？」榜吏斥之。及領選，猶廢淩儀令。

先是，京師晨暮傳呼以警衆，後置鼓代之，俗曰「鼕鼕鼓」；品官舊服止黃紫，於是三品服紫，四品五品朱，六品七品綠，八品九品青；城門入由左，出由右；飛驛以達警急；納居人地租；宿衛大小番直；截驛馬尾；城門、衞舍、守捉士，月散配諸縣，各取一，以防其過：皆周建白。自周亡，帝思之甚，將假方士術求見其儀形。高宗卽位，追贈尙書右僕射、高唐縣公。垂拱中，配享高宗廟庭。

子載，咸亨中爲司列少常伯，與裴行儉分掌選事，言吏部者稱裴、馬焉。終雍州長史。

贊曰：周之遇太宗，顧不異哉！由一介草茅言天下事，若素宦于朝、明習憲章者，非王佐才，疇以及茲？其自視與築巖、釣渭亦何以異！迹夫帝銳于立事，而周所建皆切一時，以明佐聖，故君宰間不膠漆而固，恨相得晚，宜矣。然周才不逮傳說、呂望，使後世未有述焉，惜乎！

韋挺，京兆萬年人。父沖，仕隋爲民部尚書。挺少與隱太子善，高祖平京師，署隴西公府祭酒。累遷太子左衞驃騎，檢校左衞率。太子遇之厚，宮臣無與比。武德七年，帝避暑仁智宮。或言太子與宮臣謀逆，又慶州刺史楊文幹坐大逆誅，辭連東宮，帝專責宮臣，由是挺與杜淹、王珪等皆流越巂。未幾，召拜主爵郎中。貞觀初，王珪數薦之，遷尚書右丞。歷吏部、黃門侍郎，拜御史大夫、扶陽縣男。太宗謂挺曰：「卿之任大夫，獨朕意，左右無爲卿地者！」挺曰：「臣駑下，不足以辱高位，且非勳非舊，而在藩邸故僚上，願後臣以勸立功者。」不聽。

是時承隋大亂，風俗薄惡，人不知教。挺上疏曰：「父母之恩，昊天罔極；創巨之痛，終身何已。今衣冠士族，辰日不哭，謂爲重喪；親賓來弔，輒不臨舉。又閭里細人，每有重喪，不即發問，先造邑社，待營辦具，乃始發哀。至假車乘，雇棺槨，以榮送葬。既葬，鄰伍會集，相與酣醉，名曰出孝。夫婦之道，王化所基，故有三日不息燭、不舉樂之感。今昏嫁之初，雜奏絲竹，以窮宴歡。官司習俗，弗爲條禁。望一切懲革，申明禮憲。」俄復爲黃門侍郎，兼魏王泰府事。時泰有寵，太子多過失，帝密欲廢立，語杜正倫，正倫以漏言貶。帝謂挺曰：「不忍復置卿于法。」改太常卿。

初，挺爲大夫時，馬周爲監察御史，挺不甚禮。及周爲中書令，帝欲湔拭用之，周言挺佷于自用，非宰相器，遂止。帝將討遼東，擇主餉運者。周言挺才任粗使，帝謂然。挺父故爲營州總管，嘗經略高麗，故札藏家，挺上之。帝悅曰：「自幽距遼二千里無州縣，吾軍靡所仰食，卿爲朕圖之。苟吾軍用不乏，是公之功。其自擇文武官四品十人爲子使，取幽、易、平三州銳士若馬各二百以從。」即詔河北列州皆取挺節度，許以便宜。帝親解貂裘及中廄馬賜之。挺遣燕州司馬王安德行渠，作漕艫轉糧，自桑乾水抵盧思臺，行八百里，渠塞不可通。挺以方苦寒，未可進，遂下米臺側，廥之，待凍泮乃運以爲解。即上言：「度王師至，食且足。」帝不悅曰：「兵寧拙速，無工遲。我明年師出，挺乃度它歲運，何哉？」即詔繁畤令韋懷質馳按。懷質還劾：「挺在幽州，日置酒，弗憂職，不前視渠長利，即造船行粟，緜八百里，乃悟非是，欲進則不得，還且水涸。六師所須，恐不如陛下之素。」帝怒，遣將作少監李道裕代之。敕治書侍御史唐臨馳傳，械挺赴洛陽，廢爲民，使白衣從。

帝破蓋牟城，詔挺將兵鎮守，示復用。城與賊新城接，日夜轉鬭無休時。挺以失職，內不平，作書謝所善公孫常。常，善數者也，以他事繫，投繯死。索橐中得挺書，言所屯危蹙，意怨望，貶象州刺史。歲餘卒，年五十八。

子待價、萬石。

待價，初爲左千牛備身，永徽中，江夏王道宗得罪，待價以婿貶盧龍府果毅。時將軍辛文陵招慰高麗，次吐護眞水，爲虜所襲，待價與中郎將薛仁貴率所部兵殺之〔三〕，文陵亦苦戰，遂免。待價重創，矢著左足，隱不言，卒以疾免。起爲蘭州刺史。吐蕃盜邊，高宗以沛王賢爲涼州大都督，而待價爲司馬。俄遷肅州刺史，以功召拜右武衛將軍。儀鳳三年，吐蕃復入寇，以待價檢校涼州都督，兼知鎮守兵馬事。召還，封扶陽侯。

武后臨朝，攝司空，護營乾陵，改天官尚書、同鳳閣鸞臺三品。待價起武力，典選無銓綜才，故朝野共蚩薄之。俄爲燕然道行軍大總管，禦突厥。踰年還，拜文昌右相、同鳳閣鸞臺三品。不自安，累表辭職，不聽。且請盡力行陣，許之，於是拜安息道行軍大總管，督三十六總管以討吐蕃，進爵公。軍至寅識迦河，與吐蕃合戰，勝負略相當。會其副閻溫古逗留，又天大寒，待價不善撫御，師人多死，餉道乏，乃旋師頓高昌。后大怒，斬溫古，流待價繡州，卒。

曾孫武。

武，少孤。年十一，廕補右千牛，累遷長安丞。德宗幸梁州，委妻子奔行在，除殿中侍御史。戶部侍郎元琇爲水陸轉運使，表武以倉部員外郎充判官。謀不用，杜門數月而琇敗。轉刑部員外郎。是時，帝以反正告郊廟，大兵後，典章苟完，執事者時時咨武。武酌宜約用，得禮之衷，羣司奉焉。

後爲絳州刺史，鑿汾水灌田萬三千餘頃，璽書勞勉。憲宗時，入爲京兆尹，護治豐陵，未成，卒，贈吏部尙書。

萬石，頗涉學，善音律。上元中，遷累太常少卿。當時郊廟燕會樂曲，皆萬石與太史令姚元辯增損之，號任職。始，萬石奏「太樂博士弟子遭喪者，先無它業，請以卒哭追集」。侍御史劉思立劾奏萬石曰：「移風易俗，莫善於樂；睦親化人，莫善於孝。所以三年之禮，天下通喪。今遣音聲人釋服爲樂，帶絰治音，豈以小人不能執禮，遂欲約爲非法？萬石官太常，首紊風化，請付吏論罪。」高宗方委任萬石，罷其奏。後知吏部選事，卒于官。

贊曰：王者用人非難，盡其才之爲難。觀太宗之責任也，謀斯從，言斯聽，才斯奮，洞然不疑，故人臣未始遺力，天子高拱操成功，致太平矣。始皆奮亡命布衣，嬪然列置上袞。薛收雖蚤夭，帝本以中書令待之。御臣之方，顧不善哉！挺晚節流落，蓋有致而然。

校勘記

〔一〕與收及收族兄德音齊名　各本「及」下原無「收」字。按北史卷三六及隋書卷五七薛道衡傳俱云收爲道衡子（本卷上文同），德音爲道衡從子，是德音與收爲從兄弟。舊書卷七三薛元敬傳正作「收族兄德音」，據補。

〔二〕待價與中郎將薛仁貴率所部兵殺之　「殺之」，舊書卷七七韋待價傳作「救之」。

唐書卷九十九

列傳第二十四

李綱 安仁 安靜　李大亮 道裕 迥秀　戴胄 至德　劉洎 樂彥瑋

崔仁師 湜 液 澄

李綱字文紀，觀州蓨人。少慷慨，尚風節。始名瑗，慕張綱爲人，改焉。仕周爲齊王憲參軍事。宣帝將殺憲，召僚屬誣左其罪，綱矢死無橈辭。及憲誅，露車載尸，故吏奔匿，綱撫棺號慟，爲瘞訖，乃去。

事隋爲太子洗馬。太子勇宴宮臣，左庶子唐令則奏琵琶，又歌武媚娘曲。綱曰：「令則官調護，乃自比倡優，進淫聲，惑視聽，誠使上聞之，豈不爲殿下累乎？臣請正其罪。」勇曰：「置之，我欲爲樂耳！」後勇廢，文帝切讓，宮屬無敢對，綱獨曰：「陛下不素教，故太子至此。太子資中人，得賢者輔而善，得不肖導而惡，奈何歌舞鷹犬纖兒使日侍側？何特太子罪邪？」帝曰：「以汝爲洗馬，何不擇人？」綱曰：「臣非東宮得言者。」帝曰：「朕過矣！」擢尚書右丞。時楊素、蘇威用事，綱据正不詭迎隨，素等參憾。會大將軍劉方討林邑，素言林邑多珍貲，非綱不可任，遂署行軍司馬。方揣素指，數危辱之，幾殆。軍還，不得調。稍除齊王府司馬。復詔出南海，應接林邑。久不召，乃身入奏。威劾綱擅去所部，以屬吏。會赦免，屏居鄠。大業末，賊帥何潘仁劫爲長史。

高祖平京師，綱上謁，授丞相府司錄參軍，封新昌縣公，領選舉。受禪，拜禮部尚書兼太子詹事。齊王元吉爲幷州總管，縱左右攘奪，民愁苦，宇文歆諫，不聽，騰狀顯言，王坐免。俄而復留，下危惴。劉武周入太原，元吉懼，棄軍奔京師，幷州陷。帝怒，謂綱曰：「王年少，不習事，故以歆及竇誕佐之。太原，興王地，兵十萬，粟支十年，奈何一旦棄去？歆建此計，我當斬于軍。」綱曰：「王過惡，誕養成之。歆事王淺，有闕必諍。今賴歆計，使陛下不失愛子，且有功，又可加罪乎？」翼日，帝悟，引綱升御榻，勞曰：「卿不言，我幾濫罰。」於是釋歆，然猶貸誕也。

帝以舞工安叱奴爲散騎常侍，綱諫曰：「周家均工樂胥不得預士伍，雖復妙如師襄，才如子野，皆繼世不易業。故魏武使禰衡擊鼓，衡先解朝衣，曰：『不敢以先王法服爲伶人衣。』齊高緯封曹妙達爲王，以安馬駒開府，有國家者，可爲鑒戒。今新造天下，開太平之基，功臣賞未及偏，高才猶伏草茅，而先令舞胡鳴玉曳組，位五品，趨丹地，殆非創業垂統、貽子孫之道也。」帝不納。

綱在東宮，太子建成尤加禮，嘗游温湯，綱疾不從。有進魚者，太子使膾之，唐儉、趙元楷自言其能。太子曰：「操刀膾鯉和鼎味，公等善之。若弼諧審諭，固屬綱矣。」遣使賜絹二百匹。後太子寖狎亡賴，猜間朝廷，綱頻諫不見聽，遂乞骸骨。帝駡曰：「卿爲潘仁長史，而羞朕尚書邪？」綱頓首曰：「潘仁，賊也，志殘殺，然每諫輒止，爲其長史，故無愧。陛下功成，厚自伐，臣言如持水內石，敢久爲尚書乎？且臣事東宮，東宮又與臣忤，是以上印綬。」帝謝曰：「知公直士，幸卒輔吾兒。」乃拜太子少保，尚書、詹事如故。綱上書太子曰：「綱老矣，幸未就木，備位保傅，冀得効愚鄙。日殿下飲酒過量，非養生之道。凡爲人子，務孝謹，以慰上心，不宜聽受邪說，與朝廷生甚間。」太子覽書不懌，所爲益縱。綱悒悒不自賴，固請老，優詔解尚書。帝以綱隋名臣，手敕未嘗名。

貞觀四年，復爲少師。以足疾賜步輿，聽乘至閤，問以政事。詣東宮，太子承乾爲拜，每聽政，必詔綱與房玄齡、王珪侍坐。嘗言曰：「託六尺之孤，寄百里之命，古人爲難，綱以爲易！」故發言陳事，毅然不可奪。及疾，帝遣玄齡至家存問。明年卒，年八十五，贈開府儀同三司，謚曰貞，太子爲立碑。

初，齊王憲女嫠居，綱厚卹之。及卒，女被髮號哭，如喪其親然。綱在隋，宦不進，筮之得鼎。筮人曰：「君當爲卿輔，然待易姓乃如志。仕不知退，折足爲敗。」故綱雖顯於唐，數稱疾辭位云。

孫安仁、安靜。

安仁，永徽中爲太子左庶子，太子忠廢還邸，寮屬奔散，獨安仁泣拜而去。終恆州刺史。

安靜，天授中爲右衞將軍。武氏革命，羣臣皆勸進，安靜獨無所請。及收繫獄，來俊臣問狀，安靜曰：「正以我唐舊臣，殺之可也。若詰其狀，吾誰欺？」俊臣誣殺之。會昌中，錄忠臣後，訪子孫已絕，乃贈安靜太子少師。

自綱五世同居，安仁、安靜復以義烈聞，世稱李氏不衰。

李大亮，京兆涇陽人。祖琰，爲魏度支尚書。大亮有文武才略，隋末，署龐玉行軍兵曹。李密寇東都，玉戰敗，大亮被禽。賊將張弼異之，就執百餘人皆死，獨釋大亮，引與語，遂定交。

高祖入關，大亮自歸，授土門令。方歲飢，境多盜賊。大亮招亡散，撫貧瘠，賣所乘馬，稍稍資業之，勸墾田，歲大熟。間出擊盜，所至輒平。秦王行北境，下書獎勞，賜馬五乘，帛五十段。頃之，胡賊大至，大亮度不能拒，乃單馬詣營說豪帥，爲分別禍福，賊衆感服，遂相率降。大亮殺所乘馬與之食，至步而返。帝聞之悅，擢金州總管府司馬。王弘烈據襄陽，詔大亮安撫樊、鄧，因圖之，進擊，下十餘城。遷安州刺史。復使徇廣州，至九江，會輔公祏反，以計禽其將張善安。公祏方圍猷州，刺史左難當固守，大亮率兵擊走之。遷越州都督。

貞觀初，徙交州，封武陽縣男。召授太府卿，復出涼州都督。嘗有臺使見名鷹，諷大亮獻之。大亮密表曰：「陛下絕畋獵久矣，而使者求鷹。信陛下意邪，乃乖昔旨；如其擅求，是使非其才。」太宗報書曰：「有臣如此，朕何憂！古人以一言之重訂千金，今賜胡瓶一，雖亡千鎰，乃朕所自御。」又賜荀悅漢紀，曰：「悅論議深博，極爲政之體，公宜繹味之。」

時突厥亡，帝遂欲懷四夷，諸部降者，人賜袍一領、帛五匹，首領拜將軍、中郎將，列五品者贏百員。又置降胡河南。詔大亮爲西北道安撫大使，使以綏大度設、拓設、泥熟特勒及七姓種落之未附者，峙糧磧口賑其飢。大亮上言：「臣聞欲綏遠者必自近。中國，天下本根，四夷猶枝葉也。殘本根，厚枝葉，而曰求安，未之有也。屬者突厥傾國入朝，陛下不即俘江淮變其俗，而加賜物帛，悉官之，引處內地，豈久安計哉？今伊吾雖臣，遠在荒鹵。臣以爲諸稱藩請附者，宜羈縻受之，使居塞外，畏威懷德，永爲藩臣。謂之荒服者，故臣而不內，所謂行虛惠，收實福。河西積困夷狄，州縣蕭條，加因隋亂，殘耗已甚。臣愚願停招慰，省勞役，使邊人得就農晦，此中國利也。」帝納其計。

八年，爲劍南道巡省大使。會討吐谷渾，爲河東道行軍總管，與李靖俱出北道，涉青海，觀河源，與虜遇蜀渾山，大戰，破之，俘其名王，獲雜畜數萬，進爵爲公。拜右衞大將軍。晉王爲皇太子，詔大亮兼右衞率，又兼工部尚書，身三職，宿衞兩宮。每番直，常假寐。帝勞曰：「公在，我得酣臥。」

十八年，幸洛陽，詔副房玄齡居守。玄齡稱「有王陵、周勃節，可倚大事」。俄寢疾，帝親和藥，驛賜之。臨終，表請罷遼東役；又言京師宗廟所在，願以關中爲意。就稾，歎曰：「吾聞男子不死婦人手！」命屏左右，言終卒，年五十九。將斂，家無珠玉爲含，惟貯米五斛、布三十端。帝哭爲慟。贈兵部尚書、秦州都督，謚曰懿，陪葬昭陵。

大亮性忠謹，外若不能言，而內剛烈，不可干非其義。對天子爭是非，無回撓。至妻子未始見憧容，事兄嫂以禮聞。位通顯，居陋狹甚。在越州寫書數百卷，及去，留都督署。初，破公祏，以功賜奴婢百口，謂曰：「而曹皆衣冠子女，不幸破亡，吾何忍錄而爲隸乎？」縱遣之。高祖聞，咨美，更賜俚婢二十。後破吐谷渾，復賜奴婢百五十口，悉以遺親戚。葬宗族無後者三十餘柩，貲襚加焉。

嘗以張弼脫其死，及貴，念有以報之。時弼爲將作丞，匿不見，大亮求之不能得。一日，識諸涂，持弼泣，悉推家財與之，弼拒不受。乃言於帝曰：「臣及事陛下，張弼力也，願悉臣官爵授之。」帝爲遷弼中郎將、代州都督。世皆賢大亮能報，而多弼不自伐也。歿後，所育孤姓爲大亮行服如所親者十餘人。

兄子道裕，貞觀末爲將作匠。有告張亮反者，詔百官議。皆言亮當誅，獨道裕謂反形未具。帝怒不暇省，斬之。歲餘，刑部侍郎缺，宰相屢進名，不可。帝曰：「朕得之矣。是嘗議張亮者，朕時雖不從，今尚悔之。」遂命道裕。終大理卿。

大亮族孫迥秀。

迥秀字茂之。及進士第，又中英才傑出科。調相州參軍事。累轉考功員外郎。武后愛其材，遷鳳閣舍人。大足初，檢校夏官侍郎，仍領選，銓汰文武，號稱職，進同鳳閣鸞臺平章事。張易之兄弟貴驕，因橈意諂媚，士論頓減。俄坐贓貶廬州刺史。易之誅，貶衡州長史。中宗卽位，召授將作少監。累遷鴻臚卿、脩文館學士。出朔方道行軍大總管，還拜兵部尙書。卒，年五十，贈侍中。

迥秀少聰悟，多通賓客。喜飲酒，雖多不亂，當時稱其風流。母少賤，妻嘗詈媵婢，母聞不樂，迥秀卽出其妻。或問之，答曰：「娶婦要欲事姑，苟違顏色，何可留？」武后嘗遣內人候其母，或迎置宮中。後所居堂產芝草，犬乳鄰猫，中宗以爲孝感，旌大門閭。

子齊損，開元中以謀逆誅。

戴胄字玄胤，相州安陽人。性堅正，幹局明彊，善簿最。隋末，爲門下錄事，納言蘇威、黃門侍郎裴矩厚禮之。爲越王侗給事郎。王世充謀篡，胄說曰：「君臣大分均父子，休戚同之。公當社稷之任，與存與亡，正在今日。願尊輔王室，擬伊、周以幸天下。」世充詭曰：「善。」俄脅九錫，胄又切諫，不納。出爲鄭州長史，使與王行本守武牢。秦王攻拔之，引爲府士曹參軍，封武昌縣男。

大理少卿缺，太宗曰：「大理，人命所繫，胄淸直，其人哉。」卽日命胄。長孫无忌被召，不解佩刀入東上閤。尙書右僕射封德彝論監門校尉不覺，罪死當；无忌贖。胄曰：「校尉與无忌罪均，臣子於尊極不稱誤。法著：御湯劑、飲食、舟船，雖誤皆死。陛下錄无忌功，原之可也。若罰无忌，殺校尉，不可謂刑。」帝曰：「法爲天下公，朕安得阿親戚！」詔復議，德彝固執，帝將可。胄曰：「不然。校尉緣无忌以致罪，法當輕；若皆誤，不得獨死。」繇是與校尉皆免。

時選者盛集，有詭資蔭冒牒取調者，詔許自首；不首，罪當死。俄有詐得者，獄具，胄以法當流。帝曰：「朕詔不首者死，而今當流，是示天下不以信，卿賣獄邪？」胄曰：「陛下登殺之，非臣所及。既屬臣，敢虧法乎？」帝曰：「卿自守法，而使我失信，奈何？」胄曰：「法者，布大信於人；言乃一時喜怒所發。陛下以一朝忿將殺之，既知不可而寘於法，此忍小忿、存大信也。若阿忿違信，臣爲陛下惜之。」帝大感寤，從其言。胄犯顏據正數矣，參處法意，至析秋豪，隨類指擿，言若泉涌，帝益重之。遷尚書左丞。矜其貧，特詔賜錢十萬。

會僕射蕭瑀免，封德彝卒，帝謂胄曰：「尚書總國綱維，失一事，天下有受其弊者。今以令、僕委卿，宜副朕舉。」胄明敏，長于操決，無宿疑。議者美其振職，謂武德以來殆無其輩。復拜諫議大夫，與魏徵更日供奉。進民部尚書。杜如晦遺言，請以選舉委胄，由是檢校吏部尚書。然好抑文雅，獎法吏，時以寡學爲訾。

貞觀四年，以本官參豫朝政，進爵郡公。帝將脩復洛陽宮，胄上疏諫曰：「比關中、河外置軍團，彊夫富室悉爲兵，九成之役又興，司農、將作見丁無幾。大亂之後，戶口單破，一人就役，舉室捐業。籍軍者督戎仗，課役者責糧齎，竭貲經紀，猶不能濟。七月以來，霖潦未止，瀍河南北，田正洿下，年之有亡未可知。壯者盡行，賦調不給，則帑藏虛矣。今宮殿足庇風雨、容羽衞，數年後成，猶不謂晚，何憚而遽自生勞擾邪？」帝覽奏，罷役。胄所敷內，緣政得失，咸有可觀。奏已，即削稾，祕外莫知。帝嘗謂左右曰：「胄於我非肺腑親，然事之機切無不聞，惟其忠槩所激耳。」

七年，卒，帝爲舉哀，贈尚書右僕射，追封道國公，謚曰忠；以第舍陋不容祭，詔有司爲立廟。聘其女爲道王妃。房玄齡、魏徵與胄善，每至生平故處，輒流涕。

胄無子，以兄子至德爲後。

至德，乾封中累遷西臺侍郎、同東西臺三品。閱十數年，父子繼爲宰相，世詫其榮。高宗嘗爲飛白書賜侍臣，賜至德曰「汎洪源，俟舟楫」，郝處俊曰「飛九霄，假六翮」，李敬玄曰「資啓沃，罄丹誠」，崔知悌曰「竭忠節，贊皇猷」，皆見意於辭云。

遷尚書右僕射。時劉仁軌爲左，人有所訴，率優容之；至德乃詰究本末，理直者密爲奏，終不顯私恩。由是，當時多稱仁軌者，號仁軌爲「解事僕射」。嘗更日聽訟，有嫗詣省，至德已收牒，嫗乃復取，曰：「初以爲解事僕射，今乃非是。」至德笑還之。人伏其長者。或以問，至德答曰：「慶賞刑罰，人主之柄，爲臣豈得與人主爭也！」帝知，歎美之。儀鳳四年卒，詔百官哭其第。贈開府儀同三司、幷州大都督，謚曰恭。

劉洎字思道，荆州江陵人。初爲蕭銑黄門侍郎，南略地嶺表，下五十城，未還而銑敗，遂以城自歸，授南康州都督府長史。

貞觀七年，擢給事中，封淸苑縣男，轉治書侍御史。於時，尚書省詔敕稽壅，按成復下，彌年不能決。洎言：「尚書，萬機本，貞觀初未有令、僕，職併務繁，左丞戴胄、右丞魏徵應事彈舉，無所回橈，百司震肅不敢懈。比者勳親在位，品非其任，功勢相傾，雖欲自彊，先懼囂謗。故郎中嘿奪，惟事咨稟；尚書依違，不得專裁。筦轄玩弛，綱紀不振。今宜精選左右丞、兩司郎中，使皆得人，非惟救曠滯之弊，固當矯拂趨競也。」未幾，拜尚書右丞。洎健于職，於是尚書復治如徵時。累加銀靑光祿大夫、散騎常侍，攝黄門侍郎。

太宗好持論，與公卿言古今事，必往復難詰，究臧否。洎諫曰：「帝王之與臣庶，聖哲之與庸愚，等級遼絕，勢不倫擬。故課愚對聖，持卑抗尊，雖思自彊，不可得已。陛下降慈旨，假柔顏，虛心聽納，猶恐羣臣惴縮不敢進。況以神機天辯，飾辭援古，而詘其議哉！夫天以無言爲尊，聖以不言爲德，皆弗欲煩也。且多記損心，多語耗氣，心氣內損，形神外勞，初雖無覺，久且爲弊。且今之雍平，陛下力行所至耳。欲其長久，匪由辯博，但當忘愛憎，愼取捨，若貞觀初可矣！」手詔答曰：「非慮無以臨下，非言無以述慮。雖然，驕人輕物，恐由權論致之。若形神心氣，不爲勞也。」

皇太子初立，洎謂宜尊賢重道，上書曰：「太子宗祧是繫，善惡之習，興亡在焉。弗勤于始，將悔于末。故鼂錯上書，令通政術；賈誼奏計，務知禮敎。今太子孝友仁愛，挺自天姿，然春秋鼎盛，學當有漸。以陛下多才多藝，尙垂精厲志，以博異聞，而太子優游，坐棄白日。陛下每退朝，引見羣臣，訪以今古，咨以得失；而太子處內，不接正人，不聞正論，臣所未諭。古者，問安而退，以廣敬也；異宮而處，以遠嫌也。間者，太子一入侍，逾旬不出，師傅寮寀，具員而已，非所謂愛之也。臣愚以爲授以良書，娛以佳賓，使耳所未聞，睹所未見，儲德愈光，羣生之福也。」帝於是敕洎與岑文本、馬周遞日直東宮。帝嘗怒苑西監穆裕，有詔斬朝堂，皇太子驟諫。帝喜曰：「朕始得魏徵，朝夕進諫。徵亡，劉洎、岑文本、馬周、褚遂良繼之。兒在吾膝前，見朕悅諫熟矣，故有今日言也。誠習以性成哉！」稍遷侍中。帝忽謂羣臣曰：「朕今欲聞己過，卿等爲朕言之。」長孫无忌、李勣、楊師道同辭對曰：「陛下以盛德致太平，臣等愚不見其過。」洎曰：「然頃上書有不稱旨，或面窮詰，無不羞汗，恐非所以進言者路。」帝曰：「卿言善，朕能改之。」

及征遼東，詔兼太子左庶子、檢校民部尚書，輔皇太子監國。帝曰：「以卿輔太子，社稷安危在焉，宜識朕意。」洎曰：「願無憂！卽大臣有罪，臣謹按法誅之。」帝怪其語謬，戒曰：「君不密則失臣，臣不密則失身。卿性疏而果，恐以此敗。」洎與褚遂良不相中。帝還，不豫，洎與馬周入候，出，見遂良，泣曰：「上體患癰，殊可懼！」遂良卽誣奏「洎曰：國家不足慮，正當輔少主行伊、霍事，大臣有異者，誅之。」帝愈，召洎問狀，洎引馬周爲左。遂良執不已，帝惑之，乃賜死。方死時，索筆牘，欲自言，有司不敢與。帝後知之，有司皆得罪。顯慶中，其子弘業詣闕訴遂良譖死狀，李義府右之。高宗問近臣，給事中樂彥瑋曰：「辨之，是暴先帝過刑。」事寢。文明初，詔復官爵。

彥瑋字德珪，長安人。麟德元年，以西臺侍郎同東西臺三品。數月，罷爲大司憲。卒，贈齊州都督。

贊曰：劉洎之才之烈，易所謂「王臣蹇蹇」者。然性剛疏，輔太子，欲身任安危，以言掩其衆，爲媢忌所乘，卒陷罪誅。嗚呼！以太宗之明，蔽於所忿，湞之忠不能自申於上，況其下哉？古人以言爲戒，可不愼歟！

崔仁師，定州安喜人。武德初擢制舉，調管州錄事參軍。陳叔達薦仁師才任史官，遷右武衞錄事參軍，與脩梁、魏史。貞觀初，改殿中侍御史。時青州有男子謀逆，有司捕支黨，纍係塡獄，詔仁師按覆。始至，悉去囚械，爲具食，飮湯瀋，以情訊之，坐止魁惡十餘人，它悉原縱。大理少卿孫伏伽謂曰：「原雪者衆，誰肯讓死？就決而事變，奈何？」仁師曰：「治獄主仁恕，故諺稱『殺人刖足，亦皆有禮』。豈有知枉不申，爲身謀哉？使吾以一介易十囚命，固吾願也！」及敕使覆訊，諸囚咸叩頭曰：「崔公仁恕，必無枉者。」舉無異辭。由是知名。

遷度支郎中。嘗口陳移用費數千名，太宗怪之，詔黃門侍郎杜正倫持簿，使仁師對唱，無一謬。帝奇之。時校書郎王玄度注尙書、毛詩，抵孔、鄭舊學，請遂廢。詔諸儒大議，博士以下不能詰。河間王孝恭請與孔、鄭並行，仁師以玄度不經，條不合大義者奏之。玄度報罷。

遷給事中。時有司以律「反逆者緣坐兄弟沒官」爲輕，詔八坐議。咸言漢、魏、晉謀反夷三族，請改從死。仁師曰：「父子天屬，足累其心，此而不卹，何愛兄弟？」房玄齡曰：「祖有蔭孫義，則孫祖親重，而兄弟屬輕。今應重者流而輕者死，非用刑意。」遂不改。

後密請魏王爲太子，失帝旨，左遷鴻臚少卿。稍進民部侍郎。及征遼東，副韋挺知海運，又別知河南漕事。仁師以漕路回遠，恐所輸不時至，以便宜發近海租賦餉軍。坐運卒亡命不以聞，除名。帝還至中山，起爲中書舍人、檢校刑部侍郎。幸翠微宮，上清暑賦以諷。帝稱善，賜帛五十段。二十二年，遷中書侍郎，參知機務，被遇尤渥。中書令褚遂良忌之，會有伏閤訴者，仁師不時上，帝大怒，流連州。永徽初，授簡州刺史，卒。

子挹，挹子湜。

湜字澄瀾。少以文詞稱。第進士，擢累左補闕，稍遷考功員外郎。時桓彥範等當國，畏武三思甚構，引湜使陰汋其姦。中宗稍疏功臣，三思日益寵，湜反以彥範等計告三思，驟遷中書舍人。彥範等被徙，又說三思速殺之以絕人望。三思問誰可使者，乃進其外兄周利貞。利貞往，彥範等皆死。擢利貞御史中丞。湜附託昭容上官氏，數與宣淫於外。景龍二年，遷兵部侍郎，而挹爲禮部侍郎。武德以來，父子同爲侍郎，惟挹、湜云。俄拜中書侍郎、檢校吏部侍郎、同中書門下平章事，與鄭愔同典選。納賂遺，銓品無序，爲御史李尙隱劾奏，貶江州司馬。上官與安樂公主從中申護之，改襄州刺史。未幾，入爲尙書左丞。韋氏稱制，復以吏部侍郎同中書門下三品。睿宗立，出爲華州刺史。俄除太子詹事。

初，湜建言山南可引丹水通漕至商州，自商鑱山出石門，抵北藍田，可通輓道。中宗以湜充使，開大昌關，役徒數萬，死者十五。禁舊道不得行，而新道爲夏潦奔壓，數摧壓不通。至是論功，加銀青光祿大夫。景雲中，太平公主引爲同中書門下三品。進拜中書令。時挹以戶部尙書得謝，而性貪，數爲人請託以干湜。湜多不從，由是父子相失。

玄宗在東宮，數至其第申款密。湜陰附主，時人危之，爲寒毛。門下客獻海鷗賦以諷，湜稱善而不自悛。帝將誅蕭至忠等，召湜示腹心。弟澄諫曰：「上有所問，愼無隱。」湜不從。及見，對問失旨。至忠等誅，湜徙嶺外。時雍州長史李晉亦坐誅，歎曰：「此本湜謀，今我死而湜生，何也？」又宮人元稱嘗與湜謀進酖於帝。追及荆州賜死，年四十三。

初，在襄州，與譙王數相問遺。王敗，湜當死，賴劉幽求、張說護免。及爲宰相，陷幽求嶺表，密諷廣州都督周利貞殺之，不克。又與太平公主逐張說。其猜毒詭險殆天性，雖蠆虺不若也。

與弟液、澄、從兄涖並以文翰居要官。每宴私，自比東晉王、謝。嘗曰：「吾一門入仕，歷官未嘗不爲第一。丈夫當先據要路以制人，豈能默默受制於人哉！」故進趣不已，至於敗。湜執政時，年三十八，嘗暮出端門，緩轡諷詩。張說見之，歎曰：「文與位固可致，其年不可及也。」

液字潤甫，尤工五言詩，湜歎，因字呼曰：「海子，我家龜龍也！」官至殿中侍御史。坐湜當流，亡命郢州，作幽征賦以見意，詞甚典麗。遇赦還，卒。

子論，有吏幹，乾元中爲州刺史，以治行稱。大曆末，遷同州刺史，爲黜陟使庾何所按，議者不直何，故復用爲衢州刺史。德宗以舊族耆年，擢大理卿，卒。

澄本名濰，玄宗改焉。帝在藩，與同里居。出潞州，賓友餞者止國門，而澄獨從至華。及即位，寵昵甚。湜既誅，帝仍念之，用爲祕書監。開元二年，欲贈其父挹吏部尚書，宰相持不可，遂用四品禮葬，贈和州刺史。澄侍左右，與諸王不讓席坐。性滑稽善辯，帝恐漏禁中語，以「愼密」字親署笏端。累遷金紫光祿大夫，封安喜縣子。卒，贈兗州刺史。

唐書卷一百

列傳第二十五

陳叔達　楊恭仁 思訓　師道　執柔　封倫　裴矩　宇文士及
鄭善果 元璹　權萬紀 懷恩　閻立德 立本　蔣儼　韋弘機 岳子
姜師度 強循　張知謇

陳叔達字子聰，陳宣帝子也。少封義陽王，歷丹楊尹、都官尙書。入隋，久不試。大業中，授內史舍人，出爲絳郡通守。高祖西師，以郡聽命，授丞相府主簿，封漢東郡公。與溫大雅同筦機祕，方禪代時，書册誥詔皆其筆也。武德初，授黃門侍郎，判納言，封江國公。叔達明辯，善爲容，每占奏，縉紳屬目。江左士客長安，或汩振，多薦諸朝。嘗賜食，得蒲陶不擧，帝問之，對曰：「臣母病渴，求不能致，願歸奉之。」帝流涕曰：「卿有母遺乎？」因賜之，又賚物百段。貞觀初，與蕭瑀爭殿中，坐忿誶不恭，免官。未幾，居母喪，又有疾，太宗憂之，遣使禁卻弔者。喪除，爲遂州都督，病不拜。頃之，擢禮部尚書。始，太子建成等閱間太宗，帝惑之，叔達極意救辯，至是謂曰：「武德內難，卿有讜言，故以此報。」叔達謝曰：「豈獨爲陛下，乃社稷計耳。」後閨薄汙慢，爲有司露劾，帝以名臣爲護掩，授散秩歸第。卒，謚曰繆。久之，贈戶部尚書，更謚曰忠。

楊恭仁，隋觀王雄子也。仁壽中，累遷甘州刺史，臨事不苛細，徼人安之。文帝謂雄曰：「匪特朕得人，乃卿善教子矣。」大業初，轉吏部侍郎。楊玄感叛，詔率兵經略，與玄感戰破陵，敗之。遂與屈突通追獲賊。煬帝召見曰：「比聞與賊戰尤力，向但知卿奉法，而乃勇決如此，朕用自愧。」蘇威曰：「仁者必有勇，殆謂此邪。」時威及宇文述、裴蘊、裴矩參掌選事，皆受賕不法，恭仁素廉正，故惡之，出爲河南道大使，使捕寇賊。至譙郡，爲朱粲所敗，奔江都。宇文化及弑逆，署吏部尚書，爲化及守魏縣。元寶藏執送京師，高祖素知之，授黃門侍郎，封觀國公。尋爲涼州總管。

恭仁久乘邊，習種落情僞，悉心綏慰，由葱嶺以東，皆奉貢贄。就加納言。突厥頡利率衆數萬獵其境，恭仁應機設拒，張疑屯虛幟示之，頡利懼而走。瓜州刺史賀拔行威叛，朝廷未卽討。恭仁募趫盪，倍道進，賊不虞其來，遂克二城。縱所俘還之，衆感悅，遂相與縛行威降。召拜吏部尙書，兼中書令，檢校涼州諸軍事。遷左衞大將軍。武德末，拜雍州牧、揚州大都督府長史。遷洛州都督。太宗勞謂曰：「洛陽要重，朕子弟不爲少，恐非所任，故以委公。」

恭仁性沖厚，以禮自閑衞，未嘗與物忤，時人方漢石慶。旣貴，不以勢尙人，故譽望益重。病，乞骸骨，詔以特進歸第。卒，贈潭州都督，陪葬昭陵，謚曰孝。

子思訓襲爵。顯慶中，歷右屯衞將軍。從高宗幸幷州。右衞大將軍慕容寶節夜邀思訓與謀亂，思訓不敢對。寶節懼，毒酒以進，思訓死。妻訴之，流寶節嶺表，至龍門，追斬之。乃詔以寘毒人者重其法。

思訓孫睿交，尙長寧公主，豫誅張易之，賜實封五百戶。神龍中爲祕書監，貶絳州別駕。

師道字景猷，恭仁弟。淸警有才思。客洛陽，爲王世充所拘，間歸高祖，授上儀同，爲備身左右。尙桂陽公主，除吏部侍郎。改太常卿，封安德郡公。貞觀十年，拜侍中，參豫朝政，親遇隆渥。性周謹，未嘗語禁省事。嘗曰：「吾讀孔光傳，想其餘風，或庶幾云。」太宗數訪羣臣才行，師道雖有所推進，而乏甄品。久之，遷中書令。太子承乾得罪，詔與長孫无忌等雜治其獄。師道妻異姓子趙節與承乾通謀，乃微諷帝，欲活之。帝怒，罷爲吏部尙書。師道起貴胄，四海人物，非所練悉，至銓署，專抑勢貴親黨以遠嫌，用人多違其才，不爲時所稱。帝亦曰：「師道資性純淑，自應無過，而實怯懦，罕更事，緩急不得其力。」從征高麗，攝中書令。軍還，頗不職，改工部尙書，復爲太常卿。

師道善草隸，工詩，每與有名士燕集，歌詠自適。帝見其詩，爲擿諷嗟賞。後賜宴，帝曰：「聞公每酣賞，捉筆賦詩，如宿構者，試爲朕爲之。」師道再拜，少選輒成，無所竄定，一坐嗟伏。卒，贈吏部尙書、幷州都督，謚曰懿，陪葬昭陵，詔爲立碑。

子豫之，尙巢王元吉女壽春縣主。居母喪，與永嘉公主亂，爲主壻竇奉節所殺。

執柔，恭仁從孫，歷地官尙書。武后母，卽恭仁叔父達之女。及臨朝，武承嗣、攸寧相繼用事。后曰：「要欲我家及外氏常一人爲宰相。」乃以執柔同中書門下三品。未幾，卒。弟執一，亦以誅張易之功封河東郡公，累官右金吾衞大將軍。

始，雄在隋，以同姓貴；自武德後，恭仁兄弟名位益盛；又以武后外家尊寵，凡尙主者三人，女爲王妃五人，贈皇后一人，三品以上者二十餘人。

封倫字德彝，以字顯，觀州蓨人。祖隆之〔一〕，北齊太子太保。倫年方少，舅盧思道曰：「是兒識略過人，當自致卿相。」

隋開皇末，江南亂，內史令楊素討之，署倫行軍記室。泊海上，素召計事，倫墜水，免，易衣以見，訖不言。久乃素知，問故，謝曰：「私事也，所不敢白。」素異其爲，以從妹妻之。素營仁壽宮，表爲土工監，規構鴻侈。宮成，文帝怒曰：「素殫百姓力，爲吾掊怨天下。」素大懼。倫曰：「毋恐，皇后至，自當免。」明日，帝果勞素曰：「公知吾夫婦老，無以自娛樂，而盛飾此宮邪？」因大悅。素退問：「何料而知？」倫曰：「上節儉，故始見必怒。然雅聽后言。后，婦人，惟侈麗是好。后悅，則帝安矣。」素曰：「吾不及也。」素負才勢，多所凌藉，惟於倫降禮賞接，或與論天下事，衮衮不勌，每撫其牀曰：「封郎終當據此。」薦之帝，擢內史舍人。

虞世基得幸煬帝，然不悉吏事，處可失宜。倫陰爲裁畫，內以諂承主意，百官章奏若忤旨，則寢不聞；外以峻文繩天下，有功當賞，輒抑不行。由是世基之寵日隆，而隋政日壞矣。宇文化及亂，持帝出宮，使倫數帝罪，帝曰：「卿，士人，何至是！」倫羞縮去。化及署爲內史令，從至聊城，知化及敗，乃結士及，得出護餉道。化及死，遂與士及來降。高祖知其諂附逆黨，方切讓，使就舍。倫以祕策干帝，帝悅，更拜內史舍人。遷侍郎兼內史令。

秦王討王世充，命倫參謀軍事。時兵久不決，帝欲班師，王遣倫西見帝曰：「賊地雖多，羈縻不相使，所用命者洛陽爾，計窮力屈，死在旦暮。今解而西，則賊勢磐結，後難以圖。」帝納之。賊平，帝謂侍臣曰：「始議東討，時多沮解者，唯秦王謂必克，倫贊其行，雖張華叶策晉武，亦何以加於是！」封平原縣公，判天策府司馬。初，竇建德援洛，王將趣虎牢，倫與蕭瑀諫不可，至是入賀。王笑曰：「不用公言，今日幸而捷，豈智者千慮或有失乎？」倫謝素不及。頃之，突厥寇太原，且遣使和親。帝問計，羣臣咸請許之可紓戰。倫曰：「不然。彼有輕中國心，謂我不能戰，若乘其怠擊之，勢必勝，勝而後和，威德兩全。今雖不戰，後必復來。臣以爲擊之便。」詔可。尋檢校吏部尚書，進封趙國公，徙密國。

太宗立，拜尚書右僕射，實封六百戶。始，倫之歸，蕭瑀數薦之。及是，瑀爲左僕射，每議事，倫初堅定，至帝前輒變易，由是有隙。貞觀元年，遘疾，臥尚書省，帝親臨視，命尚輦送還第。卒，年六十，贈司空，謚曰明。

倫資險佞內挾，數刺人主意，陰導而陽合之。外謹順，居處衣服陋素，而交宮府，賄贈狼藉。然善矯飾，居之自如，人莫能探其膺肺。隱、刺之亂，數進忠策，太宗以爲誠，橫賜累萬。又密言於高祖曰：「秦王恃功，頡頏太子下，若不早立，則亟圖之。」情白太子曰：「爲四海不顧其親，乞龔者謂何？」及高祖議廢立，倫固諫止。當時語祕無知者，卒後，事寖聞。十七年，治書侍御史唐臨追劾姦狀，帝下其議百官。民部尚書唐儉等議〔三〕：「倫寵極生前，而罪暴身後，所歷官不可盡奪，請還贈改謚，以懲憸壬。」有詔奪司空，削食封，改謚爲繆。

子言道，尚淮南長公主，官至宋州刺史。

裴矩字弘大，絳州聞喜人。父訥之，爲齊太子舍人。矩在乳而孤，及長好學，有文藻智數。再補高平王文學。齊亡，不得調。隋高祖爲定州總管，召補記室，以母憂去職。高祖已受禪，遷給事郎，奏舍人事。帝伐陳，爲元帥記室。江左平，詔矩巡撫嶺南，未行，而高智慧等亂，道不通，帝難其遣，矩請速進，許之。次南康，得兵數千人。是時，俚帥王仲宣逼廣州，遣別將圍東衡州，矩與將軍鹿愿赴之。賊立九壁，屯大庾嶺，矩進擊，破之。賊懼，釋東衡州之圍，據原長嶺，又擊破之，斬其帥。自南海趣廣州，仲宣懼，潰去。綏集二十餘州，承制署渠帥爲刺史、縣令。還報，帝大悅，詔升殿勞苦之。拜開府，爵聞喜縣公，賚異等。遷累內史侍郎。時突厥彊盛，都藍與突利構難，屢犯塞，詔太平公史萬歲爲行軍總管，出定襄道，以矩爲長史。破達頭可汗而萬歲誅，矩功不見錄。還爲尚書左丞，遷吏部侍郎，名稱職。

煬帝時，西域諸國悉至張掖交市，帝令矩護視。矩知帝勤遠略，乃訪諸商胡國俗、山川險易，撰西域圖記三篇，合四十四國，凡裂三道：北道起伊吾，徑蒲類、鐵勒、突厥可汗廷，亂北流河至拂菻；中道起高昌、焉耆、龜茲、疏勒，踰葱嶺，鏺汗、蘇對沙那、康、曹、何、大小安、穆諸國，至波斯；南道起鄯善、于闐、朱俱波、喝槃陀，亦度葱嶺，涉護密、吐火羅挹怛、帆延、漕國，至北婆羅門。皆竟西海。諸國亦自有空道交通。既還，奏之。帝引內矩，問西方事，矩盛言：「胡多瓌怪名寶，俗土著，易幷吞。」帝由是甘心四夷，委矩經略。再遷黃門侍郎，參豫朝政。

大業三年，帝有事恆山，西方來助祭者十餘國。矩遣人說高昌、尹吾等，啗以厚利，使入朝。帝西巡燕支山，高昌等二十七國謁道左，皆使佩金玉，服錦罽，奏樂歌舞，令士女盛飾縱觀，亙數十里，示中國彊富。後遂破吐谷渾，拓地數千里，遣兵出戍，歲委輸巨億萬計。帝謂矩有綏懷略，擢銀青光祿大夫。帝在東都，矩以蠻夷朝貢踵至，諷帝悉召天下奇倡怪伎，大陳端門前，曳錦縠、珥金琲者十餘萬，詔百官都人列繒樓幔閣夾道，被服光麗。廛邸皆供帳，池酒林胾。譯長縱蠻夷與民貿易，在所令邀飲食，相娛樂。蠻夷嗟咨，謂中國爲「仙晨帝所」。天子以爲誠，謂宇文述、牛弘曰：「矩所建白，皆朕之志，要未發，矩輒先聞，非悉心奉國，疇能是邪？」又助城伊吾，脅處羅入朝。帝益喜，賜貂裘、西胡珍器。從帝巡塞北，幸啓民帳。時高麗遣使先在突厥，啓民引見帝。矩因奏言：「高麗本孤竹國，周以封箕子，漢分三郡，今乃不臣，先帝疾之，欲討久矣。方陛下時，安得不事？今其使朝突厥，及見啓民，舉國臣服，脅令入朝，可致也。請面詔其使，令歸語王，有如旅拒，方率突厥誅之。」帝納焉。高麗不聽命，征遼自此始。王師再臨遼，皆從，以勞加右光祿大夫。時綱紀泪振，宇文述、虞世基用事，官以賄遷，唯矩挺節無穢聲，世頗稱之。

矩以始畢可汗衆漸盛，建請以宗女嫁叱吉設，建爲南面可汗，分其勢。叱吉不敢受。始畢聞之，稍怨望。矩又言：「突厥淳陋，易離間，但內多羣胡教導之。臣聞史蜀胡悉尤有謀，幸於始畢，請殺之。」帝曰：「善。」矩因詭計召胡悉受賜〔三〕，斬馬邑下，報始畢曰：「史蜀胡悉背可汗，我所共惡，今既誅之。」始畢知狀，由是不朝。後帝北巡，始畢率騎十萬圍帝鴈門，詔矩與虞世基宿朝堂待顧問。圍解，從幸江都宮。時盜賊蜂結，郡縣上奏不可計，矩言于帝。帝怒，遣詣京師，以疾解。俄而高祖入關，帝令虞世基問方略，矩曰：「唯願陛下亟西，天下定矣。」

矩性勤謹，未嘗忤物，見天下方亂，其待遇士尤厚，雖廝役皆得其歡。是時，衞兵數逃去，帝憂之，以問矩。矩曰：「今乘輿淹狩已二年，諸驍果皆無家，人無匹合，則不久安，臣請皆聽納室。」帝笑曰：「公定多智。」因詔矩盡召江都女子、孀家，恣將士所欲，即配之，人情翕然相悅，曰：「裴公惠也！」宇文化及亂，衆劫矩。賊皆曰：「裴黃門無豫也。」既而衆以秦王子浩爲帝，詔矩爲侍內，隨而北。化及僭位，署矩尚書右僕射，爲河北道安撫大使。又爲竇建德所獲，建德以矩隋舊臣，遇之厚。建德起羣盜，非有君臣制度，矩爲略制朝儀，不閱月，憲章擬王者，建德尊禮之。

建德敗，來朝，擢殿中侍御史，爵安邑縣公。累遷太子詹事、檢校侍中。時突厥數盜邊，高祖遣使約西突厥連和，突厥因請婚。帝曰：「彼勢與我絕，緩急不爲用，奈何？」矩曰：「然北虜方熾，歲苦邊，若權順許，以示外援，須我完實更議之。」帝然其計。隱太子敗，餘黨保宮城不解。秦王遣矩諭之，乃聽命。遷民部尚書。

太宗卽位，疾貪吏，欲痛懲乂之，乃間遣人遺諸曹，一史受饋縑，帝怒，詔殺之。矩曰：「吏受賕，死固宜。然陛下以計紿之，因卽行法，所謂罔人以罪，非道之以德之誼。」帝悅，爲羣臣言之，曰：「矩遂能廷爭，不面從，物物若此，天下有不治哉？」年八十，精明不忘，多識故事，見重于時。貞觀元年卒，贈絳州刺史，謚曰敬。

宇文士及字仁人，京兆長安人。父述，爲隋右衞大將軍。開皇末，以述勳封新城縣公。

文帝引入臥內，與語，奇之。詔尚煬帝女南陽公主，爲尚輦奉御，從幸江都。以父喪免，起爲鴻臚少卿。其兄化及謀弑逆，以主壻忌之，弗告。已弑帝，乃封蜀王。

初，士及爲奉御，而高祖任殿中少監，雅自款結。及從化及至黎陽，帝手書召之。士及亦遣家童間道走長安，通諄勤，且獻金鐶。帝悅曰：「我嘗與士及共事，今以此獻，是將來矣。」化及兵日蹙，士及勸歸命，不從，乃與封倫詭求督饟。俄而化及敗，於是濟北豪傑謀起齊兵擊竇建德以收河北，觀形勢，士及不納，與倫等自歸。帝讓之曰：「汝兄弟率思歸之人爲入關計，爾時得我父子，尚肯相假乎？今欲何地自處？」士及謝曰：「臣罪當死，但臣往在涿郡，嘗與陛下夜論世事，頃又奉所獻，冀以此贖罪。」帝笑謂裴寂曰：「彼與我論天下事，逮今六七年，公等皆在其後。」時士及女弟爲昭儀，有寵，由是見親禮，授上儀同。從秦王平宋金剛，錄功，復隋舊封，以宗室女妻之，遷王府驃騎將軍。從討王世充等，進爵郢國公。武德八年，權檢校侍中，兼太子詹事。

王卽位，拜中書令，眞食益州七百戶，以本官檢校涼州都督。時突厥數入寇，士及欲立威以鎮燿邊鄙，每出入，盛陳兵衞，又痛折節下士。或告其反，訊無狀，召爲殿中監，以疾改蒲州刺史。政尚寬簡，人皆宜之。擢右衞大將軍。太宗延入閤語，或至夜分出，遇休沐，往往馳召。士及益自謹，其妻嘗問向遽召何所事，士及卒不對。帝嘗玩禁中樹曰：「此嘉木也！」士及從旁美歎。帝正色曰：「魏徵常勸我遠佞人，不識佞人爲誰，乃今信然。」謝曰：「南衙羣臣面折廷爭，陛下不得舉手。今臣幸在左右，不少有將順，雖貴爲天子，亦何聊？」帝意解。又嘗割肉，以餠拭手，帝屢目，陽若不省，徐啗之。其機悟率類此。後以雅舊，別封一子新城縣公。久之，復爲殿中監。卒，贈左衞大將軍、涼州都督，陪葬昭陵。士及撫幼弟、孤兄子，以友睦稱。好周卹親戚故人，然過自奉養，服玩食飲必極豐侈。有司謚曰恭，黃門侍郎劉洎曰：「士及居家侈肆，不可謂『恭』。」乃改曰縱。

贊曰：封倫、裴矩，其姦足以亡隋，其知反以佐唐，何哉？惟姦人多才能，與時而成敗也。妖禽蘖狐，當晝則伏自如，得夜乃爲之祥。若倫僞行匿情，死乃暴聞，免兩觀之誅，幸矣。太宗知士及之佞，爲游言自解，亦不能斥。彼中材之主，求不惑於佞，難哉！

鄭善果，鄭州滎澤人。祖在魏爲顯家。父誠，周大將軍、開封縣公，討尉遲迥，戰死。善果方九歲，以死事子襲爵，家人爲其幼，弗告也；及受詔，號慟不自勝。隋開皇初，進封武德郡公。年十四，爲沂州刺史。累轉魯郡太守。

善果母崔，賢明曉政治，嘗坐閤內聽善果處決，或當理則悅，有不可，則引至牀下，責媿之。故善果所至有績，號清吏。嘗與武威太守樊子蓋考爲天下第一，煬帝賜物千段、黃金百兩。再遷大理卿。突厥圍帝鴈門，以守禦功拜右光祿大夫。從幸江都。宇文化及弑逆，署民部尚書，從至聊城〔四〕。淮安王神通攻之，善果督戰，中流矢。神通解。俄爲竇建德所獲，王琮讓之曰：「公，隋大臣，自尊夫人亡，名稱衰。今以忠臣子爲逆賊徇命至傷夷，謂何？」善果慙，欲自殺，或止之，得不死。建德不之禮，乃歸神通。送京師，擢太子左庶子，更封滎陽郡公。數爲太子陳得失。未幾，檢校大理卿，兼民部尚書。奉法持正，風績顯公卿間。詔與裴寂等十人每奏事若侍得升殿，而從父兄元璹亦與，時以爲榮。坐事免。會山東平，持節爲招撫大使。以選舉失實除名。後歷刑部尚書。貞觀初，出爲岐州刺史，以累去。復拜江州刺史，卒。

元璹字德芳，隋沛國公譯之子。性察慧，愛尚文藝。以父功拜儀同，襲爵。累遷右衞將軍，更封莘國公。大業末，出爲文城郡守。

高祖兵興，遣將張綸西略地，攻拔其城，係致軍門，釋之，授太常卿。與襄武王琛使突厥，還爲參旗將軍。元璹習軍旅事，帝令教諸屯軍法。劉武周將宋金剛與突厥處羅可汗犄角寇汾、晉，詔元璹諭罷可汗兵，不聽，乃進爲武周援。會暴疾，其下意元璹置毒，囚之。處羅死，頡利立，留帳中數年。帝旣許可汗婚，元璹始得還。帝勞曰：「卿不辱於虜，可輩蘇武、張騫矣。」拜鴻臚卿，母喪免。

會突厥提精騎數十萬，身自將攻太原，詔卽苫次起元璹持節往勞。旣至，虜以不信咎中國，元璹隨語折讓，無所屈，徐乃數其背約，突厥愧服。因好謂頡利曰：「突厥得唐地無所用，唐得突厥不可臣而使，兩不爲用而相攻伐，何哉？今掠財資，劫人口，皆入所部，可汗一不得，豈若仆旗接好，則金玉重幣一歸可汗。且唐有天下，約可汗爲兄弟，使馹銜箠於道，今坐受其利不肯，乃蔑德貽怨，自取勞苦，若何？」頡利當其言，引還。太宗賜書曰：「知公口伐，可汗如約，遂使邊火息燧，朕何惜金石賜於公哉！」貞觀三年，復使突厥，還言：「夷狄以馬羊準盛衰，今突厥六畜不蕃，人色若菜，牙內飯粟化爲血，不三年必亡。」無幾，突厥果敗。後轉左武候大將軍，坐事免。起爲宜州刺史，以老致仕。卒，贈幽州刺史，謚曰簡。

元璹幹敏，所至常有譽。五聘絕域，危不脫，終不自爲解。然譯事後母不謹，隋文帝嘗賜孝經愧勖之；至元璹亦不以孝聞，士醜其行。

從孫杲，知名武后世，終天官侍郎。

權萬紀，其先出天水，後徙京兆，爲萬年人。父琢玠，隋匡州刺史，以慤愿聞。萬紀悻直廉約，自潮州刺史擢治書侍御史。尙書右僕射房玄齡、侍中王珪掌內外官考，萬紀劾其不平，太宗按狀，珪不伏。魏徵奏言：「房玄齡等皆大臣，所考有私，萬紀在考堂無訂正，今而彈發，非誠心爲國者。」帝乃置之，然以爲不阿貴近，繇是奬禮。萬紀又建言：「宇文智及受隋恩，賊殺其君，萬世共棄，今其子乃任千牛，請斥屛以懲不軌。」帝從之。萬紀與侍御史李仁發既以言得進，頗掉罄自肆，衆情懍懍。徵奏：「萬紀等闇大體，詆訐彈射皆不實，陛下收其一切，遂敢附下罔上，釣彊直名，迷奪聖明，以小謀大，羣下離心。如玄齡等且不得申，況疎賤之臣哉？」帝寤，徙萬紀散騎常侍，而免仁發。數年，復召萬紀爲持書御史，卽奏言：「宣、饒部中可鑿山冶銀，歲取數百萬。」帝讓曰：「天子所乏，嘉謀善政有益於下者。公不推賢進善，乃以利規我，欲方我漢桓、靈邪？」斥使還第。

久之，由御史中丞進尙書左丞，出爲西韓州刺史。徙吳王長史。王畏其直，善遇之。齊王祐不奉法，帝素奇萬紀能左右吳王者，乃徙爲祐長史。祐暱比羣小，萬紀驟諫不入，卽條過失以聞。帝遣劉德威按問，因召祐入朝。祐恐，與所嬖燕弘亮謀殺之，而萬紀先引道。

祐遣弘亮馳彀騎追擊，斬首，殊支體，投圂中。又殺典軍韋文振。文振本以校尉從帝征伐，以質謹自將，帝使事祐，典廄馬，切諫不納，輒見萬紀道之，故祐內嘗忿疾。萬紀死，文振懼，馳去，追騎獲之。祐平，贈萬紀齊州都督、武都郡公，食二千戶，謚曰敢〔三〕；文振左武衞將軍、襄陽縣公，食千戶。

萬紀子玄初，高宗時兵部侍郎。

懷恩，萬紀族孫。祖弘壽，爲隋臨汾司倉書佐，高祖平京師，擢太僕卿、盧國公，卒，謚曰恭。故懷恩以蔭累遷尙乘奉御，襲爵。廏人安畢羅爲高宗所寵，見帝，戲慢不恭，懷恩奏事，適見之，退杖四十。帝嗟賞曰：「良吏也！」擢萬年令。賞罰明，見惡輒取。時語曰：「寧飮三斗塵，無逢權懷恩。」其姿狀沈毅，每盛服，妻子不敢仰視。更慶、萊、衞、邢、宋五州刺史，洛州長史。所居威名赫然，吏重足立。嘗過汴州，時刺史楊德幹亦以嚴稱，與懷恩名相埒。汴橋新成，立木中途，止過車者。懷恩適過之，示德幹曰：「民不可止邪，焉用此？」德幹慙服。遷益州大都督府長史，卒。

從子楚璧，爲左領軍衞兵曹參軍。玄宗在東都，楚璧乃與李迥秀子齊損、陳倉尉盧玢、左屯營長上折衝周履濟等謀反，以兄子梁山詐爲襄王子，號光帝，擁營兵百餘夜入宮城，欲劫留守王志愔，不克。遲明，兵斬楚壓等，傳首東都，籍其家。

閻讓字立德，以字行，京兆萬年人。父毗，爲隋殿內少監，本以工藝進，故立德與弟立本皆機巧有思。武德初，爲秦王府士曹參軍，從平東都。遷尚衣奉御，制衮冕六服、腰輿、傘扇咸有典法。貞觀初，歷將作少匠、大安縣男。護治獻陵，拜大匠。文德皇后崩，攝司空，營昭陵，坐弛職免。起爲博州刺史。太宗幸洛陽，詔立德按爽塏建離宮清暑，乃度地汝州西山，控汝水，睨廣成澤，號襄城宮，役凡百餘萬。宮成，煩燠不可居，帝廢之，以賜百姓，坐免官。

未幾，復爲大匠，即洪州造浮海大航五百艘，遂從征遼，攝殿中監，規築土山，破安市城。師還，至遼澤，亙二百里，淖不可通，立德築道爲橋梁，無留行。帝悅，賜予良厚。又營翠微、玉華二宮，擢工部尚書。帝崩，復攝司空，典陵事，以勞進爵大安縣公。永徽五年，高宗幸萬年宮，留守京師，領徒四萬治京城。卒，贈吏部尚書、幷州都督，陪葬昭陵，謚曰康。

立本，顯慶中以將作大匠代立德爲工部尚書。總章元年，自司平太常伯拜右相、博陵縣男。初，太宗與侍臣泛舟春苑池，見異鳥容與波上，悅之，詔坐者賦詩，而召立本侔狀。閤外傳呼畫師閻立本，是時已爲主爵郎中，俯伏池左，硏吮丹粉，望坐者羞悵流汗。歸戒其子曰：「吾少讀書，文辭不減儕輩，今獨以畫見名，與廝役等，若曹愼毋習！」然性所好，雖被訾屈，亦不能罷也。旣輔政，但以應務俗材，無宰相器。時姜恪以戰功擢左相，故時人有「左相宣威沙漠，右相馳譽丹靑」之嘲。咸亨元年，官復舊名，改中書令。卒，謚曰文貞。

立德孫知微，曾孫用之。

知微，聖曆初爲豹韜衞將軍。武后時，突厥默啜請和親，后遣知微攝春官尙書，持金帛護送武延秀聘其女。默啜怒非天子子，囚延秀，挾知微入寇趙、定，尊之如可汗，以示華人，自河以北蕭然。朝廷以知微賣國，夷其族。知微不知，逃還。武后業已然，乃曰：「惡臣疾子，賜百官甘心焉。」於是骨斷臠分，非要職者不能得。子則先，以武三思壻免死。玄宗在藩時，以善劃蒙寵。開元中，有司奏擬供奉，姚元崇以爲則先刑戮家，又逆人姻屬，不可留京師。詔曰：「朕在外日，嘗驅使，宜令供奉。」

用之，初爲彭州參軍，嘗攝錄事，一日糾慝謬不法數十事，太守以爲材。後擧通事舍人，累遷右衞郎將，知引駕仗。金吾將軍李質升殿不解刀，呵卻之，請按以法，左右震悚。始，有司以三衞執扇登殿，用之奏三衞皆趫悍，不宜升陛邇御坐，請以宦者代，遂爲故事。天寶中，女爲義王玼妃。終左金吾將軍。

蔣儼，常州義興人。擢明經第，爲右屯衞兵曹參軍。太宗將伐高麗，募爲使者，人皆憚行，儼奮曰：「以天子雄武，四夷畏威，蕞爾國敢圖王人？有如不幸，固吾死所也。」遂請行。爲莫離支所囚，以兵脅之，不屈，內窟室中。高麗平，乃得歸。帝奇其節，授朝散大夫。爲幽州司馬，劉祥道以巡察使到部，表最狀，擢會州刺史。再遷殿中少監，數陳時政病利，高宗輒優納。進蒲州刺史，戶產充夥，訴犴積年不平，前刺史踵以罪去，儼至，發隱禁姦，號良二千石。永隆二年，以老致仕。未幾，復召爲太僕卿，以父諱辭官，徙太子右衞副率。

中宗在東宮，儼數爭過失，不見用。自以總何護，不應諫。於是田游巖與處士爲洗馬，太子所尊禮，儼詒書責之曰：「太子年鼎盛，聖道有所未盡，足下受調護之寄，居責言之地，唯唯悠悠，不出一談。向使不湌王粟，僕何敢議？今祿及親矣，尚何酬塞？」游巖愧不能答。儼尋徙右衞大將軍，封義興縣子，以太子詹事致仕。卒，年七十八。中宗立，以舊恩贈禮部尙書。

韋弘機，京兆萬年人。祖元禮，隋淅州刺史〔六〕。弘機仕貞觀時爲左千牛冑曹參軍，使西突厥，册拜同俄設爲可汗。會石國叛，道梗，三年不得歸。裂裾錄所過諸國風俗、物產，爲西征記。比還，太宗問外國事，即上其書。帝大悅，擢朝散大夫。累遷殿中監。顯慶中，爲檀州刺史，以邊人陋僻，不知文儒貴，乃脩學官，畫孔子、七十二子、漢晉名儒象，自爲贊，敦勸生徒，繇是大化。契苾何力討高麗，次灤水，會暴漲，師留三日。弘機輸給資糧，軍無飢，高宗善之，擢司農少卿，主東都營田苑。宦者犯法，杖乃奏，帝嗟賞，賜絹五十匹，曰：「後有犯，治之，毋奏。」遷司農卿。

太子弘薨，詔蒲州刺史李沖寂治陵，成而玄堂阨，不容終具，將更爲之。役者過期不遣，衆怨，夜燒營去。帝詔弘機嗣作，弘機令開程左右爲四便房，撙制禮物，裁工程，不多改作，如期而辦。帝嘗言：「兩都，我東西宅，然因隋宮室日仆不完，朕將更作，奈財用何？」弘機即言：「臣任司農十年，省惜常費，積三十萬緡，以治宮室，可不勞而成。」帝大悅，詔兼將作、少府二官，督營繕。初作宿羽、高山等宮，徙洛中橋於長夏門，廢利涉橋，人便之。天子乃登洛北絕岸，延眺良久，歎其美，詔即其地營宮，所謂上陽者。尚書左僕射劉仁軌謂侍御史狄仁傑曰：「古天子陂池臺榭皆深宮複禁，不欲百姓見之，恐傷其心。而今列岸謻廊亙王城外，豈愛君哉？」弘機猥曰：「天下有道，百官奉職，任輔弼者，則思獻替事。我乃府藏臣，守官而已。」仁傑非之。俄坐家人犯盜，劾免官。

初，東都方士朱欽遂爲武后所寵，姦贓狠藉。弘機白：「欽遂假中宮驅策，依倚形勢，虧紊皇明，爲禍亂之漸。」帝遣中使慰諭，敕毋漏言，逐欽遂于邊，后恨之。永淳中，帝幸東都，至芳桂宮，召弘機使白衣檢校園苑，將復任之，爲后掎而止。終檢校司農少卿事。

孫岳子、景駿。景駿別傳。

岳子，武后時爲汝州司馬，以辦治稱。召授尙舍奉御，入見，后賞其能，曰：「卿家事，朕悉知之。」因問舊故，至家人皆不忘。出爲太原令，以不習武固辭，忤旨，下遷宋州長史。歷廬、海等州刺史，皆著風迹，恩嚴兩施。睿宗立，召爲殿中少監，恩遇尤異。竇懷貞等誅，而岳子舊與經過，爲姜晈所劾，貶渠州別駕。起授陝州刺史，卒。孫皐，別有傳。

姜師度，魏州魏人。擢明經，調丹陵尉、龍崗令，有淸白稱。神龍初，試爲易州刺史、河北道巡察，兼支度營田使。好興作，始斵溝於薊門，以限奚、契丹，循魏武帝故迹，並海鑿平虜渠，以通餉路，罷海運，省功多。遷司農卿。出爲陝州刺史。太原倉水陸運所湊，轉屬諸河，師度使依高爲廥，而注米于舟，以故人不勞。拜太子詹事。

玄宗徙營州治柳城，拜營田支度脩築使。進爲河中尹。安邑鹽池涸廢，師度大發卒，洫引其流，置鹽屯，公私收利不貲。徙同州刺史。又派洛灌朝邑、河西二縣，閼河以灌通靈陂，收棄地二千頃爲上田，置十餘屯。帝幸長春宮，嘉其功，下詔褒美，加金紫光祿大夫，賜帛三百匹。進將作大匠。左拾遺劉彤建榷天下鹽鐵利內之官，免貧民賦，詔戶部侍郎強循與師度並假御史中丞，會諸道按察使議所以榷之之法，俄爲議者沮，閣不行。卒，年七十餘。

師度喜渠漕，所至繇役紛紜，不能皆便，然所就必爲後世利。是時太史令傅孝忠以知星顯，時爲語曰：「孝忠知仰天，師度知相地。」嘲所嗜也。

強循字季先，鳳州人。仕累雍州司士參軍。華原無泉，人畜多暍死。循教人渠水以浸田，一方利之，號強公渠。詔書褒予甚厚。歷大理少卿、太子右庶子。爲政辦給，不爲威嚴，遇人盡信不疑，然當時恨其少文云。

張知謇字匪躬，幽州方城人，徙家岐。兄弟五人：知玄、知晦、知泰、知默皆明經高第，曉吏治，淸介有守，公卿爭爲引重。調露時，知謇監察御史裏行，知默左臺侍御史。知謇歷十一州刺史，所莅有威嚴，武后降璽書存問。萬歲通天中，自德州刺史入計，后奇其貌，詔工圖之，稱其兄弟容而才，謂之兩絕。又門皆列戟，白雀巢其廷，后數寵賜。知泰歷益州長史、中臺左丞、兵部侍郎，封陳留縣公。

中宗在房州，禁察苛嚴。知謇與董玄質、崔敬嗣繼爲刺史，供儗保戴不少弛。帝復位，拜知謇左衞將軍，加雲麾將軍，封范陽郡公；知泰御史臺大夫，加銀靑光祿大夫，封漁陽郡公。伯仲華首同貴，時以爲榮。知泰忤武三思，故出爲幷州刺史、天兵軍使。終魏州刺史，謚曰定。知謇歷東都副留守、左右羽林大將軍、同華州刺史，大理卿致仕。年八十，開元時卒。

知謇敏且亮，惡請謁求進，士或不才冒位，視之若仇。每敕子孫「經不明不得舉」，家法可稱云。

武后革命，知泰奏置東都諸關十七所，譏斂出入。百姓驚駭，樵米踊貴，卒罷不用，議者羞薄之。

知默與監察御史王守慎、來俊臣、周興掌詔獄，數陷大臣。守慎雖其甥，惡鞫引之暴，不得去，請度爲浮屠，后許之。而知默卒陷酷吏，子孫禁錮，爲張氏羞。

知玄子景昇，知泰子景佚，開元中皆顯官。

校勘記

〔一〕祖隆之　各本原脫「之」字，據舊書卷六三封倫傳、北史卷二四及北齊書卷二一封隆之傳補。

〔二〕民部尚書唐儉等議　「唐儉」，各本原作「唐倫」。舊書卷六三封倫傳、唐會要卷八〇及通鑑卷一九七均作「唐儉」，據改。

〔三〕胡悉　各本原無「悉」字。按史蜀胡悉不當簡稱「胡」。隋書卷六七裴矩傳作「胡悉」，據補。

〔四〕聊城　各本原作「遼城」，本書及舊書卷一高祖紀、本書卷七八及舊書卷六〇淮安王神通傳均作「聊城」。按聊城屬河北博州，李神通攻宇文化及正其地。據改。

〔五〕謚曰敢　「敢」，舊書卷一八五上權懷恩傳及唐會要卷八〇均作「敬」。

〔六〕隋淅州刺史　「淅州」，各本原作「浙州」。按隋無浙州。隋書卷三〇地理志有淅陽郡，注云「西魏置淅州」。寰宇記卷一四二鄧州內鄉縣下云：後魏孝文於此置淅陽郡，隋置淅州。「浙州」當是「淅州」之訛，據改。

唐書卷一百一

列傳第二十六

蕭瑀 鈞 嗣業 嵩 華 復 俛 倣 廩 遘 定

蕭瑀字時文，後梁明帝子也。九歲，封新安王。國除，以女兄爲隋晉王妃，故入長安。瑀愛經術，善屬文。性鯁急，鄙遠浮華。嘗以劉孝標辯命論詭悖不經，乃著論非之，以爲：「人稟天地而生而謂之命，至吉凶禍福則繫諸人。今一於命，非先王所以教人者。」通儒柳顧言、諸葛潁歎曰：「是足鍼孝標膏肓矣！」

晉王爲太子，授右千牛。卽帝位，妃爲后，而瑀寖親寵，頻遷尙衣奉御、檢校左翊衞鷹揚郎將。感末疾，不呼醫，曰：「天若假吾餘年，因得爲遁階矣！」后聞，責謂曰：「爾亡國後不安小官，而高爲怪語，罪不測。」瑀復治疾，良已。拜內史侍郎，數言事忤旨，稍見忌。帝至鴈門，爲突厥所圍，瑀謀曰：「夷俗，可賀敦與兵馬事，況義成公主以帝女爲之。若走一介使鐫喻，宜不戰而解。又衆商陛下已平突厥，方復事遼東，故怠不肯戰。願下詔赦高麗，專討突厥，則人自奮矣。」帝從之。既而主詭辭謂突厥，果解圍去。然帝素意伐遼，又銜瑀以謀撅其機，謂羣臣曰：「突厥何能爲，瑀乘未解時乃紿恐我！」遂出瑀爲河池郡守。部有鈔賊萬人，吏不制，瑀募勇敢士擊降之，悉捐貲畜賜有功。又擊走薛舉衆數萬。

高祖入京師，招之，挈郡自歸，授光祿大夫，封宋國公，拜民部尙書。秦王領右元帥，攻洛陽，署瑀府司馬。武德元年，遷內史令，帝委以樞筦，內外百務悉關決。或引升御榻，呼曰蕭郎。瑀自力孜孜，抑過繩違無所憚。上便宜，每見納用。手詔曰：「得公言，社稷所賴，朕既寶之，故賜黃金一函，公其勿辭。」

是歲，州置七職，秦王爲雍州牧，以瑀爲州都督。詔嘗下中書，未即行，帝讓其稽，瑀曰：「隋季內史詔敕多違舛，百司不知所承。今朝廷初基，所以安危者繫號令。比承一詔，必覆審，使先後不謬，始得下，此所以稽留也。」帝曰：「若爾，朕何憂乎？」初，瑀關內田宅悉賜勳家，至是，還給之。瑀盡以分宗族，獨留廟室奉祠。王世充平，進尙書右僕射。七年，以熒惑犯右執法，避位，不許。久之，遷左僕射。

貞觀初，房玄齡、杜如晦新得君，事任稍分，瑀不能無少望，乘罅切詆，辭旨疏躁。太宗怒，廢于家。俄拜特進、太子少師，復爲左僕射，實封六百戶。帝問瑀：「朕欲長保社稷，奈何？」瑀曰：「三代有天下所以能長久者，類封建諸侯以爲藩屏。秦置守令，二世而絕。漢分王子弟，享國四百年。魏、晉廢之，亡不旋踵。此封建之有明效也。」帝納之，始議封建。坐與陳叔達忿爭御前不恭，免。歲餘，起爲晉州都督。入拜太常卿，遷御史大夫，參預朝政。瑀論議明辯，然不能容人短，意或褊駁不通，而向法深，房玄齡、魏徵、温彥博頗裁正之，其言多黜，瑀亦不平。會玄齡等小過失，瑀即痛劾，不報，由是自失，罷爲太子少傅，加特進，復爲太常卿。拜河南道巡省大使。九年，復參預政事。

帝嘗曰：「武德季，太上皇有廢立議，顧朕挾不賞之功，於昆弟弗見容，瑀於爾時不可以利怵死懼，社稷臣也。」因賜詩曰：「疾風知勁草，版蕩識誠臣。」又曰：「公守道耿介，古無以過，然善惡太明，或有時而失。」瑀頓首謝曰：「既蒙教，又許以忠亮，雖死日，猶生年也。」魏徵曰：「臣有逆衆持法，主恕之以公；孤特守節，主恕之以介。昔聞其言，乃今見之。使瑀不遇陛下，庸能自保邪？」晉王爲皇太子，拜太子太保、同中書門下三品。帝曰：「三師，以德導太子者也，禮不尊，則無所取法。」乃詔：「師入謁，太子出門迎拜，師答拜；每門，讓乃入；師坐，然後坐；書前後著名，稱惶恐。」

瑀素貴，但中狹。每燕見，輒言：「玄齡輩朋黨盜權，若膠固然，特未反耳。」帝曰：「知臣莫若君。朕雖不明，寧頓憎臧否？」因爲瑀曉解。瑀以帝有所偏信，帝積久亦不平。瑀好浮屠法，間請捨家爲桑門，帝許之矣，復奏自度不能爲，又足疾不入謁，帝曰：「瑀豈不得其所邪？」乃詔奪爵，下除商州刺史。未幾，復其封，加特進。卒，年七十四。遺命斂以單衣，無卜日。詔贈司空、荆州都督，陪葬昭陵。太常謚曰肅，帝以其性忌，改謚貞褊。

子銳，尙襄城公主，爲太常少卿。

鈞，瑀從子，有才譽。永徽中，累遷諫議大夫、弘文館學士。左武候屬盧文操踰垣盜庫財，高宗以其職主幹，當自盜罪死。鈞曰：「四罪誠死，然恐天下聞，謂陛下重貨輕法，任喜怒殺人。」帝曰：「眞諫議也。」詔原死。太常工爲宮人通訊遺，詔殺之，且附律。鈞言：「禁當有漸，雖附律，工不應死。」帝曰：「如姬竊符，朕以爲戒，今不濫工死，然喜得忠言。」即宥工，徙遠裔。終太子率更令。

子瓘，爲渝州長史，居母喪，以毀卒。

鈞兄子嗣業，少從煬帝后入突厥，貞觀九年歸，以其知虜曲折，詔領突厥衆。擢累鴻臚卿，兼單于都護府長史。調露中，突厥叛，嗣業與戰，敗績。高宗責曰：「我不殺薛仁貴、郭待封，故使爾至此。然爾門與我家有雅舊，故貸死。」乃流桂州。

嵩，瓘子，貌偉秀，美須髯。始，娶會稽賀晦女，僚婿陸象先，宰相子，時爲洛陽尉，已有名，士爭往交，而嵩汩汩未仕，人不之異。夏榮者善相，謂象先曰：「君後十年，貴冠人臣，然不若蕭郎位高年艾，舉門蕃熾。」時人不許。

神龍元年，始調洛州參軍事。桓彥範爲刺史，待以異禮。河北黜陟使姜師度表爲判官。開元初，擢中書舍人。時崔琳、王丘、齊澣皆有名，以嵩少術學，不以輩行許也，獨姚崇稱其遠到。歷宋州刺史，遷尚書左丞。

十四年，以兵部尚書領朔方節度使。既赴軍，有詔供帳餞定鼎門外，玄宗賦詩勞行。會吐蕃大將悉諾邏恭祿及燭龍莽布支陷瓜州，執刺史田元獻；回紇又殺涼州守將王君㚟，河、隴大震。帝擇堪任邊者，徙嵩河西節度使，判涼州事，封蘭陵縣子。嵩表裴寬、郭虛己、牛仙客置幕府，以建康軍使張守珪爲瓜州刺史，完樹陴塢，懷保邊人。於時悉諾邏恭祿威慴諸部，吐蕃倚其健噬邊，嵩乃縱反間，示疑端，贊普果誅之。使悉末明攻瓜州，守珪拒甚力，虜引卻。會鄯州都督張志亮破賊青海西，嵩又遣副將杜賓客率彊弩四千與吐蕃戰祁連城下，自晨鬭汔晡，乃大潰，斬一將，虜哭震山谷。露布至，帝大悅，授嵩同中書門下三品，又官一子，恩顧第一。

十七年，進兼中書令。自張說罷宰相，令缺四年，嵩得之，然常遙領河西節度。在公愼密，人莫見其際。子衡，尙新昌公主。嵩妻入謁，帝呼爲親家，儀物貴甚。俄封徐國公。

初，裴光庭與嵩數不協，光庭卒，帝委嵩擇相，嵩推韓休。及休同位，峭正不相假，至校曲直帝前。嵩慚，乞骸骨。帝慰之曰：「朕未厭卿，何庸去乎？」嵩伏曰：「臣待罪宰相，爵位旣極，幸陛下未厭，得以乞身。有如厭臣，首領且不保，又安得自遂？」因流涕。帝爲改容曰：「卿言切矣，朕未能決。弟歸，夕當有詔。」俄遣高力士詔嵩曰：「朕將爾留，而君臣誼當有始有卒者。」乃授尙書右丞相，與休皆罷。是日，荆州進黃甘，帝以紫帕包賜之。擢子華給事中。

久之，進太子太師。而幽州節度使張守珪坐賂中人牛仙童得罪，李林甫素忌嵩，因言嵩嘗以城南墅遺仙童，貶靑州刺史。尋復拜太子太師。固請老，見許。嵩退，脩苺園區，優游自怡。家饒財，而華爲工部侍郎，衡以尙主位三品，就養，年踰八十，士豔其榮。天寶八載卒，贈開府儀同三司。

華，謹重方雅，有家法，嗣爵。天寶末，爲兵部侍郎。祿山亂，陷賊，逼守魏州。郭子儀攻安慶緒於相州，華閒道奉表，欲擧魏以應，爲賊所執。會崔光遠得魏州，破械出之。魏人德華庇免，爭來詣光遠乞留，有詔即授刺史。思明反，子儀懼復失華，乃表崔光遠代之，而召置軍中。相州兵潰，華還朝，猶以汙賊降試祕書少監。稍遷尚書右丞，擢河中晉、絳節度使。上元初，以中書侍郎同中書門下平章事。李輔國用事，求宰相，華拒之，輔國怨。會肅宗大漸，矯詔罷華爲禮部尚書，引元載以代。方代宗諒闇，載助輔國，貶華爲峽州司馬，卒。二子：恆、悟。

復字履初，衡子。生戚里，姻從豪汰，以服御輿馬相夸，復常衣垢弊，居一室，學自力，非名士夙儒不與游，以清操顯。華每歎曰：「此子當興吾宗！」推主蔭爲宮門郎。廣德中，歲大饑，家百口，不自振，議鬻昭應墅。宰相王縉欲得之，使弟紘說曰：「以君才宜在左右，胡不以墅奉丞相取右職？」復曰：「鬻先人墅以濟孀單，吾何用美官，使門內餒且寒乎？」縉憾之，由是廢。數歲，乃歷歙、池二州刺史，治狀應條。遷湖南觀察使。改同州刺史，歲歉，州有京畿觀察使儲粟，復輒發以貸人，有司劾治，詔削階，停刺史。或弔之，復曰：「苟利於人，胡責之辭！」久乃拜兵部侍郎。

普王爲襄漢元帥，進復戶部尚書、統軍長史。舊制謂「行軍長史」，德宗以復父諱更之。未行，扈狩奉天。帝惡庳隘，欲西如鳳翔依張鎰。復曰：「鳳翔乃泚舊兵，今泚悖亂，當有同惡者。雖鎰，臣畏不免。」帝曰：「朕業行，留一日以驗爾言！」俄而鎰爲李楚琳所害，於是拜吏部尙書、同中書門下平章事。

復嘗言：「艱難以來，始用宦者監軍，權望太重，是曹正可委宮掖事，兵要政機，叵使參領。」帝不聽。又言：「陛下厥初淸明，自楊炎、盧杞放命穢盛德，播越及兹。今阽于危，當懲乂前敗。」因述君臣大端，即自言：「若使臣依阿偷免，不敢當宰相。」杞對上或諂諛阿匼，復厲言：「杞詞不正！」帝色眙，謂左右曰：「復慢我。」因詔復充山南、江淮、湖南、嶺南等道宣撫、安慰使。

興元初，進門下侍郎。初，淮南陳少游左附李希烈，而張鎰判官韋皐殺邠、隴叛卒，不應楚琳。復還執政，建言：「陛下反正，功臣已貴矣，唯甄善汰惡爲未明。少游位將相，首臣賊，皐名淺官下，獨挺挺抗忠。如以皐代少游，則天下瞭然知逆順之理。」帝許之。復出，中官馬欽緒揖宰相劉從一，附耳語，既而從一密諗復曰：「有詔與公議向所奏，不欲李勉、盧翰聞知。」復曰：「堯、舜有『僉曰』之言，朝廷大事尙當謀及公卿。如勉等非其人，當罷去。既曰宰相，而謀議可獨避之乎？今與公行此或可，弟恐寖以生常，政由是敝。」從一以聞，帝不悅。復辭疾上政事，許之。

弟升，尙郜國大長公主，肅宗女也。升早卒，主以姦蠱事再得罪廢，諸子悉逐醜地，女爲皇太子妃，太子請離婚，帝銜囊忮，故復坐是檢校太子左庶子，廢居饒州。貞元四年卒，年五十七。

復望閥高華，厲名節，不通狎流俗。及爲相，臨事嚴方，數咈帝意，故居位亟解。然性孝友，旣貶晏然，口未嘗言所累。

復子湛。湛子寘，咸通中位宰相，無顯功，史逸其傳。

俛字思謙，恆子。貞元中，及進士第，又以賢良方正對策異等，拜右拾遺。元和六年，召爲翰林學士，凡三年，進知制誥。會張仲方以李吉甫數調發疲天下，訾其謚，憲宗怒，逐仲方，而俛坐與善，奪學士，下除太僕少卿。皇甫鎛薦爲御史中丞。鎛與令狐楚皆善俛，兩人同輔政，數稱其善，故帝待俛厚。襲徐國公。穆宗立，逐鎛，議所以代者，楚薦之，授中書侍郎、同中書門下平章事，進門下侍郎。

吐蕃寇涇州，調兵護邊，帝因問：「兵法有必勝乎？」俛曰：「兵凶器，聖人不得已用之，故武不可玩，玩則無震。夫以仁討不仁，以義討不義，先招懷，後掩襲，故有不殺厲，不禽二毛，不犯田稼，其救人如免水火，此必勝術也。若乃以小不忍輕任干戈，師曲而敵怨，非徒不勝，又將自危，是以聖王愼於兵。」帝重其言。嘗詔俛撰王承宗先銘，俛奏：「承宗比不臣，迷而後復，臣不忍稱道其先。又辭成當有餉謝，拒之，則非朝廷撫納意；受之，臣誼不當取。」帝善而止。

令狐楚罷執政，西川節度使王播賂權幸求宰相，俛劾播纖佞不可汚台宰，帝不許。自請罷，冀有感寤，帝亦不省。俄罷爲尚書左僕射，用播爲鹽鐵使，後卒相。俛自謂輔政淺，固辭僕射，換吏部尚書。又避選事，徙兵部，移病求分司，不許。授太子少保，爲同州刺史。復以少保分司東都。

性簡絜，以聲利爲汙，疾邪太甚，孤特一槩，故輕去位無所藉。文宗卽位，召授少師，稱疾力不拜，乃還左僕射，許致仕。莊恪太子時，議選舊德，保輔東宮，復以少師召，輒上還制書，堅辭。卽遷太子太傅，優詔褒尙。開成初，弟俶爲楚州刺史，召見。帝曰：「俛先帝賢宰相，筋力未衰，可一來，爾善道朕意。」乃以詔書幷絹三百因俶致之。俛終不起，以壽卒。

母韋，賢明，治家嚴，俛雖宰相，侍左右如褐衣時。居喪哀毀。旣老，家於洛，歲時賓客請謝，以爲煩，乃舍濟源墅，自放山野，優游窮年。然其居位頗介謹持法，重名器，狹於用人，每除吏，常憂不稱，鮮有簡拔。

穆宗初，兩河底定，俛與段文昌當國，謂四方無虞，遂議太平事，以爲武不可黷，勸帝偃革尙文，乃密詔天下鎭兵，十之，歲限一爲逃、死，不補，謂之銷兵。旣而籍卒逋亡，無生業，曹聚山林閒爲盜賊。會朱克融、王廷湊亂燕、趙，一日悉收用之。朝廷調兵不充，乃召募市人烏合，戰輒北，遂復失河朔矣。

贊曰：俛議銷兵，寧不野哉！當此時，河朔雖挈地還天子，而悍卒頑夫開口仰食者故在，彼皆不能自返於本業者也。又朱克融等客長安，餓且死，不得一官，而俛未有以措置，便欲去兵，使羣臣失職，一日叫呼，其從如市，幽、魏相挻，復爲賊淵，可謂見豪末而不察輿薪矣。宰相非其人，禍可旣乎！

倣字思道，悟子。大和中，擢進士第。除累給事中。宣宗力治，喜直言，嘗以李璲爲嶺南節度使，使者已賜節，而倣封還詔書。帝方作樂，不暇命使，遣優工趣出追之，未及璲所而還。後以封敕脫誤，法當罰，侍講學士孔温裕曰：「給事中駁奏，爲朝廷論得失，與有司奏事不類，不應罰。」詔可。令狐綯用李琢經略安南，琢以暴沓免，俄起爲壽州團練使，倣劾奏琢無所回，時推其直。自集賢學士拜嶺南節度使。南方珍賄叢夥，不以入門。家人病，取槁梅於廚以和劑，倣知，趣市還之。

咸通初，爲左散騎常侍。懿宗怠政事，喜佛道，引桑門入禁中爲禱祠事，數幸佛廬，廣施予。倣諫，以爲：「天竺法割愛取滅，非帝王所尙慕。今筆梵言，口佛音，不若懲謬賞濫罰，振殃祈福。況佛者可以悟取，不可以相求。」帝雖昏縱，猶嘉歎其言。後官數遷，拜義成軍節度使。滑州瀕河，累歲水壞西北防，倣徙其流遠去，樹堤自固，人得以安。以兵部尙書再判度支，進中書侍郎、同中書門下平章事。再遷司空、蘭陵縣侯。時天下盜起，宦人持兵柄，倣以鯁正爲權近所忌。卒年八十。

子廩，字富侯。第進士，遷尙書郎。倣領南海，解官往侍。爲人退約少合。南海多穀紙，倣敕諸子繕補殘書。廩諫曰：「州距京師且萬里，書成不可露齎，必貯以囊笥，貪者伺望，得無薏苡嫌乎？」倣曰：「善，吾思不及此。」乃止。廣明初，以諫議大夫知制誥，請厲止夜行以備賊諜，出太倉粟賤估以濟貧民。俄遷京兆尹。田令孜養子有罪亡，斃捕吏，繫獄，請救踵門，廩不納，杖殺之，內外畏讋。令孜拒黃巢，以廩爲糧料使，辭疾，貶賀州司戶參軍事。會襄王熅據，挈族逃河朔，鎭冀節度使王鎔厚禮之。光化中，以給事中召，不至，卒。

遘字得聖，寘子。咸通中，擢進士第，辟節度府。入朝，拜右拾遺。與韋保衡聯第，而遘姿宇秀偉，氣孤峻，嘗慕李德裕爲人。保衡才下，諸儒靳薄之，不甚齒，獨呼遘太尉，保衡憾焉。於是保衡已爲相，摭藩罪，繇起居舍人斥播州司馬。道三峽，方迫畏不暝，若有人謂曰：「公無恐，予爲公呵禦。」藩悅悟。俄謁白帝祠，見帝貌類向所睹，異之。未幾，保衡死，召爲禮部員外郎。乾符中，累擢戶部侍郎、翰林學士承旨。

僖宗入蜀，以兵部判度支，次緜州，拜同中書門下平章事。始，王鐸主貢舉而得藩，及是，與鐸並位。鐸年老，嘗入對踣殿中，藩掖起之。帝喜曰：「藩善事長，大臣和，予之幸也！」藩曰：「不止以長，乃鐸門生。」帝笑曰：「鐸選士，朕選宰相，卿無負我！」藩頓首謝。從還京師，累拜司空，封楚國公。

藩負大節，以王佐自任。既當國，風采峭整，天子器之。時藩鎭多興於盜賊，橫放莫能制，權綱濯弛。支詳在徐州，引散騎常侍李損子凝吉爲佐，會牙將時溥逐詳而取節度，溥爲囊幹所毒，不死，或譏凝吉爲詳報仇者，溥怒殺之。損時在朝，溥即上言損連謀，請幷誅。田令孜受溥金，劾損，付御史獄，中丞盧渥傳成其罪。御史王華嫉惡甚，表損不知狀。令孜請移神策獄，華不奉詔，奏言：「損近臣，法當死即死，獨不宜取辱於宦人手。」藩即時叩延英爭曰：「凝吉以冤就屠，已不可言。損與子音問不接且數期，安得謂同謀哉？溥恃功壞天子法，請案近臣，卑侮王室，有無將之萌。今損可無罪誅，禍且及臣輩。」帝寤，止免官。當此時，令孜持禁軍，權寵可炙，公卿無不附順，唯藩未嘗少下。

後令孜取安邑池鹽給衞軍，王重榮固爭，乃徙重榮它鎭，不受詔。令孜以兵討之，重榮引沙陀拒王師。王師敗，逐而西，帝驚，幸鳳翔。諸節度共劾令孜生事，離間大臣。遘素惡之，與裴澈計，共召朱玫於邠。玫起邠兵五千奉迎，與沙陀等連和。令孜迫帝幸陳倉，夜出，百官不及從。玫怒令孜，并望帝不諒其心，謂遘曰：「上奔播六年，中原之人，與賊肝髓流野，得復宗廟，遺老殘民聞輿馬音，流涕相歡。上曾不念，以諸侯勤王功爲敕使之寵。今姦臣爲國産怨，我奉命而來，返以爲脅君。羣臣報國極矣，戰力殫矣，尙能垂頭塌翅求生於黃門哉！喪君有君，公其圖之。」遘曰：「上無負天下，顧爲令孜掣制，每言必涕數行下。陳倉之行，又劫於兵。公誠有憂王室意，宜還藩奉表，請天子復國，策無宜此。」玫曰：「諸王才可任天下者不乏。」遘曰：「人非伊、霍，欲爲禍首，未或利也。」玫退曰：「我擇一王爲帝，違者斬，尙何事？」乃立嗣襄王煴，而召遘作册，遘苦辭，玫更委鄭昌圖，滋恨遘。及還長安，使昌圖相煴，罷遘爲太子太保。移疾不出。方其弟蘧爲永樂令，往從之。帝還宮，宰相孔緯與遘雅隙，乃劾嘗爲僞臣，卽賜死其所，實光啓三年。

遘見柄任凡五期，行完而材，逢世多故，召愎臣以濟亂，身汙僞署，不得其死，人爲哀之。

定字梅臣，瑀曾孫。以蔭起家陝州參軍事、金城丞。莅事淸挺。選補黜陟使裴遵慶表爲判官，還調萬年主簿。歷左右司郎中。爲元載所惡，外遷袁、潤等六州刺史。大曆中，有司差天下刺史治最，定與常州蕭復、豪州張鎰爲第一，而劭桑稼，均賦稅，業徠游口，在鎰、復右。遷戶部侍郎、太常卿。朱泚反，詭姓名爲張誕，匿里中，與蔣沇不涴于賊。事平，擢太子少師。卒，年七十七，贈太子太師。

贊曰：梁蕭氏興江左，實有功在民，厥終無大惡，以寖微而亡，故餘祉及其後裔。自瑀逮遘，凡八葉宰相，名德相望，與唐盛衰。世家之盛，古未有也。

唐書卷一百二

列傳第二十七

岑文本 羲 長倩 格輔元　虞世南　李百藥 安期　褚亮 劉孝孫
李玄道　李守素　姚思廉 璹 珽　令狐德棻 峘　鄧世隆　顧胤　李延壽

岑文本字景仁，鄧州棘陽人。祖善方，後梁吏部尚書，更家江陵。父之象，仕隋爲邯鄲令，坐爲人訟，不得申。文本年十四，詣司隸理冤，辨對哀暢無所詘，衆屬目，命作蓮華賦，文成，合臺嗟賞，遂得直。

性沈敏，有姿儀，善文辭，多所貫綜。郡舉秀才，不應。蕭銑僭號，召爲中書侍郎，主文記。河間王孝恭平荆州，其下欲掠奪，文本說孝恭曰：「自隋無道，四海救死，延頸以望眞主。蕭氏君臣決策歸命者，意欲去危就安。大王誠縱兵剽係，恐江、嶺以南，向化心沮，狼顧驚。不如厚撫荆州，勸未附，陳天子厚惠，誰非王人？」孝恭善之，遽下令止侵略，署文本別駕。從擊輔公祏，典檄符。進署行臺考功郎中。

貞觀元年，除祕書郎，兼直中書省。太宗旣藉田，又元日朝羣臣，文本奏藉田、三元頌二篇，文致華贍。李靖復薦于帝，擢中書舍人。時顏師古爲侍郎，自武德以來，詔誥或大事皆所草定。及得文本，號善職，而敏速過之。或策令叢遽，敕吏六七人泚筆待，分口占授，成無遺意。師古以譴罷，温彥博爲請帝曰：「師古練時事，長於文誥，人少逮者，幸得復用。」帝曰：「朕自舉一人，公毋憂。」乃授文本侍郎，專典機要。封江陵縣子。是時，魏王泰有寵，侈第舍，冠諸王。文本上疏，勸崇節儉，陳嫡庶分，宜有抑損。帝善之，賜帛三百段。

踰年爲令，從伐遼東，事一委倚，至糧漕最目、甲兵凡要、料配差序，籌不廢手，由是神用頓耗，容止不常。帝憂曰：「文本今與我同行，恐不與同返矣！」至幽州暴病，帝臨視流涕。卒，年五十一。是夕，帝聞夜嚴，曰：「文本死，所不忍聞。」命罷之。贈侍中、廣州都督，謚曰憲，陪葬昭陵。

始，文本貴，常自以興孤生，居處卑，室無茵褥幃帟。事母以孝顯，撫弟姪篤恩義。生平故人，雖羇賤必鈞禮。帝每稱其忠謹，「吾親之信之」。晉王爲皇太子，大臣多兼宮官，帝欲文本兼攝，辭曰：「臣守一職，猶懼其盈，不願希恩東宮，請一心以事陛下。」帝乃止，但詔五日一參東宮。每進見，太子答拜。始爲中書令，有憂色，母問之，答曰：「非勳非舊，責重位高，所以憂也。」有來慶者，輒曰：「今日受弔不受賀。」或勸其營產業，文本歎曰：「吾漢南一布衣，徒步入關，所望不過祕書郎、縣令耳。今無汗馬勞，以文墨位宰相，奉稍已重，尚何殖產業邪？」故口未嘗言家事。

既任職久，賚錫豐饒，皆令弟文昭主之。文昭任校書郎，多交輕薄，帝不悅，謂文本曰：「卿弟多過，朕將出之。」文本曰：「臣少孤，母所鍾念者弟也，不欲離左右。今若外出，母必憂，無此弟，是無老母也！」泣下嗚咽。帝愍其意，召文昭讓敕，卒無過。

孫羲。從子長倩。

羲字伯華，第進士，累遷太常博士。坐伯父長倩貶郴州司法參軍。遷金壇令。時弟仲翔爲長洲令，仲休爲溧水令，皆有治績。宰相宗楚客語本道巡察御史：「毋遺江東三岑。」乃薦羲爲汜水令。武后令宰相舉爲員外郎者，韋嗣立薦羲，且言惟長倩爲累，久不進。后曰：「羲誠材，何諉之拘？」即拜天官員外郎。於是，坐親廢者皆得援而進矣。俄爲中書舍人。中宗時，武三思用事，敬暉欲上表削諸武封王者，衆畏三思，不敢爲草，獨羲爲之，詞誼勁切，由是下遷祕書少監。進吏部侍郎。時崔湜、鄭愔及大理少卿李元恭分掌選，皆以賄聞，獨羲勁廉，爲時議嘉仰。帝崩，詔擢右散騎常侍、同中書門下三品。睿宗立，罷爲陝州刺史，再遷戶部尚書。景雲初，復召同三品，進侍中，封南陽郡公。初，節愍太子之難，冉祖雍誣帝及太平公主連謀，賴羲與蕭至忠保護得免，羲監脩中宗實錄，自著其事。帝見之，賞歎，賜物三百段、良馬一匹，下詔褒美。

時羲兄獻爲國子司業，仲翔陝州刺史，仲休商州刺史，兄弟子姪在淸要者數十人。羲歎曰：「物極則反，可以懼矣！」然不能抑退。坐豫太平公主謀誅，籍其家。

長倩，少孤，爲文本鞠愛。永淳中，累官至兵部侍郎、同中書門下平章事。垂拱初，自夏官尙書遷內史，知夏官事。俄拜文昌右相，封鄧國公。武后擅位，喜符瑞事，羣臣爭言之。長倩懼，間亦開陳，請改皇嗣爲武氏，且爲周家儲貳。后順許，賜實封戶五百，加特進、輔國大將軍。鳳閣舍人張嘉福、洛州民王慶之建請以武承嗣爲皇太子，長倩謂皇嗣在東宮，不宜更立，與格輔元不署，奏請切責嘉福等。和州浮屠上大雲經，著革命事，后喜，始詔天下立大雲寺。長倩爭不可，繇是與諸武忤，罷爲武威道行軍大總管，征吐蕃。未至，召還，下獄。來俊臣脅誣長倩與輔元、歐陽通數十族謀反，斬于市，五子同賜死，發暴先墓。睿宗立，追復官爵，備禮改葬。

輔元者，汴州浚儀人。父處仁，仕隋爲剡丞，與同郡王孝逸、繁師元、靖君亮、鄭祖咸、鄭師善、李行簡、盧協皆有名，號「陳留八俊」。輔元擢明經，累遷殿中侍御史，歷御史中丞、同鳳閣鸞臺平章事。既持承嗣不可，遂及誅。

子邈，亦舉明經第，爲太常寺太祝，亡命匿中牟十餘年。神龍初，訴父冤，擢累贊善大夫。

輔元兄希元，洛州司法參軍，同章懷太子注范曄後漢書者。

虞世南，越州餘姚人。出繼叔陳中書侍郎寄之後，故字伯施。性沈靜寡欲，與兄世基同受學于吳顧野王餘十年，精思不懈，至累旬不盥櫛。文章婉縟，慕僕射徐陵，陵自以類己，由是有名。陳天嘉中，父荔卒，世南毀不勝喪。文帝高荔行，知二子皆博學，遣使至其家護視，召爲建安王法曹參軍。時寄陷於陳寶應，世南雖服除，仍衣布飯蔬；寄還，乃釋布啖肉。至德初，除西陽王友。陳滅，與世基入隋。世基辭章清勁過世南，而贍博不及也，俱名重當時，故議者方晉二陸。煬帝爲晉王，與秦王俊交辟之。大業中，累至祕書郎。煬帝雖愛其才，然疾峭正，弗甚用，爲七品十年不徙。世基佞敏得君，日貴盛，妻妾被服擬王者，而世南躬貧約，一不改。宇文化及已弑帝，間殺世基，而世南抱持號訴請代，不能得，自是哀毁骨立。從至聊城，爲竇建德所獲，署黄門侍郎。秦王滅建德，引爲府參軍，轉記室，遷太子中舍人。王踐祚，拜員外散騎侍郎、弘文館學士。時世南已衰老，屢乞骸骨，不聽，遷太子右庶子，固辭，改祕書監，封永興縣子。

世南貌儒謹，外若不勝衣，而中抗烈，論議持正。太宗嘗曰：「朕與世南商略古今，有一言失，未嘗不悵恨，其懇誠乃如此！」

貞觀八年，進封縣公。會隴右山崩，大蛇屢見，山東及江、淮大水，帝憂之，以問世南，對曰：「春秋時，梁山崩，晉侯召伯宗問焉。伯宗曰：『國主山川，故山崩川竭，君爲之不舉，降服，乘縵，徹樂，出次，祝幣以禮焉。』梁山，晉所主也，晉侯從之，故得無害。漢文帝元年，齊、楚地二十九山同日崩，水大出，詔郡國無來貢，施惠天下，遠近洽穆，亦不爲災。後漢靈帝時，青蛇見御坐。晉惠帝時，大蛇長三百步，見齊地，經市入廟。蛇宜在草野，而入市，此所以爲怪耳。今蛇見山澤，適其所居。又山東淫雨，江、淮大水，恐有冤獄枉繫，宜省錄纍囚，庶幾或當天意。」帝然之，於是遣使賑飢民，申挺獄訟，多所原赦。

後星孛虚、危，歷氐，餘百日，帝訪羣臣。世南曰：「昔齊景公時，彗見，公問晏嬰，嬰曰：『公穿池沼畏不深，起臺榭畏不高，行刑罰畏不重，是以天見彗爲戒耳。』景公懼而脩德，後十六日而滅。臣願陛下勿以功高而自矜，勿以太平久而自驕，愼終于初，彗雖見，猶未足憂。」帝曰：「誠然，吾良無景公之過，但年十八舉義兵，二十四平天下，未三十卽大位，自謂三王以來，撥亂之主莫吾若，故負而矜之，輕天下士。上天見變，其爲是乎？秦始皇剗除六國，隋煬帝有四海之富，卒以驕敗，吾何得不戒邪？」

高祖崩，詔山陵一準漢長陵故事，厚送終禮，於是程役峻暴，人力告弊。世南諫曰：

古帝王所以薄葬者，非不欲崇大光顯以榮其親，然高墳厚隴，寶具珍物，適所以累之也。聖人深思遠慮，安於菲薄，爲長久計。昔漢成帝造延、昌二陵，劉向上書曰：「孝文居霸陵，悽愴悲懷，顧謂羣臣曰：『嗟乎！以北山石爲椁，用紵絮斮陳漆其間，豈可動哉？』張釋之曰：『使其中有可欲，雖錮南山猶有隙；使無可欲，雖無石椁，又何戚焉？』夫死者無終極，而國家有廢興。孝文寤焉，遂以薄葬。」又漢法，人君在位，三分天下貢賦之一以入山陵。武帝歷年長久，比葬，方中不復容物。霍光暗於大體，奢侈過度，其後赤眉入長安，破茂陵取物，猶不能盡。無故聚斂，爲盜之用，甚無謂也。

魏文帝爲壽陵，作終制曰：「堯葬壽陵，因山爲體，無封樹、寢殿、園邑，棺槨足以藏骨，衣衾足以朽肉。吾營此不食之地，欲使易代之後不知其處。無藏金銀銅鐵，一以瓦器。喪亂以來，漢氏諸陵無不發者，至乃燒取玉匣金縷，骸骨並盡，乃不重痛哉！若違詔妄有變改，吾爲戮屍地下，死而重死，不忠不孝，使魂而有知，將不福汝。以爲永制，藏之宗廟。」魏文此制，可謂達於事矣。

陛下之德，堯、舜所不逮，而俯與秦、漢君同爲奢泰，此臣所以尤戚也。今爲丘隴如此，其中雖不藏珍寶，後世豈及信乎？臣愚以爲霸陵因山不起墳，自然高顯。今所卜地勢即平，宜依周制爲三仭之墳，明器一不得用金銀銅鐵，事訖刻石陵左，以明示大小高下之式，一藏宗廟，爲子孫萬世法，豈不美乎！

書奏，未報。又上疏曰：「漢家即位之初，便營陵墓，近者十餘歲，遠者五十年。今以數月之程，課數十年之事，其於人力不亦勞矣。漢家大郡，戶至五十萬，今人衆不逮往時，而功役一之，此臣所以致疑也。」時議者頗言宜奉遺詔，於是稍稍裁抑。

帝嘗作宮體詩，使賡和。世南曰：「聖作誠工，然體非雅正。上之所好，下必有甚者，臣恐此詩一傳，天下風靡。不敢奉詔。」帝曰：「朕試卿耳！」賜帛五十匹。帝數出畋獵，世南以爲言，皆蒙嘉納。嘗命寫列女傳於屏風，於時無本，世南暗疏之，無一字謬。帝每稱其五絕：一曰德行，二曰忠直，三曰博學，四曰文詞，五曰書翰。世南始學書於浮屠智永，究其法，爲世祕愛。

十二年，致仕，授銀青光祿大夫，弘文館學士如故，祿賜防閤視京官職事者。卒，年八十一，詔陪葬昭陵，贈禮部尚書，謚曰文懿。帝手詔魏王泰曰：「世南於我猶一體，拾遺補闕，無日忘之，蓋當代名臣，人倫準的。今其云亡，石渠、東觀中無復人矣！」後帝爲詩一篇，述古興亡，既而歎曰：「鍾子期死，伯牙不復鼓琴。朕此詩將何所示邪？」敕起居郎褚遂良即其靈坐焚之。後數歲，夢進讜言若平生，翌日，下制厚䘏其家。

子昶，終工部侍郎。

李百藥字重規，定州安平人。隋內史令德林子也。幼多病，祖母趙以「百藥」名之。七歲能屬文，父友陸乂等共讀徐陵文，有「刈琅邪之稻」之語，嘆不得其事。百藥進曰：「春秋『鄅子藉稻』，杜預謂在琅邪。」客大驚，號奇童。引蔭補三衞長。乃性疏倪，喜劇飲。開皇初，授太子通事舍人，兼學士。被讒，輒謝病去。十九年，召見仁壽宮，襲父爵安平公。僕射楊素、吏部尚書牛弘愛其才，署禮部員外郎。奉詔定五禮、律令、陰陽書。

初以疾去舍人也，煬帝在揚州，召不赴，銜之。及即位，奪爵，爲桂州司馬。官廢，還鄉里。大業九年，戍會稽，管崇亂，城守有功，帝顧其名謂虞世基曰：「是子故在，宜斥醜處。」

乃授建安郡丞。至烏程，江都難作，沈法興、李子通、杜伏威更相滅，百藥轉側寇亂中，數被僞署，危得不死。會高祖遣使招伏威，百藥勸朝京師，既至歷陽，中悔，欲殺之，飲以石灰酒，因大利，瀕死，既而宿病皆愈。伏威詒書輔公祏使殺之，爲王雄誕保護得免。公祏反，授吏部侍郎。或譖帝：「百藥與同反。」帝大怒。及平，得伏威所與公祏書，乃解，猶貶涇州司戶。

太宗至涇州，召與語，悅之。貞觀元年，拜中書舍人，封安平縣男。明年，除禮部侍郎。時議裂土與子弟功臣，百藥上封建論，理據詳切，帝納其言而止。四年，授太子右庶子。太子數戲媟無度，乃作贊道賦以諷。它日，帝曰：「朕見卿賦，述古儲貳事，勸勵甚詳，向任卿，固所望耳！」賜綵三百段。遷散騎常侍，進左庶子、宗正卿，爵爲子。久之，固乞致仕。帝嘗與偕賦帝京篇，歎其工，手詔曰：「卿何身老而才之壯，齒宿而意之新乎？」卒，年八十四，謚曰康。

百藥，名臣子，才行世顯，爲天下推重。侍父母喪還鄉，徒跣數千里。服雖除，容貌癯瘠者累年。好獎薦後進，得俸祿與親黨共之。翰藻沈鬱，詩尤其所長，樵厮皆能諷之。所撰齊史行於時。

子安期。

安期，亦七歲屬文。父貶桂州，遇盜，將加以刃，安期跪泣請代，盜哀釋之。貞觀初，爲符璽郎。累除主客員外郎。高宗卽位，遷中書舍人、司列少常伯，數豫決國事。帝屢責侍臣以不能進賢，衆不敢對。安期進曰：「邑十室且有忠信，天下至廣，不爲無賢。比見公卿有所薦進，皆劾爲朋黨，滯抑者未申，而主薦者已訾，所以人人爭噤默以避罥謗。若陛下忘其親讎，曠然受之，惟才是用，塞讒毀路，其誰敢不竭忠以聞上乎？」帝納之。尋檢校東臺侍郎、同東西臺三品，出爲荊州大都督府長史。卒，謚曰烈。

自德林至安期，三世掌制誥，孫羲仲又爲中書舍人。

褚亮字希明，杭州錢塘人。曾祖湮，父玠，皆有名梁、陳間。亮少警敏，博見圖史，一經目輒誌于心。年十八，詣陳僕射徐陵，陵與語，異之。後主召見，使賦詩，江總諸詞人在席，皆服其工。累遷爲尚書殿中侍郎。入隋，爲東宮學士，遷太常博士。煬帝議改宗廟之制，亮請依古七廟，而太祖、高祖各一殿，法周文、武二祧，與始祖而三，餘則分室而祭，始祖二祧，不從迭毀。未及行，坐與楊玄感善，煬帝矜己嫉才，因是亦貶西海司戶。時博士潘徽貶威定主簿，亮與俱至隴山。徽死，爲斂瘞，人皆義之。

後爲薛舉黃門侍郎。舉滅，秦王謂曰：「寡人受命而來，嘉於得賢。公久事無道君，得無勞乎？」亮頓首曰：「舉不知天命，抗王師，今十萬衆兵加其頸，大王釋不誅，豈獨亮蒙更生邪？」王悅，賜乘馬、帛二百段，卽授王府文學。高祖獵，親格虎，亮懇悃致諫，帝禮納其言。王每征伐，亮在軍中，嘗預祕謀，有裨輔之益。貞觀中累遷散騎常侍，封陽翟縣侯，老于家。

太宗征遼，子遂良從，詔亮曰：「疇日師旅，卿未嘗不在中，今朕薄伐，君已老。俛仰歲月，且三十載，眷言及此，我勞如何！今以遂良行，想君不惜一子於朕耳。善居加食。」亮頓首謝。及寖疾，帝遣醫、中使候問踵相逮。卒，年八十八，贈太常卿，陪葬昭陵，謚曰康。遂良自有傳。

初，武德四年，太宗爲天策上將軍，寇亂稍平，乃鄉儒，宮城西作文學館，收聘賢才，於是下教，以大行臺司勳郎中杜如晦、記室考功郎中房玄齡及于志寧、軍諮祭酒蘇世長、天策府記室薛收、文學褚亮姚思廉、太學博士陸德明孔穎達、主簿李玄道、天策倉曹參軍事李守素、王府記室參軍事虞世南、參軍事蔡允恭顏相時、著作郎攝記室許敬宗薛元敬、太學助教蓋文達、軍諮典籤蘇勗，並以本官爲學士。七年，收卒，復召東虞州錄事參軍劉孝孫補之。凡分三番遞宿于閣下，悉給珍膳。每暇日，訪以政事，討論墳籍，榷略前載，無常禮之間。命閻立本圖象，使亮爲之贊，題名字爵里，號「十八學士」，藏之書府，以章禮賢之重。方是時，在選中者，天下所慕向，謂之「登瀛洲」。

劉孝孫者，荆州人。祖貞，周石臺太守。孝孫少知名。大業末，爲王世充弟杞王辯行臺郎中。辯降，衆引去，獨孝孫攀援號慟，送于郊。貞觀六年，遷著作佐郎、吳王友。歷諮議參軍。遷太子洗馬，未拜，卒。

李玄道者，本隴西人。世居鄭州。仕隋爲齊王府屬。李密據洛口，署記室。密敗，爲王世充所執，衆懼不能寐，獨玄道曰：「死生有命，憂能了乎？」寢甚安。及見世充，辭色不撓，釋縛，爲著作佐郎。東都平，爲秦王府主簿。貞觀初，累遷給事中，姑臧縣男。出爲幽州長史，佐都督王君廓，專持府事。君廓不法，每以義裁糾之。嘗遺玄道婢，乃良家子爲所掠，遣去不納，由是始隙。君廓入朝，玄道寓書房玄齡，玄齡本甥也。君廓發其書，不識草字，疑以謀已，遂反。坐是流嶲州。未幾，擢常州刺史，風績清簡，下詔褒美，賜繒帛。久之，致仕，加銀青光祿大夫，以祿歸第，卒。

李守素者，趙州人。王世充平，召署天策府倉曹參軍，通氏姓學，世號「肉譜」。虞世南與論人物，始言江左、山東，尚相酬對；至北地，則笑而不答，歎曰：「肉譜定可畏。」許敬宗曰：「倉曹此名，豈雅目邪？宜有以更之。」世南曰：「昔任彥昇通經，時稱『五經笥』，今以倉曹爲『人物志』，可乎？」時渭州刺史李淹亦明譜學，守素所論，惟淹能抗之。

姚思廉，本名簡，以字行，陳吏部尚書察之子。陳亡，察自吳興遷京兆，遂爲萬年人。仕陳會稽王主簿。入隋，爲漢王府參軍事，以父喪免。服除，補河間郡司法書佐。初，思廉少受漢書於察，盡傳其業。寡嗜欲，惟一於學，未嘗問家人生貲。

察在陳，嘗脩梁、陳二史，未就，死，以屬思廉，故思廉表父遺言，有詔聽續。煬帝又詔與起居舍人崔祖濬脩區宇圖志。遷代王侍讀。高祖定京師，府僚皆奔亡，獨思廉侍王，兵將升殿，思廉厲聲曰：「唐公起義，本安王室，若等不宜無禮於王。」衆眙却，布列階下。帝義之，聽扶王至順陽閤，泣辭去。觀者歎曰：「仁者有勇，謂此人乎！」俄授秦王府文學。王討徐圓朗，嘗語隋事，慨然歎曰：「姚思廉蒙素刃以明大節，古所難者。」時思廉在洛陽，遣使遺物三百段，致書曰：「景想節義，故有是贈。」

王爲皇太子，遷洗馬。卽位，改著作郞、弘文館學士。詔與魏徵共撰梁、陳書，思廉采謝炅、顧野王等諸家言，推究綜括，爲梁、陳二家史，以卒父業。賜雜綵五百段，加通直散騎常侍。以藩邸恩，凡政事得失，許密以聞，思廉亦展盡無所諱。帝幸九成宮，思廉以爲「離宮游幸是秦皇、漢武事，非堯、舜、禹、湯所爲」。帝諭曰：「朕嘗苦氣疾，熱卽頓劇，豈爲游賞者乎？」賜帛五十匹，拜散騎常侍、豐城縣男。卒，贈太常卿，謚曰康，陪葬昭陵。

孫璹。

贊曰：隋煬帝失德，高祖總豪英，興北方，鼓行入關，舉京師，轟若震霆。思廉以諸生侍孱王，奮然陳大義，挫虓虎而奪之氣，勇夫悍心，褫駭自卻，不敢加無禮於其君。誠使有國家者舉不失義，天下其何以抗之哉？宜太宗之尊表云。

璹字令璋，少孤，撫昆娟友愛。力學，才辯掞邁。永徽中，舉明經第，補太子宮門郞。以論撰勞，進祕書郞。稍遷中書舍人，封吳興縣男。武后時，擢夏官侍郞。坐從弟敬節叛，貶桂州長史。后方以符瑞自神，璹取山川草樹名有「武」字者，以爲上應國姓，裒類以聞。后大悅，拜檢校天官侍郎，擢文昌左丞、同鳳閣鸞臺平章事。永徽後，左右史唯對仗承旨，仗下謀議不得聞。璹以帝王謨訓不可闕紀，請仗下所言軍國政要，責宰相自撰，號時政記，以授史官。從之。時政有記自璹始。坐事，降司賓少卿。延載初，拜納言，有司以璹族犯法，不可爲侍臣者，璹曰：「王敦犯順，導典樞機；嵇康被戮，紹以忠死。是能爲累乎？」后曰：「此朕意，卿無恤浮言。」

證聖初，加秋官尚書。明堂火，后欲避正殿，應天變。璹奏：「此人火，非天災也。昔宣榭火，周世延；建章焚，漢業昌。且彌勒成佛，七寶臺須臾散壞。聖人之道，隨物示化，況明堂布政之宮，非宗廟，不宜避正殿，貶常禮。」左拾遺劉承慶曰：「明堂所以宗祀，爲天所焚，當側身思過，振除前犯。」璹挾前語以傾后意。后乃更御端門，大酺，燕羣臣，與相娛樂，遂造天樞著己功德，命璹爲使，董督之。功費浩廣，見金不足，乃斂天下農器并鑄。以功賜爵一級。后封嵩山，詔璹總知儀注，爲封禪副使。更造明堂，又以使護作，加銀青光祿大夫。大食使者獻師子，璹曰：「是獸非肉不食，自碎葉至都，所費廣矣。陛下鷹犬且不蓄，而厚資養猛獸哉！」有詔大食停獻。時九鼎成，后欲用黃金塗之。璹奏：「鼎者，神器，貴質朴，不待外飾。臣觀其上先有五采雜昈，豈待塗金爲符曜耶？」后乃止。

契丹李盡忠盜塞，副梁王武三思爲榆關道安撫使。坐累，下遷益州長史。始，蜀吏貪暴，璹擿發之，無所容貸。后聞，降璽詔慰勞，因謂左右曰：「爲二千石清其身者易，使吏盡清者難，唯璹爲兼之。」新都丞朱待辟坐贓應死，待辟所厚浮屠理中謀殺璹，據劍南。有密告后者，詔璹窮按。璹深探其獄，跡疑似皆捕逮，株黨牽聯數千人。獄具，后遣洛州長史宋玄爽、御史中丞霍獻可覆視，無所翻，坐沒入五十餘族，知反流徙者什八以上，道路冤譟。監察御史袁恕己劾奏璹獄不平，有詔勿治。召拜地官、冬官二尙書。久之，致仕。卒，年七十四，遺令薄葬。贈越州都督，謚曰成。

弟珽〔一〕。

珽，篤學有立志，擢明經。歷六州刺史，政皆有績，數被褒賜，累封宣城郡公。遷太子詹事，兼左庶子。時節愍太子稍失道，珽凡四上書諫。

其一曰：「臣聞賈誼稱『選天下端士，使與太子居處出入，故太子見正事，聞正言，行正道，左右前後皆正人也。夫習與正人居，不能無正；習與不正人居，不能無不正。教得而左右正，則太子正；太子正，天下定矣』。伏見內置作坊，諸工伎得入宮闈之內、禁衞之所，或言語內出，或事狀外通，小人無知，因爲詐僞，有點盛德。臣望悉出宮內造作付所司。」

其二曰：「漢文帝身弋綈，足革舃。齊高帝闌檻用銅者，皆易以鐵。經侯帶玉具劍、環佩以過魏太子，太子不視。經侯曰：『魏國亦有寶乎？』太子曰：『主信臣忠，魏之寶也。』經侯委劍佩去，杜門不出。夫聖賢以簡素爲貴，皇王以非薄爲德，惟殿下留心恭儉，損省玩好，以訓天下。」

其三曰：「前世東宮門閤，往來皆有簿籍。殿下時有所須，唯門司宣令，姦僞乘之，因緣增損。近呂昇之乃代署宣敕，賴殿下糾發其姦。以後墨令及覆事，並請內印畫署，冀免詐繆。」

其四曰：「聖人不專其德，賢智必有所師。今司經無學士，供奉無侍讀。宜視膳時奏請其人，俾奉講勸。夫經所以立行修身，史所以諳識成敗，斯急務也。」太子雖稱善，不能用其言。及敗，索宮中，得珽諫書，中宗嘉歎。時宮臣皆得罪，獨珽擢右散騎常侍，遷祕書監。睿宗立，拜戶部尚書。所歷定州刺史、尚書官，皆與壔相繼云。卒，年七十四。始，曾祖察嘗撰漢書訓纂，而後之注漢書者，多竊取其義爲己說，珽著紹訓以發明舊義云。

令狐德棻，宜州華原人。父熙，隋鴻臚卿。其先乃燉煌右姓。德棻博貫文史。大業末，爲藥城長，屬亂，不就官。淮安王神通據太平宮起兵，立總管府，署德棻府記室。高祖入關，引直大丞相府記室。武德初，爲起居舍人，遷祕書丞。帝嘗問：「丈夫冠，婦人髻，比高大，何邪？」德棻對曰：「冠髻在首，君之象也。晉之將亡，君弱臣彊，故江左士女，衣小而裳大。宋武帝受命，君德尊嚴，衣裳隨亦變改。此近事驗也。」帝然之。

方是時，大亂後，經籍亡散，祕書湮缺，德棻始請帝重購求天下遺書，置吏補錄。不數年，圖典略備。又建言：「近代無正史，梁、陳、齊文籍猶可據，至周、隋事多脫捐。今耳目尚相及，史有所憑；一易世，事皆汩暗，無所掇拾。陛下受禪于隋，隋承周，二祖功業多在周，今不論次，各爲一王史，則先烈世庸不光明，後無傳焉。」帝謂然。於是詔中書令蕭瑀、給事中王敬業、著作郎殷聞禮主魏，中書令封德彝、舍人顏師古主隋，大理卿崔善爲、中書舍人孔紹安、太子洗馬蕭德言主梁，太子詹事裴矩、吏部郎中祖孝孫、祕書丞魏徵主齊，祕書監竇璡、給事中歐陽詢、文學姚思廉主陳，侍中陳叔達、太史令庾儉及德棻主周。整振論譔，多歷年不能就，罷之。

貞觀三年，復詔撰定。議者以魏有魏收、魏澹二家，書爲已詳，惟五家史當立。德棻更與祕書郎岑文本、殿中侍御史崔仁師次周史，中書舍人李百藥次齊史，著作郎姚思廉次梁、陳二史，祕書監魏徵次隋史，左僕射房玄齡總監。脩撰之原，自德棻發之，書成，賜絹四百四。遷禮部侍郎，兼修國史。累進爵彭城縣子。轉太子右庶子。太子承乾廢，坐除名爲民。召拜雅州刺史，又坐事免。會修晉家史，房玄齡奏起之。預柬凡十有八人，德棻爲先進，故類例多所諏定。除祕書少監。

永徽初，復爲禮部侍郎、弘文館學士，監修國史，遷太常卿。高宗嘗召宰相及弘文學士坐中華殿，問：「何脩而王？若而霸？又當孰先？」德棻曰：「王任德，霸任刑。夏、殷、周純用德而王，秦專刑而霸，至漢雜用之，魏、晉以降，王霸兩失。若用之，王爲先，而莫難焉。」帝曰：「今玆何爲而要？」對曰：「古者爲政，淸心簡事爲本。今天下無虞，年穀豐衍，惟薄賦斂、省征役爲要。」又問禹、湯、桀、紂所以興亡，對曰：「傳稱：『禹、湯罪己，其興也勃焉；桀、紂罪人，其亡也忽焉。』然二主惑嬖色，戮諫者，造炮烙之刑，此所以亡也。」帝悅，厚賜以答其言。遷國子祭酒、崇賢館學士，爵爲公。以金紫光祿大夫致仕。卒，年八十四，謚曰憲。

時又有鄧世隆、顧胤、李延壽、李仁實皆以史學稱當世。

鄧世隆者，相州人。隋大業末，王世充兄子太戍河陽，引爲賓客。秦王攻洛陽，遺書諭太，世隆報書夸慢。洛陽平，亡命，變姓名，號隱玄先生，棲白鹿山。貞觀初，召授國子主簿，與崔仁師、慕容善行、劉顗、庾安禮、敬播俱爲修史學士。世隆內負罪，居不聊。太宗遺房玄齡諭曰：「爾爲太作書，各忠其主耳。我爲天子，尙甘心疋夫邪？毋有後疑！」改著作佐郞，歷衞尉丞。初，帝以武功定天下，晚始嚮學，多屬文賦詩，天格贍麗，意悟沖邁。十三年，世隆上疏，請加集錄，帝謙不許。終著作郞。

顧胤，蘇州吳人。父覽，仕隋祕書學士。胤，永徽中累遷起居郞，兼脩國史，以撰太宗實錄勞，加朝散大夫、弘文館學士。論次國史，加朝請大夫，封餘杭縣男。終司文郞中。子琮，武后時爲天官侍郞、同鳳閣鸞臺平章事。卒，后曰：「琮不幸，令雖不舉哀，然朕以股肱，特廢視事一日。」

李延壽者，世居相州。貞觀中，累補太子典膳丞、崇賢館學士。以脩撰勞，轉御史臺主簿，兼直國史。初，延壽父大師，多識前世舊事，常以宋、齊、梁、陳、齊、周、隋天下叅隔，南方謂北爲「索虜」，北方指南爲「島夷」。其史於本國詳，佗國略，往往訾美失傳，思所以改正，擬春秋編年，刊究南北事，未成而歿。延壽既數與論譔，所見益廣，乃追終先志。本魏登國元年，盡隋義寧二年，作本紀十二、列傳八十八，謂之北史；本宋永初元年，盡陳禎明三年，作本紀十、列傳七十，謂之南史。

凡八代，合二書百八十篇，上之。其書頗有條理，刪落釀辭，過本書遠甚。時人見年少位下，不甚稱其書。遷符璽郎，兼脩國史，卒。

嘗撰太宗政典，調露中，高宗觀之，咨美直筆，賜其家帛五十段，藏副祕閣，仍別錄以賜皇太子云。

李仁實，魏州頓丘人。官至左史。著格論、通曆等書，行于時。

峘，德棻五世孫。天寶末，及進士第。遇祿山亂，去隱南山豹林谷。楊綰微時，數從之游，而峘博學有口辯。綰爲禮部侍郎，脩國史，薦峘，自華原尉拜右拾遺，兼史職。累遷起居舍人。撰玄宗實錄，屬起居注亡散，峘裒掇詔策，備一朝之遺。自開元、天寶間名臣事多漏略，拙于取棄，不稱良史。大曆中，以刑部員外郎判南曹。遷司封郎中，知制誥，兼史館脩撰。德宗立，詔元陵制度務極優厚，當竭帑藏奉用度。峘諫曰：「臣伏讀漢劉向論山陵之誠，良史咨欷。何者？聖賢勤儉，不作無益。昔舜葬蒼梧，弗變其肆；禹葬會稽，不改其列；周武葬畢陌，無丘壠處；漢文葬霸陵，不起山墳。禹非不忠，啓非不順，周公非不悌，景帝非不孝，其奉君親，皆以儉觳爲無窮計。宋文公厚葬，春秋書華元爲不臣；桓魋爲石槨，夫子以爲不如速朽。由是觀之，有德者葬薄，無德者葬厚，章章可見。陛下仁孝切於聖心，然尊親之義貴合于禮。先帝遺詔，送終之制，一用儉約，不得以金銀緣飾。陛下奉先志，無違物，若務優厚，是咈顧命，盩經誼，臣竊懼之。今赦令甫下，諸條未出，望速詔有司從遺制便。」詔答曰：「朕頃議山陵，荒哀迷謬，以違先旨。卿引據典禮，非唯中朕之失，亦使朕不遺君親于患。敢不聞義而從，奉以終始？雖古遺直，何以加焉！」

峘在吏部，因尙書劉晏力。時楊炎爲侍郎，故峘內德晏，至分闕，以善闕奉晏，惡闕與炎，炎心不平。建中初，峘爲禮部侍郎，炎執政，不爲憾。炎出故宰相杜鴻漸門下，其子封求弘文生，以託峘，峘謝使者曰：「得公手署，峘得以識。」炎不疑，署送之。峘即日奏言：「宰相迫臣以私，從之負陛下，不從則害臣。」帝以詰炎，炎具道所以然。帝怒曰：「此姦人，無可奈何！」欲殺之，炎苦救解，乃貶衡州別駕。遷刺史。李泌執政，召拜太子右庶子，復爲脩撰。

性愎且介，人人與爲怨。孔述睿同脩史，峘忿細故，數侵之，述睿長者，無所校。貞元五年，坐守衡州冒前刺史戶口爲己最，竇參素惡之，貶吉州別駕，稍遷刺史。齊映爲江西觀察使，按部及州。峘輕映後出先至宰相，今雖屬刺史，自挾所以過映者，至迎謁，頗怏怏。以語其妻，妻曰：「君自視何如人，以白頭走小生前。君不以此見映，雖黜死，我無憾。」映至，峘入謁，從容步進，不袜首屬戎器，映以爲恨。去至府，擿峘舉奏前刺史過失無狀，不宜按部，貶衢州別駕。刺史田敦，峘門生也，與峘昧生平，至是迎拜，分俸半以賙給之。在衢十年，順宗立，以祕書少監召，未至，卒。

初，受詔撰代宗實錄，未就，會貶，詔聽在外成書。元和中，其子太僕丞丕獻之。以勞贈工部尙書。

贊曰：文本才猷，世南鯁諤，百藥之持論，亮、思廉之邃雅，德棻之辭章，皆治世華采，而泱汨於隋，光明於唐，何哉？蓋天下未嘗無賢，以不用亡；不必多賢，以見用興。夫典章圖史，有國者尤急，所以考存亡成敗，陳諸前而爲之戒。方天下初定，德棻首發其議，而後唐之文物粲然，誠知治之本歟！

校勘記

〔一〕弟珽　「珽」，汲、殿、局本作「班」；衲本缺筆作「班」，下文亦作「班」。按本書卷七四下宰相世系表、卷八一節愍太子重俊傳及舊書卷七三姚思廉傳、卷八九姚珽傳，衲本均作「珽」或缺末筆。考異卷五二云：「珽、珽字形相涉，或宋初避諱，珽字缺末筆，後人誤爲班耳。」據改。

唐書卷一百三

列傳第二十八

蘇世長 良嗣 弁　韋雲起 方質　孫伏伽　張玄素

蘇世長，京兆武功人。祖彤，仕後魏通直散騎常侍。父振，周宕州刺史，建威縣侯。世長十餘歲，上書周武帝，帝異其幼，問讀何書，對「治孝經、論語」。帝曰：「何言可道？」答曰：「爲國者不敢侮於鰥寡。爲政以德。」帝曰：「善。」使卒學虎門館。父死王事，有詔襲爵，世長號踊不自勝，帝爽然改容。

入隋，爲長安令，數條上便宜。大業末，爲都水少監，督漕上江。會煬帝被弑，發喪，慟聞行路。更爲王世充太子太保、行臺右僕射，與世充兄子弘烈及其將豆盧行褒戍襄陽，高祖與之舊，數遣使者諭降，輒殺之。

洛陽平，始與弘烈歸，帝誅褒而誚世長，頓首謝曰：「古帝王受命，以比逐鹿，一人得禽，萬夫斂手。豈有獲鹿後忿同獵者，問爭肉罪邪？今陛下應天順民，安可忘管仲、雍齒事？且武功舊人，亂離以來，死亡略盡，唯臣得見太平。若殺之，是絕其類。」帝笑釋之。授玉山屯監。引見玄武門，與語平生，調之曰：「卿自謂佞邪，直邪？」對曰：「愚且直。」帝曰：「若直者，何爲背賊歸我？」對曰：「洛陽平，天下爲一，臣智窮力屈，乃歸陛下。使世充不死，臣據漢南，尙爲勍敵。」帝大笑，嘲曰：「何名長而意之短，口正而心之邪？」世長曰：「名長意短，誠如聖旨。口正心邪，不敢奉詔。昔竇融以河西降漢，十世侯之；臣舉山南以歸，唯蒙屯監。」帝悅，拜諫議大夫。

從獵涇陽，大獲。帝入旌門，詫左右曰：「今日畋，樂乎？」世長曰：「陛下廢萬機，事游獵，不滿十旬，未爲樂也。」帝色變，既而笑曰：「狂態發邪？」曰：「爲臣計則狂，爲陛下計忠矣。」時武功、郿新經突厥寇掠，鄉聚凋虛，帝將遂獵武功，世長諫曰：「突厥向盜劫人，陛下救卹之言未出口，又獵其地，殆百姓不堪所求。」帝不聽。侍宴披香殿，酒酣，進曰：「此煬帝作邪？何雕麗底此！」帝曰：「卿好諫似直，然詐也。豈不知此殿我所營，乃詭云煬帝邪？」對曰：「臣但見傾宮、鹿臺，非受命聖人所爲者。陛下武功舊第，纔蔽風雨，時以爲足。今天下厭隋之侈，以歸有道，陛下宜刈奢淫，復朴素。今乃卽其宮加雕飾焉，欲易其亂，得乎？」帝咨重其言。歷陝州長史、天策府軍諮祭酒，引爲學士。貞觀初，使突厥，與頡利爭禮，不屈，拒卻賂遺，朝廷壯之。出爲巴州刺史，舟敗，溺死。

世長有機辯，淺于學，嗜酒，簡率無威儀。初在陝，邑里犯法不能禁，乃引咎自撻于廛，五伯疾其詭，鞭之流血，世長不勝痛，呼而走，人笑其不情。

子良嗣，高宗時爲周王府司馬，王年少不法，良嗣數諫王，以法繩府官不職者，甚見尊憚。帝異之，遷荆州長史。帝遣宦者采怪竹江南，將蒔上苑，宦者所過縱暴，至荆，良嗣囚之，上書言狀。帝下詔慰奬，取竹棄之。徙雍州。時關內饑，人相食，良嗣政上嚴，每盜發，三日內必禽，號稱神明。

垂拱初，遷冬官尚書，拜納言，封温國公，留守西京，賞遇尤渥。尙方監裴匪躬案諸苑，建言鬻果蔬，儲利佐公上。良嗣曰：「公儀休一諸侯相，拔葵去織，未聞天子賣果蔬與人爭利。」遂止。遷文昌左相、同鳳閣鸞臺三品。遇薛懷義于朝，懷義偃蹇，良嗣怒，叱左右批其頰，曳去。武后聞之，戒曰：「弟出入北門，彼南衙宰相行來，毋犯之。」載初元年，罷左相，加特進，仍知政事。與韋方質素不平，方質坐事誅，引逮之。后辨其非，良嗣悸，謝不能興，輿還第，卒，年八十五。詔百官往弔，贈開府儀同三司、益州都督。

始，良嗣爲洛州長史，坐僚壻累，下徙冀州刺史。其人往謝，良嗣色泰定，曰：「初不聞有累。」在荆州時，州有河東寺，本蕭詧爲兄河東王所建，良嗣曰：「江、漢間何與河東乎？」奏易之，而當世恨其少學云。

子踐言，官太常丞，爲酷吏所陷，死嶺南，削父爵，沒其家。神龍元年，復贈司空，以踐言子務元襲爵，終邠王府長史。

從孫弁，字元容，擢進士，調奉天主簿。德宗出狩，而縣令計事在府，官屬皆惶恐，欲遁走。弁曰：「昔肅宗幸靈武，至新平、安定，二太守坐伏匿，斬以徇。諸君知之乎？」衆乃定。車駕至，儲偫畢給，帝嘉之，試大理司直。朱泚平，進監察御史，擢累倉部郎中，判度支案。裴延齡死，帝召弁見延英，賜紫衣金魚，以度支郎中副知度支事，位郎中上。知度支有副自弁始。弁通學術，吏事精明，承延齡後，平賦緩役，略煩苛，人賴其寬。

久之，遷戶部侍郎，判度支，改太子詹事。舊制，詹事位在太常宗正卿下，御史中丞竇參卑之，徙班河南、太原尹下。弁造朝，輒就舊著，有司疑詰，紿曰：「我已白宰相，復舊班。」殿中侍御史鄭儒立劾奏，待罪金吾，有詔原罪。坐前以腐粟給邊，貶汀州司戶參軍。是時，兄袞爲贊善大夫，晁京兆士曹參軍，以弁故，貶袞永州，晁信州司戶參軍。袞年老，瞑不能視，帝閔之，聽還。又有稱晁才者，帝悔不用，而袞以老先還，重追晁。更問大臣昆弟可任者，左右以王紹之兄紓、韓皐之兄羣對。帝乃擢紓右補闕，羣考功員外郞，冕遂不復用。數年，起弁爲滁州刺史，卒。

弁聚書至二萬卷，手自讎定，當時稱與祕府埓。弁之判度支，方大旱，州縣有逋米，斷貞元八年以前，凡三百八十萬斛，人亡數在，弁奏請出以貸貧民，至秋而償，詔可。當時譏其罔君云。

韋雲起，京兆萬年人。隋開皇中，以明經補符璽直長。嘗奏事文帝前，帝曰：「外事不便，可言之。」時兵部侍郞柳述侍，雲起卽奏：「述性豪侈，未嘗更事，特緣主壻私，握兵要，議者謂陛下官不擇賢，此不便者。」帝顧述曰：「雲起言，而藥石也，可師之。」仁壽初，詔百官舉所知，述舉雲起通事舍人。大業初，改謁者。建言：「今朝廷多山東人，自作門戶，附下罔上，爲朋黨。不抑其端，必亂政。」因條陳姦狀。煬帝屬大理推究，於是左丞郞蔚之、司隸別駕郞楚之等皆坐免。

會契丹寇營州，詔雲起護突厥兵討之，啓民可汗以二萬騎受節度。雲起使離爲二十屯，屯相聯絡，四道並引，令曰：「鼓而行，角而止，非公使，毋走馬。」三喩五復之。旣而紇斤一人犯令，卽斬以徇。於是突厥酋長入謁者，皆膝而進，莫敢仰視。始，契丹事突厥無閒，且不虞雲起至。旣入境，使突厥紿云詣柳城與高麗市易，敢言有隋使在者斬。契丹不疑。因引而南，過賊營百里，夜還陣，以遲明掩擊之，獲契丹男女四萬，以女子及畜產半賜突厥，男子悉殺之，以餘衆還。帝大喜，會百官於廷，曰：「雲起將突厥兵平契丹，以奇用師，有文武才，朕自舉之。」拜治書御史。因劾奏：「內史侍郎虞世基、御史大夫裴蘊怙寵放命，四方有變不以聞，聞不以實。朝議少賊，不多發兵，官兵少，賊衆，數見敗北，賊氣日張。請付有司案罪。」大理卿鄭善果奏：「雲起訾大臣，毀朝政，所言不情。」貶大理司直。帝幸江都，請告歸。

高祖入關，上謁長樂宮，授司農卿、陽城縣公。武德初，進上開府儀同三司，判農圃監。時議討王世充，雲起上言：「京師初平，人未堅附，百姓流離，仍歲無年。盩厔司竹、藍田谷口，盜賊羣屯。京都椎剽，乘夜竊發。重以梁師都嫁情北胡，陰計內鈔，爲腹心患。釋此不圖，而窺兵函、洛，姦人乘虛，一旦有變，禍且不細。臣愚以爲不若戢兵務農，須關中妥安，士氣餘飽，然議討伐，一舉可定。」從之。

會突厥入寇，詔總豳、寧以北九州兵禦之；得一切便宜。改遂州都督、益州行臺兵部尚書。時僕射竇軌數奏生獠反，冀得集兵以威衆，雲起數持掣，軌宣言雲起通賊營私，由是始隙。雲起弟慶儉、慶嗣事隱太子。太子死，詔軌息馳驛報。軌疑雲起有變，陰設備，乃告之。雲起不信，曰：「詔安在？」軌曰：「公建成黨，今不奉詔，反明矣。」遂殺之。初，雲起師太學博士王頗，每歎曰：「韋生識悟，富貴可自致；然疾惡甚，恐不得死。」訖如言。

孫方質，光宅初爲鳳閣侍郎、同鳳閣鸞臺平章事，遷地官尚書。嘗屬疾，武承嗣兄弟往候，方質據牀自若。或曰：「倨見權貴，且速禍。」答曰：「吉凶命也，丈夫豈能折節近戚以苟免邪？」俄爲酷吏所陷，流死儋州，沒其家。神龍初，復官爵。

孫伏伽，貝州武城人。仕隋，以小史累勞補萬年縣法曹。高祖武德初，上言三事。其一：

臣聞「天子有爭臣，雖無道不失其天下」。隋失天下者何？不聞其過也。方自謂功德盛五帝、邁三王，窮侈極欲，使天下士肝腦塗地，戶口殫耗、盜賊日滋。當時非無直言之臣，卒不聞悟者，君不受諫，而臣不敢告之也。向使開不諱之路，官賢授能，賞罰時當，人人樂業，誰能搖亂者乎？陛下舉晉陽，天下響應，計不旋跬，大業以成。勿以得天下之易，而忘隋失之不難也。天子動則左史書之，言則右史書之。凡蒐狩當順四時，不可妄動。且陛下卽位之明日，有獻鷂者，不卻而受，此前世弊事，奈何行之？相國參軍事盧牟子獻琵琶，長安丞張安道獻弓矢，並被賚賞。以率土之富，何索不致，豈少此物哉？

其二：

百戲散樂，本非正聲，隋末始見崇用，此謂淫風，不得不變。近太常假民裙襦五百稱，以衣妓工，待玄武門游戲。臣以爲非詒子孫之謀。傳曰：「放鄭聲，遠佞人。」今散妓者，匪韶匪夏，請並廢之，以復雅正。

其三：

臣聞「性相近，習相遠」。今皇太子諸王左右執事，不可不擇。大抵不義無賴及馳騁射獵歌舞聲色慢游之人，止可悅耳目，備驅馳，至拾遺補闕，決不能也。汎觀前世，子姓不克孝，兄弟不克友，莫不由左右亂之。願選賢才，澄僚友之選。

帝大悅，卽詔：「周、隋之晚，忠臣結舌，是謂一言喪邦者。朕惟寡德，不能性與天道，然冀弼諧以輔不逮，而羣公卿士罕進直言。伏伽至誠慷慨，據義懇切，指朕失無所諱。其以伏伽爲治書侍御史，賜帛三百匹。」初，帝受禪，伏伽最先諫，帝欲盡下情，故不次見拔，以示羣臣。

是時，軍興賦斂重，伏伽數請蠲損。帝語裴寂曰：「隋爲無道，主驕於上，臣諂於下，下上蔽蒙，至身死匹夫手，寧不痛哉！我今不然，平亂責武臣，守成責儒臣，程能付事，以佐不逮；虛心盡下，冀聞嘉言。若李綱、孫伏伽，可謂誼臣矣。俛首噤默，豈朕所望哉？」

東都平，大赦天下，又欲責賊支黨，悉流徙惡地。伏伽諫曰：「臣聞王者無戲言，書稱『爾無不信，朕不食言』，言之不可不慎也。陛下制詔曰：『常赦不免，皆原之。』此非直赦有罪，是亦與天下更新辭也。世充、建德所部，赦後乃欲流徙。書曰：『殲厥渠魁，脅從罔治。』渠魁尙免，脅從何辜？且蹠狗吠堯，吠非其主。今與陛下結髮雅故，往爲賊臣，彼豈忘陛下哉，壅隔故也。至疏者安得而罪之？由古以來，何始無君，然止稱堯、舜者，何也？直由善名難得也。昔天下未平，容應機制變。今四方已定，設法須與人共之。法者陛下自作，須自守之，使天下百姓信而畏也。自爲無信，欲人之信，若爲得哉？賞罰之行，無貴賤親疏，惟義所在。臣愚以爲賊黨於赦當免者，雖甚無狀，宜一切加原，則天下幸甚。」又表置諫官。帝皆欽納。

太宗卽位，封樂安縣男，遷大理少卿。帝數出馳射，伏伽諫曰：「臣聞天子之居，禁衞九重，出也警，入也蹕，非直尊其居處，爲社稷生人計也。比聞陛下走馬射帖，娛悅羣臣，殆非所以導養聖躬、垂憲後代，此直少年諸王務耳，安得旣爲天子，尙行之乎？竊爲陛下不取。」帝悅曰：「卿能言朕失，朕能改之，天下庶有瘳乎！」後坐奏囚失，免官。起爲刑部郎中。累遷大理卿。時司農市木橦，倍直與民，右丞韋悰劾吏隱沒，事下大理訊鞫。伏伽曰：「緣官市貴，故民直賤。臣見司農識大體，不見其罪。」帝悟，顧悰曰：「卿不逮伏伽遠矣。」久之，出爲陜州刺史，致仕。顯慶三年卒。

始，伏伽拜御史時，先被內旨，而制未出，歸臥于家，無喜色。頃之，御史造門，子弟驚白，伏伽徐起見之。時人稱其有量，以比顧雍云。

張玄素，蒲州虞鄉人。仕隋，爲景城縣戶曹。竇建德陷景城，執將殺之，邑人千余號泣請代，曰：「此淸吏，殺之是無天也。大王即定天下，無使善人解體。」建德命釋縛，署治書侍御史，不拜。聞江都已弒，始爲建德黃門侍郎。賊平，授景州錄事參軍。

太宗卽位，問以政，對曰：「自古未有如隋亂者，得非君自專、法日亂乎？且萬乘之尊，身決庶務，日斷十事，五不中，中者信善，有如不中者何？一日萬機，積其失，不亡何待？若上賢右能，使百司善職，則高居深拱，疇敢犯之？隋末盜起，爭天下者不十數，餘皆保城邑以須有道聽命，是欲背上怙亂者果鮮，特人君不能安之而挻之亂也。以陛下聖神，跡所以危，鑒所以亡，日愼一日，雖堯、舜何以加！」帝曰：「善。」拜侍御史，遷給事中。

貞觀四年，詔發卒治洛陽宮乾陽殿，且東幸。玄素上書曰：

臣惟秦始皇帝藉周之餘，夷六國，統壹尊，將貽之萬世，及子而亡者，殫嗜奔欲，以逆天害人也。天下不可以力勝，唯當務儉約，薄賦斂，以身先之，乃能大安。今東都未有幸期，前事土木，戚王出藩，又當營構，科調繁仍，失疲人望，一不可也。陛下向平東都，會觀廣殿，皆撤毀之，天下翕然，一口頌歌。豈有初惡侈靡而後好雕麗哉？二不可也。陛下每言巡幸者不急之務，徒焉虛費。今國儲無兼年，又興別都之役，以產怨讟，三不可也。百姓承亂離之後，財賦殫空，雖蒙更生，意未完定，柰何營未幸之都，重耗其力，四不可也。漢祖將都洛陽，婁敬一言，即日西駕。非不知地土中，道里所均，但形勝不及關內，弗敢康也。伏惟陛下化凋弊之俗，爲日尚淺，詎可東巡以搖人心？五不可也。

臣嘗見隋家造殿，伐木於豫章，二千人挽一材，以鐵爲轂，行不數里，轂輒壞；別數百人齎轂自隨，終日行不三十里。一材之費，已數十萬工，揆其餘可知已。昔阿房成，秦人散；章華就，楚衆離；乾陽畢功，隋人解體。今民力未及隋日，而役殘創之人，襲亡國弊，臣恐陛下之過，甚於煬帝。

帝曰：「卿謂我不如煬帝，何如桀、紂？」對曰：「若此殿卒興，同歸於亂。臣聞東都始平，太上皇詔宮室過度者焚之，陛下謂瓦木可用，請賜貧人，事雖不從，天下稱爲盛德。今復度而宮之，是隋役又興。不五六年間，一捨一取，天下謂何？」帝顧房玄齡曰：「洛陽朝貢天下中，朕營之，意欲便四方百姓。今玄素言如此，使後必往，雖露坐，庸何苦？」即詔罷役，賜綵二百匹。魏徵名梗挺，聞玄素言，歎曰：「張公論事，有回天之力，可謂仁人之言哉。」

歷太子少詹事，遷右庶子。時太子承乾事游畋，不悅學。玄素上書曰：

天道無親，惟德是輔。苟違天道，人神棄之。古者田三驅，非以教殺，除民害也。今反以獵爲娛，行之無常，不損盛德哉？傳曰：「事不師古，匪說攸聞。」然則探道在學古，學古在師訓。孔穎達奉詔講勸，宜數逮問，裨萬分。博選賢傑，朝夕侍左右，與相規摩。日知所亡，月無忘所能，此則善美矣。

夫在人上者常求爲善也，然性不勝情，耽惑成亂，下有訣言，君道乃虧。古人有云：「勿以惡小不去，善小不爲。」禍福之來，皆根於初，護終若始，猶懼其替，始不護焉，終將安歸？

太子不納。又上書曰：

周公資聖人，而握沐吐飧，下白屋，況下周公之人哉？殿下睿質天就，尙須學以表飾之。孔穎達、趙弘智皆宿德鉅髦，兼識政機，望數召見，述古今，增懿明德。雕蟲小技，正可閑召，代博弈，不宜屢也。騎射畋游，褻戲酣歌，悅耳目，移情靈，不可以御。夫心爲萬事主，動而無節則亂，敗德之原，實在於此。

帝知數財正太子，頻擢至銀青光祿大夫，行左庶子。

太子久不見賓友，玄素曰：「宮中所見止婦人，不知如樊姬等可與益聖德者幾何？若無之，卽便詖豔嬖，何足顧哉！上惟東宮之重，高署賢才爲寮佐，今乃不得進見，將何以朝納誨、夕補遺哉？」太子諱其切，夜遣戶奴以騎檛狙擊，危脫死。嘗聞宮中擊鼓，叩閤正言，太子出鼓，對玄素破之。旣不悛，醜德日聞。玄素不能已，上書曰：

孔子曰：「能近取譬，可謂仁之方也。」書傳所載或遠，臣請以近事喻之。周武帝平山東，庳宮陋食以安海內，而太子贇有穢德，烏丸軌以聞，帝慈仁不忍廢。及踐祚，狂暴日熾，宗祀以亡，隋文帝所代是也。文帝因周衰，藉女資，雖無大功於人，然布德行惠，上下安賴。勇爲太子，驕肆敗度，今宮中山池，殿下所親見者也。當是時，自謂有太山之安，詎知壬臣敢進其說哉？向使動靜有常，進止有度，親君子，疏小人，黜浮華，守恭儉，雖有離間，烏能致慈父之隙哉？蓋積德弗純，令問不著，一遭讒，遂成其禍。

今上以殿下父子親，故所資用不爲限節，然詔未六旬，而用踰七萬，驕奢亡藝，孰有過此？龍樓、望苑，爲工匠之肆，旣闕視膳問安之宜，又無悅學好道之實。上違君父慈訓之方，下有因緣戮辱之罪。所施與者，不游手雜色，則圖畫雕鏤之人。外所瞻仰，此失已暴，內隱密者，尙可勝計哉？右庶子趙弘智經明行脩，臣謂宜數進召，以廣徽美；今反猜嫌，謂妄相推引。從善若流，尙恐不逮，飾非拒諫，禍可旣乎？書入，太子怒，遣刺客伺之。會宮廢，玄素坐除名爲民。頃之，召授潮州刺史，徙鄧州，訖不復親近。高宗時，以老致仕。麟德初卒。

始，玄素與孫伏伽在隋皆爲令史，太宗嘗問玄素官立所來，深自羞汗。褚遂良見帝曰：「君子不失言於人，明主不失言於戲。故言則史書之，禮成之，樂歌之。居上能禮其臣，乃盡力以奉其上。近世宋武帝侮靳朝臣，攻其門戶，至恥懼狼狽，前史以爲非。陛下昨問玄素在隋任何官，對曰：『縣尉。』又問未爲尉時，曰：『流外。』又問何曹司，玄素出不能徙步，顏若死灰，精爽頓盡，見者咸共驚怪。唐家創業，任官以才，卜祝庸保，量能並用。陛下以玄素擢任三品，佐皇儲，豈宜復對羣臣使窮負恥，欲責其伏節死義，安可得乎？」帝曰：「朕亦悔之。」伏伽雖廣坐，陳說往事，無少隱焉。

贊曰：始唐有天下，懲刈隋敝，敷內讜言，而世長等仇然獻忠，時主方褒聽，藉以勸天下；雖觸禁忌，而無忤情。及禍亂已平，君位尊安，後者視前人之爲，猶以鯁論期榮，故時時遭斥讓，爲所厭苦。非言有巧拙，所遭之時異也。夫性有不可移，雖堯、舜弗能訓。承乾之惡，根著于心，而歸責玄素，其何救哉？此士亹辭不能傅太子，諒矣。

唐書卷一百四

列傳第二十九

于志寧 休烈 敖 琮 龐嚴　高季輔　張行成 易之 昌宗

于志寧字仲謐，京兆高陵人。曾祖謹，有功於周，爲太師、燕國公。父宣道，仕隋至內史舍人。大業末，志寧調冠氏縣長，山東盜起，棄官歸。高祖入關，率羣從迎謁長春宮，詔授渭北道行軍元帥府記室，與殷開山參謀議。薛仁杲平，識褚亮於囚虜中，遷天策府中郎、文學館學士，引亮與同列。貞觀三年，爲中書侍郎。太宗嘗宴近臣，問：「志寧安在？」有司奏：「敕召三品，志寧品第四。」帝悟，特詔預宴，因加散騎常侍、太子左庶子、黎陽縣公。是時議立七廟，羣臣請以涼武昭王爲始祖，志寧以涼非王業所因，獨建議違之。帝詔功臣世襲刺史，志寧奏：「古今異時，慕虛名，遺實患，非久安計。」帝皆從之。嘗謂志寧曰：「古者太子既生，士負之，即置輔弼。昔成王以周、召爲師傅，日聞正道，習以成性。今太子幼，卿當輔以正道，無使邪僻啓其心。勉之，官賞可不次得也。」太子承乾數有過惡，志寧欲救止之，上諫苑以諷。帝見大悅，賜黃金十斤、絹三百匹。俄兼詹事，以母喪免，有詔起復本官，固請終喪，帝遣中書侍郎岑文本敦譬曰：「忠孝不兩立，今太子須人教約，卿彊起，爲我卒輔道之。」志寧乃就職。

時太子以農時造曲室，累月不止，又好音樂過度。志寧諫，以爲「今東宮乃隋所營，當時號爲侈麗，豈容復事磨礱彩飾於其間？丁匠官奴皆犯法亡命，鉗鑿槌杵，往來出入，監門、宿衞、直長、千牛不得苛問。爪牙在外，廝役在內，其可無憂乎？又宮中數聞鼓聲，太樂伎兒輒留不出，往年口敕丁寧，殿下可不思之？」太子不納。而左右多任宦官，志寧復諫曰：「奄官者，體非全氣，專柔便佞，託親近爲威權，假出納爲禍福。故伊戾敗宋，易牙亂齊，趙高亡秦，張讓傾漢。近高齊任鄧長顒爲侍中，陳德信爲開府，內預宴私，外干朝政，齊卒顚覆。今殿下左右前後皆用寺人，輕忽高班，陵轢貴仕，品命失序，經紀不立，行路之人咸以爲怪。」太子益不悅。東宮僕御舊得番休，而太子不聽，又私引突厥，與相狎比。志寧懷不能已，上疏極言曰：「竊見僕寺司馭，爰及獸醫，自春迄夏，不得番息。或家有慈親，以闕溫凊，或室有幼弱，以虧撫養，殆非恕愛之意。又突厥達哥支等，人狀野心，不可以禮教期，不可以仁信待。狎而近之，無益令望，有損盛德。況引內閤中，使常親近，人皆震駭，而殿下獨安此乎？」太子大怒，遣張師政、紇干承基往刺之。二人者入其第，見志寧憔然在苫塊中，不忍殺，乃去。太子敗，帝知狀，謂曰：「聞公數諫，承乾不聽公，故至此。」是時宮臣皆罪廢，獨志寧蒙勞勉。

晉王爲皇太子，復拜左庶子，遷侍中，加光祿大夫，進封燕國公，監脩國史。永徽二年，洛陽人李弘泰誣告太尉長孫无忌反，有詔不待時斬之。志寧以爲：「方春少陽用事，不宜行刑，且誣謀非本惡逆，請依律待秋分乃決。」從之。衡山公主旣公除，將下嫁長孫氏。志寧以爲：「禮，女十五而笄，二十而嫁，有故，二十三而嫁，固知遇喪須終三年。春秋，魯莊公如齊納幣，母喪未再期而圖婚，二家不譏，以其失禮明也。今議者云『公除從吉』，此漢文創制，爲天下百姓耳。公主身服斬衰，服可以例除，情不可以例改。心喪成婚，非人情所忍。」於是詔公主待服除乃婚。拜尚書左僕射、同中書門下三品。頃之，兼太子少師。四年，隕石十八于馮翊，高宗問曰：「此何祥也？朕欲悔往脩來以自戒，若何？」志寧對：「春秋：『隕石于宋五。』內史過曰：『是陰陽之事，非吉凶所生。』物固有自然，非一繫人事。雖然，陛下無災而戒，不害爲福也。」俄遷太傅。嘗與右僕射張行成、中書令高季輔俱賜田，志寧奏：「臣家自周、魏來，世居關中，貲業不墜。今行成、季輔始營產土，願以臣有餘賜不足者。」帝嘉之，分其田以與二人。

顯慶四年，以老乞骸骨，詔解僕射，更拜太子太師，仍同中書門下三品。王皇后之廢，長孫无忌、褚遂良固爭不見從，志寧不敢言。武后以其不右己，銜之，後因殺无忌，坐免官，出爲榮州刺史，改華州，聽致仕。卒，年七十八，贈幽州都督，謚曰定。後追復左光祿大夫、太子太師。

志寧愛賓客，樂引後進，然多嫌畏，不能有所薦達也，爲士議所少。凡格式、律令、禮典，皆與論譔，賞賜以巨萬。

初，志寧與司空李勣脩定本草并圖，合五十四篇。帝曰：「本草尙矣，今復脩之，何所異邪？」對曰：「昔陶弘景以神農經合雜家別錄註詺之，江南偏方，不周曉藥石，往往紕繆，四百餘物，今考正之，又增後世所用百餘物，此以爲異。」帝曰：「本草、別錄何爲而二？」對曰：「班固唯記黃帝內、外經，不載本草，至齊七錄乃稱之。世謂神農氏嘗藥以拯含氣，而黃帝以前文字不傳，以識相付，至桐、雷乃載篇册，然所載郡縣，多在漢時，疑張仲景、華佗竄記其語。別錄者，魏、晉以來吳普、李當之所記，其言華葉形色，佐使相須，附經爲說，故弘景合而錄之。」帝曰：「善。」其書遂大行。

曾孫休烈。

休烈機鑒融敏，善文章，與會稽賀朝萬齊融、延陵包融齊名。開元初，第進士，又擢制科，歷祕書省正字。吐蕃金城公主請文籍四種，玄宗詔祕書寫賜。休烈上疏曰：「戎狄，國之寇；經籍，國之典也。戎之生心，不可以無備。昔東平王求史記、諸子，漢不與之，以史記多兵謀，諸子雜詭術也。東平，漢之懿戚，尙不示征戰之書，今西戎國之寇讎，安可貽以經典？且吐蕃之性慓悍果決，善學不回。若達於書，則知戰；深於詩，則知武夫有師干之試；深於禮，則知月令有廢興之兵；深於春秋，則知用師詭詐之計；深於文，則知往來書檄之制：此何異假寇兵資盜糧也！臣聞魯秉周禮，齊不加兵；吳獲乘車，楚屢奔命。喪法危邦，可取鑒也。公主下嫁異國，當用夷禮，而反求良書，恐非本意，殆有姦人勸導其中。若陛下慮失其情，示不得已，請去春秋。夫春秋當周德既衰，諸侯盛彊，征伐競興，情僞於是乎生，變詐於是乎起，有以臣召君、取威定霸之事。誠與之，國之患也。狄固貪婪，貴貨易土，正可錫以錦綵，厚以金玉，無足所求以資其智。」疏入，詔中書門下議。侍中裴光庭曰：「吐蕃不識禮經，孤背國恩，今求哀啓顙，許其降附，漸以詩、書，陶一聲教，斯可致也。休烈但見情僞變詐於是乎生，不知忠信節義亦於是乎在。」帝曰：「善。」遂與之。累遷起居郎、直集賢殿學士、比部郎中。楊國忠爲宰相，斥不附己者，出爲中部郡太守。

肅宗立，休烈奔行在，擢給事中，遷太常少卿，知禮儀事，兼脩國史。帝嘗謂曰：「良史者，君舉必書。朕有過失，顧卿何如？」對曰：「禹、湯罪己，其興也勃焉。有德之君不忘規過。」於時經大盜後，史籍燔缺，休烈奏：「國史、開元實錄、起居注及餘書三千八百餘篇藏興慶宮，兵興焚煬皆盡，請下御史覈史館所由，購府縣有得者，許上送官。一書進官一資，一篇絹十匹。」凡數月，止獲一二篇，唯韋述以其家藏國史百三十篇上獻。中興文物未完，休烈獻五代論，討著舊章，天子嘉之。轉工部侍郎，仍脩史。宰相李揆矜己護前，羞與同史任爲等列，奏徙休烈爲國子祭酒，權留史館脩撰，以卑下之，休烈安然無屑意。乾元初，始詔百官元日、冬至於光順門賀皇后。休烈奏：「周禮有命夫朝人君，命婦朝女君。自顯慶以來，則天皇后甫行此禮，而命婦與百官雜處，在禮不經。」帝罷之。

代宗嗣位，甄別名品，元載稱其清諒。拜右散騎常侍，兼脩國史，加禮儀使，遷太常卿。累進工部尚書，封東海郡公。雖歷清要，不治產。性恭儉仁愛，無喜慍之容。樂賢下善，推轂士甚衆。年老，篤意經籍，嗜學不厭。妻韋卒，天子嘉休烈父子著儒行，詔贈韋國夫人，葬給鹵簿、鼓吹。歲中，休烈亦卒，年八十一。帝爲歎息，贈尚書左僕射，謚曰元，遣謁者就第宣慰，爲儒者榮。

二子：益、肅，及休烈時，相繼爲翰林學士。益，天寶初及進士第。肅，終給事中，贈吏部侍郎。

肅子敖，字蹈中，擢進士，爲祕書省校書郎。楊憑、李鄘、呂元膺相繼辟幕府。元和初，拜監察御史，五遷至右司郎中。進給事中、左拾遺。龐嚴爲元稹、李紳所厚，與蔣防俱薦爲翰林學士。李逢吉誣紳罪逐之，而出嚴爲信州刺史，防汀州刺史。敖封還詔書，揩紳意申嚴枉，及駁奏下，乃論貶嚴太輕，衆皆嗤誤。逢吉乃厚敖，三遷至戶部侍郎，出爲宣歙觀察使。敖脩謹，家世用文學進，初爲時所稱，及居官，無所建明，不迕物以自容，名益減。卒，贈禮部尚書。

四子：球、珪、瓌、琮，皆清顯。琮知名。

龐嚴者，字子肅，壽州壽春人。第進士，舉賢良方正，策第一，拜拾遺。辭章峭麗，累遷駕部郎中，知制誥。坐累出。復入，稍遷太常少卿。大和五年，權京兆尹，彊幹不阿貴勢，然貪利，溺聲色。卒于官。

琮字禮用，落魄不事事，以門資爲吏，久不調，駙馬都尉鄭顥獨器之。宣宗詔選士人尚公主者，顥語琮曰：「子有美才，不飾細行，爲衆毀所抑，能爲之乎？」琮許諾。中書舍人李潘知貢舉，顥以琮託之，擢第，授左拾遺。初尙永福公主，主未降，食帝前，以事折匕箸，帝知其不可妻士大夫，更詔尙廣德公主。咸通中，以水部郎中爲翰林學士，遷中書舍人。閱五月，轉兵部侍郎、判戶部。八年，同中書門下平章事，進中書侍郎，兼戶部尙書。爲韋保衡所構，檢校司空、山南東道節度使，三貶韶州刺史。保衡敗，僖宗以太子少傅召，未幾，復爲山南節度使，入拜尙書右僕射。黃巢陷京師，以病臥家，巢欲起爲相，琮辭疾，賊迫脅不止，乃曰：「吾死在旦夕，位宰相，義不受汚。」賊遂害之。

高馮字季輔，以字行，德州蓨人。居母喪，以孝聞。兄元道，仕隋爲汲令，縣人反城應賊，殺元道。季輔率其黨與縣人戰，禽之，斬首以祭，賊衆畏伏，更歸附之，至數千人。俄與武陟李厚德將其衆降，授陟州總管府戶曹參軍。

貞觀初，拜監察御史，彈治不避權要。累轉中書舍人，列上五事，以爲：

今天下大定，而刑未措，何哉？蓋謀猷之臣、臺閣之吏不崇簡易，而昧經遠，故執憲者以深刻爲奉公，當官者以侵下爲益國。如尙書八坐，人主所責成者也，宜擇溫厚脩絜者任之。敦樸素，革浮僞，使家識慈孝，人知廉恥，過行者被嗤於鄉，不昵者蒙擯於親，自然禮節興矣。

陛下身帥節儉，而營繕未息，丁匠不能給驅使，又和雇以重勞費。人主所欲，何求而不得。願愛其財，毋使殫；惜其力，毋使弊。畿內數州，京師之本，土狹人庶，儲畜少而科役多，宜蒙優貸，令得休息，彊本弱支之義也。至江南、河北，人頗舒閑，宜爲差等，均量勞逸。

公侯勳戚之家，邑入、俸稍足以奉養，而貸息出舉，爭求什一，下民化之，競爲錐刀，宜加懲革。

今外官卑品，皆未得祿，故饑寒之切，夷、惠不能全其行。爲政之道，期於易從，不恤其匱，而須其廉，正恐巡察歲出，輶軒繼軌，而侵漁不息也。宜及戶口之繁，倉庾且實，稍加稟賜，使得事父母、養妻子，然後督責其効，則官人畢力矣。

密王元曉等俱陛下懿親，當正其禮。比見帝子拜諸叔，諸叔答拜。爵封既同，當明昭穆，願垂訓正，以爲彝法。

書奏，太宗稱善，進授太子右庶子。數上書言得失，辭誠切至。帝賜鍾乳一劑，曰：「而進藥石之言，朕以藥石相報。」後爲吏部侍郎，善銓敘人物，帝賜金背鏡一，況其淸鑒焉。久之，遷中書令、兼檢校吏部尙書，監脩國史，進爵蓨縣公。永徽初，加光祿大夫、侍中、兼太子少保。感疾歸第，有詔以其兄虢州刺史季通爲宗正少卿，視疾，遣中使日候增損。卒，年五十八，贈開府儀同三司、荆州都督，謚曰憲。官給轜車，歸葬於鄉。

子正業，仕至中書舍人。坐善上官儀，貶嶺表。

張行成字德立，定州義豐人。少師事劉炫，炫謂門人曰：「行成體局方正，廊廟才也。」隋大業末，察孝廉，爲謁者臺散從員外郎。後爲王世充度支尚書。世充平，以隋資補穀熟尉。家貧，代計吏集京師，擢制舉乙科，改陳倉尉。高祖謂吏部侍郎張銳曰：「今選吏豈無才用特達者？朕將用之。」銳言行成，調富平主簿，有能名。召補殿中侍御史，糾劾嚴正。太宗以爲能，謂房玄齡曰：「古今用人未嘗不因介紹，若行成者，朕自舉之，無先容也。」

嘗侍宴，帝語山東及關中人，意有同異。行成曰：「天子四海爲家，不容以東西爲限，是示人以隘矣。」帝稱善，賜名馬一、錢十萬、衣一稱。自是有大政事，令與議焉。累遷給事中。帝嘗謂羣臣：「朕爲人主，兼行將相事，豈不是奪公等名？舜、禹、湯、武得稷、卨、伊、呂而四海安，漢高祖有蕭、曹、韓、彭而天下寧，茲事朕皆兼之。」行成退，上疏曰：「有隋失道，天下沸騰，陛下撥亂反正，拯人塗炭，何周、漢君臣所能比數。雖然，盛德含光，規模宏遠。

左右文武誠無將相材，奚用大庭廣衆與之量校，損萬乘之尊，與臣下爭功哉？」帝嘉納之。轉刑部侍郎、太子少詹事。

太子駐定州監國，謂曰：「吾乃送公衣錦過鄉邪！」令有司祠其先墓。行成薦里人魏唐卿、崔寶權、馬龍駒、張君劼皆以學行聞，太子召見，以其老不可任以事，厚賜遣之。太子使行成詣行在，帝見悅甚，賜勞尤渥。還爲河南巡察大使，稱旨，檢校尚書左丞。是歲，帝幸靈州，詔皇太子從。行成諫曰：「皇太子宜留監國，對百寮日決庶務，旣爲京師重，且示四方盛德。」帝以爲忠。遷侍中、兼刑部尚書。

高宗卽位，封北平縣公，監脩國史。時晉州地震不息，帝問之，對曰：「天，陽也，君象；地，陰也，臣象。君宜動，臣宜靜。今靜者顧動，恐女謁用事，大臣陰謀。又諸王、公主參承起居，或伺間隙，宜明設防閑。且晉，陛下本封，應不虛發，伏願深思以杜未萌。」帝然之，詔五品以上極言得失。俄拜尚書左僕射、太子少傅。永徽四年，自三月不雨至五月，行成懼，以老乞身，制答曰：「古者策免，乖罪己之義。此在朕寡德，非宰相咎。」乃賜宮女、黃金器，敕勿復辭。行成固請，帝曰：「公，朕之舊，奈何舍朕去邪？」泫然流涕。行成惶恐，不得已復視事。未幾，卒於尚書省舍，年六十七。詔九品以上就第哭。比斂，三遣使賜內衣服，尚宮宿其家護視。贈開府儀同三司、并州都督，祭以少牢，謚曰定。弘道元年，詔配享高宗廟廷。

族子易之、昌宗。

易之幼以門蔭仕，累遷尚乘奉御。既冠，頎晳美姿製，音技多所曉通。武后時，太平公主薦其弟昌宗，得侍。昌宗白進易之材用過臣，善治鍊藥石。即召見，悅之。兄弟皆幸，出入禁中，傅朱粉，衣紈錦，盛飾自喜。即日拜昌宗雲麾將軍、行左千牛中郎將，易之司衞少卿，賜甲第，帛五百段，給奴婢、槖它、馬牛充入之。不數日，進拜昌宗銀青光祿大夫，賜防閤，同京官朝朔望；追贈父希臧爲襄州刺史，母韋、母臧並封太夫人，尚宮問省起居。詔尚書李迥秀私侍臧。昌宗興不旬日，貴震天下。諸武兄弟及宗楚客等爭造門，伺望顏色，親執轡箠，號易之爲「五郎」，昌宗「六郎」。又加昌宗右散騎常侍。聖曆二年，始置控鶴府，拜易之爲監。久之，更號奉宸府，以易之爲令。乃引知名士閻朝隱、薛稷、員半千爲供奉。

后每燕集，則二張諸武雜侍，摴博爭道爲笑樂，或嘲詆公卿，淫蠱顯行，無復羞畏。時無檢輕薄者又諂言昌宗乃王子晉後身，后使被羽裳、吹簫、乘寓鶴，裴回庭中，如仙去狀，詞臣爭爲賦詩以媚后。后知醜聲甚，思有以掩覆之，乃詔昌宗即禁中論著，引李嶠、張說、宋之問、富嘉謨、徐彥伯等二十有六人譔三教珠英。加昌宗司僕卿、易之麟臺監，權勢震赫。皇太子、相王請封昌宗爲王，后不聽，遷春官侍郎，封鄴國公，易之恆國公，實封各三百戶。

后既春秋高，易之兄弟顓政，邵王重潤與永泰郡主竊議，皆得罪縊死。御史大夫魏元忠嘗劾奏易之等罪，易之訴於后，反誣元忠與司禮丞高戩約曰：「天子老，當挾太子爲耐久朋。」后問：「孰爲證左？」易之曰：「鳳閣舍人張說。」翌日庭辯，皆不讎，然元忠、說猶皆被逐。其後易之等益自肆，姦贓狠藉，御史臺劾奏之，乃詔宗晉卿、李承嘉、桓彥範、袁恕己參鞫，而司刑正賈敬言窺望后旨，奏昌宗彊市，罪當贖，詔曰可。承嘉、彥範進曰：「昌宗贓四百萬，尙當免官。」昌宗大言曰：「臣有功於國，不應免官。」后問宰相，內史令楊再思曰：「昌宗主鍊丹劑，陛下餌之而驗，功最大者也。」卽詔釋之，歸罪其兄昌儀、同休，皆貶官。已而后久疾，居長生院，宰相不得進見，惟昌宗等侍側。昌宗恐后不諱，禍且及，乃引支黨日夜與謀爲不軌事。然小人疏險，道路皆知之，至有榜其事於衢左者。左臺御史中丞宋璟亟請按擿，后陽許璟，俄詔璟外按幽州都督屈突仲翔，更敕司刑卿崔神慶問狀。神慶妄奏云：「昌宗應原。」璟執奏「昌宗法當斬」。后不答，左拾遺李邕進曰：「璟之言，社稷計也，願可之。」后終不許。

神龍元年，張柬之、崔玄暐等率羽林兵迎皇太子入，誅易之、昌宗於迎仙院，及其兄昌期、同休、從弟景雄皆梟首天津橋，士庶歡踊，臠取之，一夕盡。坐流貶者數十人。天寶九載，昌期女上表自言，楊國忠助之，詔復易之兄弟官爵，賜同休一子官。

贊曰：于志寧諫太子承乾，幾遭賊殺，然未嘗懼，知太宗之明，雖匕首揕胸不愧也。及武后立，不敢出一言，知高宗之昧，雖死無益也。季輔、行成數進諫，然雍容有禮，皆長厚君子哉！

唐書卷一百五

列傳第三十

長孫无忌 敞 操 詮 順德 褚遂良 璆 韓瑗 來濟 恆

李義琰 巢 義琛 上官儀

長孫无忌字輔機。性通悟，博涉書史。始，高祖兵度河，進謁長春宮，授渭北道行軍典籤。從秦王征討有功，累擢比部郎中、上黨縣公。

皇太子建成毒王，王病，舉府危駭。房玄齡謂无忌曰：「禍隙已牙，敗不旋踵矣。夫就大計者遺細行，周公所以紬管、蔡也。」遂俱入白王，請先事誅之，王未許。无忌曰：「大王以舜何如人？」王曰：「濬哲文明，爲子孝，爲君仁，又何議哉？」對曰：「向使濬井弗出，得爲孝乎？塗廩弗下，得爲仁乎？大杖避，小杖受，良有以也。」王未決。事益急，乃遣无忌陰召房玄齡、杜如晦定計。无忌與尉遲敬德、侯君集、張公謹、劉師立、公孫武達、獨孤彥雲、杜君綽、鄭仁恭、李孟嘗討難，平之。王爲皇太子，授左庶子。卽位，遷吏部尙書，以功第一，進封齊國公。帝以无忌皇后兄，又少相友，眷倚日厚，常出入臥內。進尙書右僕射。突厥頡利可汗已盟而政亂，諸將請遂討之。帝顧新歃血，不取爲失機，取之失信，計猶豫，以問大臣。蕭瑀曰：「兼弱攻昧，討之便。」无忌曰：「今我務戢兵，待夷狄至，乃可擊。使遂弱，且不能來，我又何求？臣謂按甲存信便。」帝曰：「善。」然卒取突厥。

或有言无忌權太盛者，帝持表示无忌曰：「我與公君臣間無少疑，使各懷所聞不言，斯則蔽矣。」因普示羣臣曰：「朕子幼，无忌於我有大功，視之猶子也。疏間親、新間舊之謂不順，朕無取焉。」无忌亦自懼貴且亢，后又數言之，遂解僕射，授開府儀同三司。與房玄齡、杜如晦、尉遲敬德皆以元勳封一子郡公。進册司空，知門下、尙書省事，无忌辭，又因高士廉口陳「以外戚位三公，嫌議者謂天子以私后家」。帝曰：「朕任官必以才，不者，雖親若襄邑王神符，不妄授；若才，雖仇如魏徵，不棄也。夫緣后兄愛昵，厚以子女玉帛，豈不得？以其兼文武兩器，朕故相之，公等孰不曰然？」无忌固讓，詔答曰：「黃帝得力牧，爲五帝先；夏禹得咎繇，爲三王祖；齊桓得管仲，爲五伯長；朕得公，遂定天下。公其無讓！」帝又思所與共艱難，賴无忌以免，作威鳳賦以賜，且況其功。

帝欲功臣並世襲刺史，貞觀十一年，乃詔有司：「朕憑明靈之祐，賢佐之力，克翦多難，清宇內。蓋時屯共資其力，世安專享其利，朕所不取。刺史，古諸侯，雖名不同，而監統一也。无忌等義貫休戚，効挺夷險，嘉庸懿績，簡在朕心。其改錫土宇，用世及之制。」乃以无忌爲趙州刺史，以趙爲公國；房玄齡宋州刺史，國於梁；杜如晦贈密州刺史，國於萊；李靖濮州刺史，國於衞；高士廉申州刺史，國於申；侯君集陳州刺史，國於陳；道宗鄂州刺史，王江夏；孝恭觀州刺史，王河間；尉遲敬德宣州刺史，國於鄂；李勣蘄州刺史，國於英；段志玄金州刺史，國於褒；程知節普州刺史，國於盧；劉弘基朗州刺史，國於夔；張亮澧州刺史，國於鄖。凡十有四人，餘官食邑尙不在。无忌等辭曰：「羣臣披荊棘，事陛下。今四海混一，誠不願違遠左右，而使世牧外州，與遷徙等。」帝曰：「割地封功臣，欲公等後嗣長爲藩翰，而薄山河之誓，反爲怨望，朕亦安可彊公士宇邪？」遂止。後帝幸其第，自家人姻婭勞賜皆有差。久之，進位司徒。

太子承乾廢，帝欲立晉王，未決，坐兩儀殿，羣臣已罷，獨留无忌、玄齡、勣言東宮事，因曰：「我三子一弟，未知所立，吾心亡聊。」卽投牀，取佩刀自向，无忌等驚，爭抱持，奪刀授晉王，而請帝所欲立。帝曰：「我欲立晉王。」无忌曰：「謹奉詔，異議者斬！」帝顧王曰：「舅許汝矣，宜卽謝。」王乃拜。帝復曰：「公等與我意合，天下其謂何？」答曰：「王以仁孝聞天下久矣，固無異辭；有如不同，臣負陛下百死。」於是遂定。以无忌爲太子太師、同中書門下三品，「同三品」自此始。帝又欲立吳王恪，无忌密爭止之。帝征高麗，詔攝侍中。還，辭師傅官，聽罷太子太師，遙領揚州都督。

帝嘗從容問曰：「朕聞君聖臣直，人常苦不自知，公宜面攻朕得失。」无忌曰：「陛下神武聖文，冠卓千古，性與天道，非臣等愚所及，誠不見有所失。」帝曰：「朕冀聞過，公等乃相諛悅。朕當評公等可否以相規。」謂：「高士廉心術警悟，臨難不易節，所乏者骨鯁耳。唐儉有辭，善和解人，酒杯流行，發言可憙，事朕二十年，未嘗一言國家事。楊師道性謹審，自能無過，而懦不更事，緩急非可倚。岑文本敦厚，文章、論議其所長也，謀常經遠，自當不負於物。劉洎堅正，其言有益，不輕然諾於人，能自補闕。馬周敏銳而正，評裁人物，直道而行，所任皆稱朕意。褚遂良鯁亮，有學術，竭誠親於朕，若飛鳥依人，自加憐愛。无忌應對機敏，善避嫌，求於古人，未有其比；總兵攻戰，非所善也。」

二十三年，帝疾甚，召入臥內，帝引手捫无忌頤，无忌哭，帝感塞，不得有所言。翌日，與遂良入受詔，顧遂良曰：「我有天下，无忌力也。爾輔政，勿令讒毀者害之。」有頃，崩。方在離宮，皇太子悲慟，无忌曰：「大行以宗廟、社稷屬殿下，宜速即位。」因祕不發喪，請還宮。

太子即位，是爲高宗。進无忌太尉，檢校中書令，猶知門下、尚書二省。固辭尚書省，許之。帝欲立武昭儀爲后，无忌固言不可。帝密以寶器錦帛十餘車賜之，又幸其第，擢三子皆朝散大夫，昭儀母復詣其家申請。許敬宗數勸之，无忌厲色折拒。帝後召无忌、遂良及于志寧言后無息，昭儀有子，必欲立之者。无忌已數諫，卽曰：「先帝付託遂良，願陛下訪之。」遂良極道不可，帝不聽。

后既立，以无忌受賜而不助己，銜之。敬宗揣后指，陰使洛陽人李奉節上无忌變事，與侍中辛茂將臨按，傅致反狀。帝驚曰：「將妄人構間，殆不其然。」敬宗具言：「反跡已露，陛下不忍，非社稷之福。」帝泣曰：「我家不幸，高陽公主與我同氣，往謀反，今舅復爾，使我重愧天下，奈何？」對曰：「房遺愛口乳臭，與女子反，安能就事？无忌姦雄，天下所畏伏，一旦竊發，陛下誰使禦之？今卽急，恐攘袂一呼，以嘯同惡，且爲宗廟憂。陛下不見隋室乎？宇文化及父宰相，弟尙主，而身掌禁兵，煬帝處之不疑，然而起爲戎首，遂亡隋。願陛下決之。」帝猶疑，更詔審覈。明日，敬宗言无忌反明甚，請逮捕。帝泣曰：「舅果爾，我決不忍殺，後世其謂我何？」敬宗曰：「漢文帝舅薄昭，從代來有功，後坐殺人，帝惜撓法，令朝臣喪服就哭之，昭自殺，良史不以爲失。今无忌忘先帝之德，捨陛下至親，乃欲移社稷、敗宗廟，豈特昭比邪？在法夷五族。臣聞當斷不斷，反受其亂。乘機亟行，緩必生變。无忌與先帝謀取天下，天下伏其智，王莽、司馬懿之流。今逆徒自承，何疑而不決？」帝終不質問。遂下詔削官爵封戶，以揚州都督一品俸置于黔州，所在發兵護送；流其子祕書監沖等於嶺外；從弟渝州刺史知仁貶翼州司馬。後數月，又詔司空勣、中書令敬宗、侍中茂將等覆按反獄。敬宗令大理正袁公瑜、御史宋之順等即黔州暴訊。无忌投繯卒，沖免死，殺族子祥，流族弟思于檀口，大抵期親皆謫徙。

初，无忌與遂良悉心奉國，以天下安危自任，故永徽之政有貞觀風。帝亦賓禮老臣，拱己以聽。綱紀設張，此兩人維持之也。既二后廢立計不合，姦臣陰圖，帝暗於聽受，卒以屠覆，自是政歸武氏，幾至亡國。

上元元年，追復官爵，以孫元翼襲封。初，无忌自作墓昭陵塋中，至是許還葬。文宗開成三年，詔曰：「每覽國史至太尉无忌事，未嘗不廢卷而歎。其以裔孫鈞爲猗氏令。」

无忌從父敞，字休明。隋煬帝爲晉王，敞以庫直從畋驪山，王凌危逐鹿，諫曰：「大王冒垂堂，淫原獸，可乎？」王遂止。即位，頗見識擢。及幸江都，留守禁籞。高祖入關，率子弟謁新豐，授將作少監，出爲杞州刺史。貞觀初，坐受賕免。太宗以后屬，歲私給稟，償其費。累封平原郡公。卒，贈幽州都督，謚曰良，陪葬昭陵。

從父弟操，字元節。父覽，爲周大司徒、薛國公。操有學術。初，高祖辟署相國府金曹參軍。未幾，檢校虞州刺史。從秦王征討，常侍旁，與聞祕謀。徙陝州，城中無井，人勤于汲，操爲醧河溜入城，百姓利安。以母喪解，長老守闕頌遺愛。服除，封樂壽縣男。爲齊、揚、益三州刺史，課皆最，下詔褒揚。永徽初，以陝州刺史卒，贈吏部尚書，謚曰安，葬給鼓吹，至虞罷。

子詮，尚新城公主。詮女兄爲韓瑗妻。无忌得罪，詮流嶲州，有司希旨殺之。詮有甥趙持滿者，工書，善騎射，力搏虎，走逐馬，而仁厚下士，京師無貴賤愛慕之。爲涼州長史，嘗逐野馬，射之，矢洞于前，邊人畏伏。詮之貶，許敬宗懼持滿才能仇己，追至京，屬吏訊掠，色不變，曰：「身可殺，辭不可枉！」吏代爲占，死獄中。

无忌族叔順德。

順德仕隋爲右勳衞，征遼當行，亡命太原，素爲高祖親厚。太宗將起兵，令與劉弘基募士於外，聲備賊，至數萬人，乃結隊按屯。大將軍府建，授統軍，從平霍邑、臨汾、絳郡有功。與劉文靜擊屈突通於潼關，通將奔洛陽，順德跳追桃林，執通以獻，遂定陝縣。以多進左驍衞大將軍，封薛國公。討建成餘黨，食千二百戶，賜宮女，詔宿內省。

俄以受賕爲有司劾發，帝曰：「順德元勳外戚，爵隆位厚至矣。若令觀古今自鑒，有以益國家者，朕當與共府庫，何至以貪冒聞乎？」因賜帛數十媿切之。大理少卿胡演曰：「順德以賂破法，不可赦，奈何又賜之？」帝曰：「使有恥者，得賜甚於戮；如不能，乃禽獸也，殺之何益？」

李孝常謀反，坐與交，削籍爲民。歲餘，帝閱功臣圖，見其像，憐之，遣宇文士及視順德，順德方頹然醉，遂召爲澤州刺史，復爵邑。順德素少檢，侈放自如，至是折節爲政，以嚴明稱。先時守長多通餉問，順德繩擿無所容，遂爲良吏。前刺史張長貴、趙士達占部中腴田數十頃，奪之以給貧單。尋坐累還第。喪息女，感疾甚，帝薄之，謂房玄齡曰：「順德無剛氣，以兒女牽愛至大病，胡足䘏？」未幾，卒，遣使弔之，贈荆州都督，謚曰襄。貞觀十三年，封邳國公。永徽中，加贈開府儀同三司。

褚遂良字登善，通直散騎常侍亮子。隋大業末，爲薛舉通事舍人。仁杲平，授秦王府鎧曹參軍。貞觀中，累遷起居郎。博涉文史，工隸楷。太宗嘗歎曰：「虞世南死，無與論書者！」魏徵白見遂良，帝令侍書。帝方博購王羲之故帖，天下爭獻，然莫能質眞僞。遂良獨論所出，無舛冒者。

十五年，帝將有事太山，至洛陽，星孛太微，犯郎位。遂良諫曰：「陛下撥亂反正，功超古初，方告成岱宗，而彗輒見，此天意有所未合。昔漢武帝行岱禮，優柔者數年，臣愚願加詳慮。」帝寤，詔罷封禪。

遷諫議大夫，兼知起居事。帝曰：「卿記起居，大抵人君得觀之否？」對曰：「今之起居，古左右史也，善惡必記，戒人主不爲非法，未聞天子自觀史也。」帝曰：「朕有不善，卿必記邪？」對曰：「守道不如守官，臣職載筆，君舉必書。」劉洎曰：「使遂良不記，天下之人亦記之矣。」帝曰：「朕行有三：一，監前代成敗，以爲元龜；二，進善人，共成政道；三，斥遠羣小，不受讒言。朕能守而勿失，亦欲史氏不能書吾惡也。」

是時，魏王泰禮秩如嫡，羣臣未敢諫。帝從容訪左右曰：「方今何事尤急？」岑文本汎言禮義爲急，帝以不切，未領可。遂良曰：「今四方仰德，誰弗率者？唯太子、諸王宜有定分。」帝曰：「有是哉！朕年五十，日以衰怠，雖長子守器，而弟、支子尙五十人，心常念焉。自古宗姓無良，則傾敗相仍，公等爲我柬賢者保傅之。夫事人久，情媚熟，則非意自生，其令王府官不得過四考，著爲令。」帝嘗怪：「舜造漆器，禹雕其俎，諫者十餘不止，小物何必爾邪？」遂良曰：「雕琢害力農，纂繡傷女工，奢靡之始，危亡之漸也。漆器不止，必金爲之，金又不止，必玉爲之，故諫者救其源，不使得開。及夫橫流，則無復事矣。」帝咨美之。

于時皇子雖幼，皆外任都督、刺史，遂良諫曰：「昔二漢以郡國參治，雜用周制。今州縣率倣秦法，而皇子孺年並任刺史，陛下誠以至親扞四方。雖然，刺史，民之師帥也，得人則下安措，失人則家勞劬。故漢宣帝曰：『與我共治，惟良二千石乎。』臣謂皇子未冠者，可且留京師，敎以經學，畏仰天威，不敢犯禁，養成德器，審堪臨州，然後敦遣。昔東漢明、章諸帝，友愛子弟，雖各有國，幼者率留京師，訓飭以禮。訖其世，諸王數十百，惟二人以惡敗，自餘淪和染敎，皆爲善良。此前事已驗，惟陛下省察。」帝嘉納。

太子承乾廢，魏王泰間侍，帝許立爲嗣，因謂大臣曰：「泰昨自投我懷中云：『臣今日始得爲陛下子，更生之日也。臣惟有一子，百年後，當殺之，傳國晉王。』朕甚憐之。」遂良曰：「陛下失言。安有爲天下主而殺其愛子，授國晉王乎？陛下昔以承乾爲嗣，復寵愛泰，嫡庶不明，紛紛至今。若必立泰，非別置晉王不可。」帝泣曰：「我不能。」卽詔長孫无忌、房玄齡、李勣與遂良等定策立晉王爲皇太子。

時飛雉數集宮中，帝問：「是何祥也？」遂良曰：「昔秦文公時，有侲子化爲雉，雌鳴陳倉，雄鳴南陽。侲子曰：『得雄者王，得雌者霸。』文公遂雄諸侯，始爲寶雞祠。漢光武得其雄，起南陽，有四海。陛下本封秦，故雄雌並見，以告明德。」帝悅，曰：「人之立身，不可以無學。遂良所謂多識君子哉！」俄授太子賓客。

薛延陀請婚，帝已納其聘，復絕之。遂良曰：「信爲萬事本，百姓所歸。故文王許枯骨而不遺，仲尼去食存信，貴之也。延陀，曩一俟斤耳。因天兵北討，蕩平沙塞，威加諸外，而恩結於內，以爲餘寇不可以無酋長，故璽書鼓纛，立爲可汗。負抱之恩，與天無極。數遣使請婚於朝，陛下旣開許，爲御北門受獻食。今一朝自爲進退，所惜少，所失多，虧信夷狄，方生嫌恨，殆不可以訓戎兵、勵軍事也。且龍沙以北，部落牛毛，中國擊之不能盡，亦猶可比敗，芮芮興，突厥亡，延陀盛。是以古人虛外實內，懷之以德。使爲惡，在夷不在華；失信，在彼不在此也。惟陛下裁幸。」不納。

帝欲自討遼東，遂良固勸無行：「一不勝，師必再興；再興，爲忿兵。兵忿者，勝負不可必。」帝然可。會李勣詆其計，帝意遂決東。遂良懼，上言：「臣請譬諸身。兩京，腹心也；四境，手足也；殊裔絕域，殆非支體所屬。高麗王陛下所立，莫離支殺之。討其逆，夷其地，固不可失，但遣一二愼將，付銳兵十萬，翔旝雲輣，唾手可取。昔侯君集、李靖皆庸人爾，猶能擬高昌，纓突厥，陛下止發蹤指示，得歸功聖明。前日從陛下平天下，虓士爪臣，氣力未衰，可驅策，惟陛下所使。臣聞涉遼而左，或水潦，平地淖三尺，帶方、玄菟，海壤荒漫，決非萬乘六師所宜行。」是時，帝銳意蕩平，不見省。進黃門侍郎，參綜朝政。莫離支遣使貢金，遂良曰：「古者討殺君之罪，不受其賂。魯納郜鼎太廟，春秋譏之。今莫離支所貢不臣之篚，不容受。」詔可，以其使屬吏。

帝既平高昌，歲調兵千人往屯，遂良諷諍不可，帝志取西域，寘其言不用。西突厥寇西州，帝曰：「往魏徵、褚遂良勸我立麴文泰子弟，不用其計，乃今悔之。」帝於寢宮側別置院居太子，遂良諫，以爲「朋友深交者易怨，父子滯愛者多愆。宜許太子間還東宮，近師傅，專學藝，以廣懿德。」帝從其言。會父喪免，起復，拜中書令。

帝寢疾，召遂良、長孫无忌曰：「漢武帝寄霍光，劉備託諸葛亮，朕今委卿矣。太子仁孝，其盡誠輔之。」謂太子曰：「无忌、遂良在，而毋憂。」因命遂良草詔。高宗即位，封河南縣公，進郡公。坐事出爲同州刺史。再歲，召拜吏部尚書、同中書門下三品，監脩國史，兼太子賓客。進拜尚書右僕射。

帝將立武昭儀，召長孫无忌、李勣、于志寧及遂良入。或謂无忌當先諫，遂良曰：「太尉，國元舅，有不如意，使上有棄親之譏。」又謂勣上所重，當進，曰：「不可。司空，國元勳，有不如意，使上有斥功臣之嫌。」曰：「吾奉遺詔，若不盡愚，無以下見先帝。」既入，帝曰：「罪莫大於絕嗣，皇后無子，今欲立昭儀，謂何？」遂良曰：「皇后本名家，奉事先帝。先帝疾，執陛下手語臣曰：『我兒與婦今付卿！』且德音在陛下耳，可遽忘之？皇后無它過，不可廢。」帝不悅。翌日，復言，對曰：「陛下必欲改立后者，請更擇貴姓。昭儀昔事先帝，身接帷第，今立之，奈天下耳目何？」帝羞默。遂良因致笏殿階，叩頭流血，曰：「還陛下此笏，丐歸田里。」帝大怒，命引出。武氏從幄後呼曰：「何不撲殺此獠？」无忌曰：「遂良受顧命，有罪不加刑。」會李勣議異，武氏立，乃左遷遂良潭州都督。

顯慶二年，徙桂州，未幾，貶愛州刺史。遂良內憂禍，恐死不能自明，乃上表曰：「往者承乾廢，岑文本、劉洎奏東宮不可少曠，宜遣濮王居之，臣引義固爭。明日仗入，先帝留无忌、玄齡、勣及臣定策立陛下。當受遺詔，獨臣與无忌二人在，陛下方草土號慟，臣即奏請即位大行柩前。當時陛下手抱臣頸，臣及无忌請即還京，發哀大告，內外寧謐。臣力小任重，動貽伊戚，螻蟻餘齒，乞陛下哀憐。」帝昏懦，牽於武后，訖不省。歲餘，卒，年六十三。

後二歲，許敬宗、李義府奏長孫无忌逆謀皆遂良驅煽，乃削官爵。二子彥甫、彥沖流愛州，殺之。帝遺詔聽其家北還。神龍中，復官爵。德宗追贈太尉。文宗時，詔以遂良五世孫虔爲臨汝尉。安南觀察使高駢表遂良客窆愛州，二男一孫祔。咸通九年，詔訪其後護喪歸葬陽翟云。

遂良曾孫璆，字伯玉，擢進士第，累拜監察御史裏行。先天中，突厥圍北庭，詔璆持節監總督諸將，破之。遷侍御史，拜禮部員外郎。而氣象凝挺，不減在臺時。

韓瑗字伯玉，京兆三原人。父仲良，武德初，與定律令，建言：「周律，其屬三千，秦、漢後約爲五百。依古則繁，請崇寬簡，以示惟新。」於是採開皇律宜於時者定之。終刑部尙書、秦州都督府長史、潁川縣公。

瑗少負節行。博學，曉吏事。貞觀中，以兵部侍郎襲爵。永徽三年，遷黃門侍郎。俄同中書門下三品，監脩國史。進侍中，兼太子賓客。王后之廢，瑗雪泣言曰：「皇后乃陛下在藩時先帝所娶，今無罪輒廢，非社稷計。」不納。明日復諫曰：「王者立后，配天地，象日月。匹夫匹婦尙知相擇，況天子乎？詩云：『赫赫宗周，褒姒威之。』臣讀至此，常輟卷太息，不圖本朝親見此禍。宗廟其不血食乎！」帝大怒，詔引出。褚遂良貶潭州都督，明年瑗上言：「遂良受先帝顧託，一德無二，向日論事，至誠懇切，詎肯令陛下後堯、舜而塵史册哉？遭厚謗醜言，損陛下之明，折志士之銳。況被遷以來，再離寒暑，其責塞矣。願寬無辜，以順衆心。」帝曰：「遂良之情，朕知之矣。其孛戾好犯上，朕責之，詎有過邪？」瑗曰：「遂良，社稷臣。蒼蠅點白，傅致有罪。昔微子既去，殷以亡；張華不死，晉不及亂。陛下富有四海，安於清泰，忽驅逐舊臣，遂不省察乎？」帝愈不聽。瑗憂憤，自表歸田里，不報。

顯慶二年，許敬宗、李義府奏「瑗以桂州授遂良，桂用武地，倚之謀不軌」。於是貶振州刺史，踰年，卒，年五十四。長孫无忌死，義府等復奏瑗與通謀，遣使即殺之；既至，瑗已死，發棺驗視乃還。追削官爵，籍其家，子孫謫廣州官奴。神龍初，武后遺詔復官爵。

自瑗與遂良相繼死，內外以言爲諱將二十年。帝造奉天宮，御史李善感始上疏極言，時人喜之，謂爲「鳳鳴朝陽」。

來濟，揚州江都人。父護兒，隋左翊衞大將軍。宇文化及難，闔門死之，濟幼得免。轉側流離，而篤志爲文章，善議論，曉暢時務，擢進士。貞觀中，累遷通事舍人。太子承乾敗，太宗問侍臣何以處之，莫敢對。濟曰：「陛下上不失爲慈父，太子得盡天年，則善。」帝納之。除考功員外郎。十八年，初置太子司議郎，高其選，而以濟爲之，兼崇賢館直學士。遷中書舍人。永徽二年，拜中書侍郎，兼弘文館學士，監脩國史。俄同中書門下三品，封南陽縣男。遷中書令，檢校吏部尙書。

帝將以武氏爲后，濟諫曰：「王者立后，以承宗廟、母天下，宜擇禮義名家、幽閑令淑者，副四海之望，稱神祇之意。故文王興姒，關雎之化，蒙被百姓，其福如彼；成帝縱欲，以婢爲后，皇統中微，其禍如此。惟陛下詳察。」初，武氏被寵，帝特號「宸妃」。濟與韓瑗諫：「妃有常員，今別立號，不可。」武氏已立，不自安。后更譖言濟等忠鯁，恐前經執奏，輒懷反仄，請加賞慰，而實銜之。帝示濟及瑗，濟等益懼。

顯慶初，兼太子賓客，進爵爲侯。帝嘗從容問馭下所宜，濟曰：「昔齊桓公出遊，見老人，命之食，曰：『請遺天下食。』遺之衣，曰：『請遺天下衣。』公曰：『吾府庫有限，安得而給？』老人曰：『春不奪農時，卽有食；夏不奪蠶工，卽有衣。』由是言之，省徭役，馭下之宜也。」於時山東役丁，歲別數萬人，又議取庸以償雇，紛然煩擾，故濟對及之。二年，兼詹事。尋坐褚遂良事，貶台州刺史。久之，徙庭州。龍朔二年，突厥入寇，濟總兵拒之，謂其衆曰：「吾嘗絓刑罔，蒙赦死，今當以身塞責。」遂不介胄而馳賊，沒焉，年五十三。贈楚州刺史，給靈輀還鄉。

初，濟與高智周、郝處俊、孫處約客宣城石仲覽家，仲覽衍於財，有器識，待四人甚厚。私相與言志，處俊曰：「願宰天下。」濟及智周亦然。處約曰：「宰相或不可冀，願爲通事舍人足矣。」後濟領吏部，處約始以瀛州書佐入調，濟遽注曰「如志」，遂以處約爲通事舍人。後皆至公輔云。

濟異母兄恆，上元中，爲黄門侍郎、同中書門下三品。父本驍將，而恆、濟俱以學行稱，相次知政事。時虞世南子昶無才術，歷將作少匠、工部侍郎，主工作。許敬宗曰：「護兒兒作相，世南男作匠，文武豈有種邪？」

李義琰，魏州昌樂人，其先出隴西望姓。及進士第，補太原尉。李勣爲都督，僚吏憚其威，義琰獨敢廷辨曲直；勣甚禮之。徙白水令，有能名，擢司刑員外郎。義琰姿體魁秀，博學，有智識。累遷中書侍郎。上元中，進同中書門下三品，兼太子右庶子。高宗欲使武后攝國政，義琰與郝處俊固爭，事得寢。章懷太子之廢，盡赦宮臣罪，庶子薛元超等皆蹈舞，義琰獨引咎涕泣，搢紳義之。帝每顧問，必鯁切不回。宅無正寢，弟義璡爲市堂材送之。義琰曰：「以吾爲國相，且自愧，尙營美宇，是速吾禍，豈愛我者邪？」義璡曰：「凡仕爲丞尉，且崇第舍，兄位高，安可偪下哉？」答曰：「不然。事難全遂，物不兩興。旣處貴仕，又廣居宇，非有令德，必受其殃。」卒不許。後其木久腐，乃棄之。

義琰改葬其先，使舅家移塋而兆其所。帝聞，怒曰：「是人不可使秉政。」義琰懼，以疾乞骸骨，遷銀青光祿大夫，聽致仕，乃歸田里。公卿以下悉祖餞通化門外，時人比漢疏廣。垂拱初，起爲懷州刺史，自以失武后意，辭不拜，卒。

子巢，幼豪俊，善騎射，而不治細行。義琰嘗拘之，絕其交游。後亡走闕下，獻書陳利害。拜監察御史，與李義府同按柳奭、韓瑗獄，遷殿中。上書忤旨，貶龍編主簿。

義琰從祖弟義琛。

義琛擢進士第，歷監察御史。貞觀中，文成公主貢金，遇盜於岐州，主名不立。太宗召羣御史至，目義琛曰：「是人神情爽拔，可使推捕。」義琛往，數日獲賊。帝喜，爲加七階。初，義琰使高麗，其王據榻召見，義琰不拜，曰：「吾，天子使，可當小國之君，奈何倨見我？」王詞屈，爲加禮。及義琛再使，亦坐召之，義琛匍匐拜伏。時人由是見兄弟優劣。累遷刑部侍郎。爲雍州長史，時關輔大饑，詔貧人就食商、鄧，義琛恐流徙不還，上疏固爭。左遷黎州都督，終岐州刺史。

子綰，爲柏人令，有仁政，縣爲立祠。

上官儀字游韶，陝州陝人。父弘，爲隋江都宮副監，大業末，爲陳稜所殺。時儀幼，左右匿免，冒爲沙門服。寖工文詞，涉貫墳典。貞觀初，擢進士第，召授弘文館直學士。遷祕書郎。太宗每屬文，遣儀視藁，宴私未嘗不預。轉起居郎。高宗卽位，爲祕書少監，進西臺侍郎、同東西臺三品。時以雍州司士參軍韋絢爲殿中侍御史，或疑非遷，儀曰：「此野人語耳。御史供奉赤墀下，接武夔龍，簉羽鵷鷺，豈雍州判佐比乎？」時以爲淸言。儀工詩，其詞綺錯婉媚。及貴顯，人多効之，謂爲「上官體」。

麟德元年，坐梁王忠事下獄死，籍其家。初，武后得志，遂牽制帝，專威福，帝不能堪；又引道士行厭勝，中人王伏勝發之。帝因大怒，將廢爲庶人，召儀與議。儀曰：「皇后專恣，海內失望，宜廢之以順人心。」帝使草詔。左右奔告后，后自申訴，帝乃悔；又恐后怨恚，乃曰：「上官儀教我。」后由是深惡儀。始，忠爲陳王時，儀爲諮議，與王伏勝同府。至是，許敬宗構儀與忠謀大逆，后志也。自褚遂良等元老大臣相次屠覆，公卿莫敢正議，獨儀納忠，禍又不旋踵，由是天下之政歸於后，而帝拱手矣。

子庭芝，歷周王府屬，亦被殺。庭芝女，中宗時爲昭容，追贈儀爲中書令、秦州都督、楚國公；庭芝黃門侍郎、岐州刺史、天水郡公，以禮改葬。

贊曰：高宗之不君，可與爲治邪？內牽嬖陰，外劫讒言，以无忌之親，遂良之忠，皆顧命大臣，一旦誅斥，忍而不省。反天之剛，撓陽之明，卒使牝咮鳴辰，胙移后家，可不哀哉！天以女戎間唐而興，雖義士仁人抗之以死，決不可支。然瑗、濟、義琰、儀四子可謂知所守矣。噫，使長孫不逐江夏、害吳王，褚不譖死劉洎，其盛德可少訾乎！

唐書卷一百六

列傳第三十一

杜正倫 求仁 咸　崔知溫 知悌　高智周 石仲覽　郭正一
趙弘智 來章　崔敦禮　楊弘禮 弘武 元禧 纂　盧承慶 齊卿
劉祥道 齊賢 從一　李敬玄 元素　劉德威 審禮 延景 昇 延嗣
孫處約 佺　邢文偉 高子貢

杜正倫，相州洹水人。隋世重舉秀才，天下不十人，而正倫一門三秀才，皆高第，爲世歆美。調武騎尉。太宗素知名，表直秦王府文學館。貞觀元年，魏徵薦其才，擢兵部員外郎。帝勞曰：「朕舉賢者，非朕獨私，以能益百姓也。我於宗姬故人，苟無能，終不得任。卿宜思有以稱吾舉者。」俄遷給事中，知起居注。帝嘗曰：「朕坐朝，不敢多言，必待有利于民，乃出諸口。」正倫曰：「臣職左史，陛下一言失，非止損百姓，且筆之書，千載累德。」帝悅，賜綵段二百。進累中書侍郎。與韋挺、虞世南、姚思廉論事稱旨，帝爲設宴具，召四人者，謂曰：「我聞神龍可擾以馴，然頷有逆鱗，嬰者死，人君亦有之。卿屬遂犯吾鱗，裨闕失，朕其慮危亡哉！思卿至意，故舉酒以相樂也。」各賜帛有差。

太子監國，詔正倫行左庶子，兼崇賢館學士。帝謂正倫：「吾兒幼，未有就德，我常物物戒之。今當監國，不得朝夕見，故輟卿於朝以佐太子。愼之勗之。」它日又言：「朕年十八，猶在人間，情僞無不嘗；及卽位，處置有失，必待諫，乃釋然悟，況太子生深宮不及知邪？且人主不可自驕，今若詔天下，敢諫者死，將無復發言矣。故朕孜孜延進直言。卿其以是曉太子，冀裨益之。」擢中書侍郎，封南陽縣侯，仍兼太子左庶子。出入兩宮，典機密，以辦治稱。後太子稍失道，帝語正倫：「太子數私小人，卿可審喻之，敎而不徙，其語我來。」故正倫顯諫無所避。太子不從，輒道帝語督切，太子卽表聞。帝責曰：「何漏洩我語？」對曰：「開示不入，故以陛下語怖之，冀當反善。」帝怒，出爲穀州刺史，再貶交州都督。太子廢，坐受金帶，流驩州。久之，授郢、石二州刺史。

顯慶元年，擢黃門侍郎，兼崇賢館學士，進同中書門下三品。又兼度支尙書，仍知政事。遷中書令，封襄陽縣公。初，正倫已通貴，李義府官尙微，及同執政，不能下。中書侍郎李友益，義府族也，晚附正倫，同摭義府釁缺。義府使人告正倫、友益交通罔上，有異計。

高宗惡之，出正倫爲橫州刺史，流友益峯州。正倫卒于貶。

正倫與城南諸杜昭穆素遠，求同譜，不許，銜之。諸杜所居號杜固，世傳其地有壯氣，故世衣冠。正倫既執政，建言鑿杜固通水以利人。既鑿，川流如血，閱十日止，自是南杜稍不振。正倫工屬文，嘗與中書舍人董思恭夜直，論文章。思恭歸，謂人曰：「與杜公評文，今日覺吾文頓進。」無子，以兄子志靜爲嗣。

從子求仁、從孫咸皆顯名。

求仁有雅才。永淳中，授監察御史，坐事爲黝令。與徐敬業舉兵，爲興復府左長史，死于難。

咸擢進士第。累遷右臺監察御史。牂柯反，咸監軍出討。賊保壘自固，道荒漫，師不能進。咸乃息士，示不欲戰，陰伺之。時旱暑風熾，咸縱火，譟而前，賊眩怖相失，自騰踐死，擒其酋，遂平之。遷侍御史，出爲汾州長史。開元中，爲河北按察使。坐用法深，貶睦州司馬。

崔知溫字禮仁，許州鄢陵人。仕爲左千牛，稍遷靈州司馬。境有渾、斛薩萬帳，數擾齊民，農皆釋耒習騎射以扞賊。知溫表徙河北，虜不樂遷，將軍契苾何力爲言，乃止。知溫固請，疏十五報，卒徙河北，自是人得就耕。渾、斛薩至徙地，顧善水草，亦忘還。後入朝，過州，謝曰：「初徙且怨公，今地膏腴，衆孳夥，更荷公恩。」皆再拜。

四遷蘭州刺史。党項羌三萬入寇，州兵寡，衆懼，莫知所出。知溫披闔不設備，羌怪之，不敢進。俄會將軍權善才率兵至，大破其衆。善才欲遂窮追取之，知溫曰：「古善戰弗逆奔，且谿谷複深，草木荒延，萬分一有變，不可悔。」善才曰：「善。」分降口五百贈知溫，辭曰：「我議公事，圖私利邪？」

累遷尚書左丞，轉黃門侍郎，脩國史。永隆初，以秩卑，特詔同門下三品，兼脩國史。遷中書令。卒，年五十七，贈幽州大都督，謚曰忠。子泰之，開元時，爲工部尚書；諤之，爲將作少匠，與誅二張功，封博陵縣侯，實封戶二百，終少府監。

兄知悌，亦至中書侍郎。與戴至德、郝處俊、李敬玄等同賜飛白書贊，而知悌、敬玄以忠勤見表。遷尚書左丞。裴行儉之破突厥，斬泥孰匐，殘落保狼山，詔知悌馳往定襄慰將士，佐行儉平遺寇，有功。終戶部尚書。

高智周，常州晉陵人。第進士，補越王府參軍。遷費令，與丞、尉均取俸，民安其化，刻石頌美。入擢祕書郎、弘文館直學士。嘗覆弈、誦碑，無謬者。三遷蘭臺大夫。孝敬在東宮，與司文郎中賀敳、司經大夫王眞儒並爲侍讀，得告還鄉里，嘆曰：「進不知退，取禍之道也。」即移病去。

俄拜壽州刺史，其治尚文雅，行部，先見諸生，質經義及政得失，旣乃錄獄訟，考耕餉勤墮，以爲常。遷正諫大夫、黃門侍郎。儀鳳初，進同中書門下三品。遷太子左庶子。是時崔知温、劉景先脩國史，故智周與郝處俊監莅。久之，罷爲御史大夫，與薛元超、裴炎同治章懷太子獄，無所同異，固表去位。高宗美其槩，授右散騎常侍。請致仕，聽之。卒，年八十二，贈越州都督，謚曰定。

智周始與郝處俊、來濟、孫處約共依江都石仲覽。仲覽傾產結四人驩，因請各語所期。處俊曰：「丈夫惟無仕，仕至宰相乃可。」智周、濟如之。處約曰：「得爲舍人，在殿中周旋吐納可也。」仲覽使相工視之，工語仲覽曰：「高之貴，君不及見之。來早顯而末躓，高晚顯而壽。吾聞速登者易顚，徐進者少患，天道也。」後濟居吏部，處約以瀛州參軍入調，濟曰：「如志。」擬通事舍人。畢，降階勞問平生。旣仲覽卒，而濟等益顯。智周所善義興蔣子愼，有客嘗視兩人，曰：「高公位極人臣，而嗣少弱；蔣侯宦不達，後且興。」子愼終達安尉。其子繪往見智周，智周方貴，以女妻之。生子挺，歷湖、延二州刺史。生子洌、渙，皆擢進士。洌爲尙書左丞。渙，永泰初歷鴻臚卿，日本使嘗遺金帛，不納，唯取牋一番，爲書以貽其副云。挺之卒，洌兄弟廬墓側，植松柏千餘。渙終禮部尙書，封汝南公。洌子鍊，渙子銖，又有淸白名。而高氏後無聞。

郭正一，定州鼓城人。貞觀時，由進士署第，歷中書舍人、弘文館學士。永隆中，遷祕書少監，檢校中書侍郎，詔與郭待舉、岑長倩、魏玄同並同中書門下承受進止平章事。平章事自正一等始。永淳中，眞遷中書侍郎。執政久，明習故事，文辭詔敕多出其手。劉審禮與吐蕃戰靑海，大敗。高宗召羣臣問所以制戎，正一曰：「吐蕃曠年梗寇，師數出，坐費糧貲。近討則喪威，深入則不能得其巢穴。今上策莫如少募兵，且明烽候，勿事侵擾，須數年之遲，力有餘，人思戰，一舉可破矣。」劉齊賢、皇甫文亮等議，亦與正一合，帝納之。

武后專國，罷爲國子祭酒，出檢校陝州刺史。與張楚金、元萬頃皆爲周興所誣構，殺之，籍入其家，妻息流放。文章無存者。

趙弘智，河南新安人，元魏車騎大將軍肅之孫。蚤喪母，事父篤孝。通書傳，仕隋爲司隸從事。武德初，大理卿郎楚之白爲詹事府主簿。太宗時，豫論譔，錄勤，繇太子舍人進黃門侍郎，兼弘文館學士。移病出爲萊州刺史，稍遷太子右庶子。父事兄弘安，俸祿歸之，不敢私。弘安卒，哀慟過期，奉嫂謹甚，撫兄子慈均所生。會太子廢，免官。俄拜光州刺史。永徽初，入爲陳王師。講孝經百福殿，於是宰相、弘文館學士、太學生皆在，弘智舉五孝，諸儒更詰辨，隨問酬悉，舌無留語。高宗喜曰：「試爲我陳經之要，以輔不逮。」對曰：「『天子有爭臣七人，雖無道，不失天下。』願以此獻。」帝悅，賜絹二百、名馬一。四年，進國子祭酒，仍爲學士。卒，年八十二，謚曰宣。弘安亦終國子祭酒。

曾孫矜，舉明經，調舞陽主簿，吳少誠反，以縣歸，徙襄城主簿，賜牙緋。歷襄陽丞。客死柳州，官爲斂葬。後十七年，子來章始壯，自襄陽往求其喪，不得，野哭。再閱旬，卜人秦諷爲筮曰：「金食其墨，而火以貴，其墓直丑，在道之右，南有貴神，冢土是守。宜遇西人，深目而髯，乃其得實。」明日，有老人過其所，問之，得矜墓，直社北，遂歸葬弘安墓次。時人哀來章孝，皆爲出涕云。

崔敦禮字安上。祖仲方，在隋爲禮部尚書。其先，博陵著姓，魏末，徙爲雍州咸陽人。敦禮涉書傳，以節義自將。武德中，官通事舍人。善辭令進止，觀者皆竦。嘗持節幽州召廬江王瑗，瑗已舉兵，執之，脅問朝廷事，敦禮不爲言，太宗壯之。還，除左衞郎將，賜金幣良馬。擢中書舍人，四遷兵部侍郎。出爲靈州都督。召還，拜兵部尚書。詔撫輯回紇、鐵勒部姓，會薛延陀寇邊，與李勣合兵破之，置祁連州處其餘衆。瀚海都督回紇吐迷度爲下所殺，詔往綏定，立其嗣而還。敦禮通知四夷情僞，其少，慕蘇武爲人，故屢使突厥，前後建明，允會事機。

永徽四年，拜侍中，監脩國史。累封固安縣公。進中書令兼檢校太子詹事。以久疾，自言不任事奉兩宮。更拜太子少師、同中書門下三品。弟餘慶，時爲定襄都督府司馬，召使侍疾。卒，年六十一。高宗爲舉哀東雲龍門，賻布、祕器尤厚，贈開府儀同三司、幷州大都督，謚曰昭，陪葬昭陵。餘慶位亦至兵部尚書。

楊弘禮字履莊，隋尚書令素弟之子。雅與玄感不咸，表其必亂。玄感誅，父岳繫長安獄，煬帝使赦之，比至，岳已死。高祖即位，以素有功于隋，詔弘禮襲淸河郡公，除太子通事舍人。貞觀中，累遷中書舍人。

太宗征遼東，拜兵部侍郎。駐蹕之役，領步騎二十四軍跳出賊背，所向摧靡。帝自山下望其衆，袍仗精整，人人盡力，壯之，謂許敬宗曰：「越公兒郎，故有家風。」時宰相悉留定州輔皇太子，唯褚遂良、敬宗、弘禮掌行在機務。還，拜中書侍郎。遷司農卿。爲崑丘道副大總管，破處密，殺焉耆王，降龜茲支部，獲龜茲、于闐王，凱旋。會帝崩，大臣疾之，下遷涇州刺史。永徽初，追論其功，遷勝州都督，改太府卿。卒，贈蘭州都督，謚曰質。

弟弘武。

弘武少脩謹。永徽中，累爲吏部郎中、太子中舍人。高宗東封泰山，自荆州司馬擢司戎少常伯，從帝。還，詔補授吏部五品官，遷西臺侍郎。帝嘗讓曰：「爾在戎司，授官多非其才，何邪？」弘武曰：「臣妻剛悍，此其所屬，不敢違。」以諷帝用后言也。帝笑不罪。乾封二年，同東西臺三品。弘武無它才，特謙愼自守，然居職以清簡稱。卒，贈汴州刺史，謚曰恭。

三子：元亨、元禧、元禕。

元禧爲尙舍奉御，善醫，武后所信愛。嘗忤張易之，易之奏「素在隋有逆節，子孫不可供奉」。后乃詔「素及兄弟有子若孫，不得任京官及侍衞」。貶元亨睦州刺史，元禧資州刺史，元禕梓州司馬。易之誅，復任京官，並至刺史。

纂字續卿，弘禮族父。大業時，第進士，爲朔方郡司法書佐。坐玄感近屬，廢居蒲城。高祖度河，上謁長春宮。遷累侍御史。數上書言事，稱旨，除考功郎中。貞觀初，爲長安令，賜爵長安縣男。有告女子袁妖逆者，纂按之，情不得。袁敗，太宗惡其不忠，將殺之，中書令溫彥博以過誤當宥，乃免。後爲吏部侍郎，有俗才，抑文雅，進黠吏，度時舞數以自進。終戶部尙書，贈幽州都督，謚曰恭。

纂從子昉，武后時爲肅機。宇文化及子訴治先廕，昉方食，未卽判，遽曰：「肅機，而未食，庸知天下有冤而求食乎？」昉怒，取牒署曰：「父弑隋主，子訴隋資，可乎？」人服其敏。終工部尚書。

盧承慶字子餘，幽州涿人，隋散騎侍郎思道之孫。父赤松，爲河東令，與高祖雅故，聞兵興，迎見霍邑，拜行臺兵部郎中，終率更令、范陽郡公。

承慶美儀矩，博學而才。少襲爵。貞觀初，爲秦州參軍，入奏軍事，太宗偉其辯，擢考功員外郎。累遷民部侍郎。帝問歷代戶版，承慶敍夏、商至周、隋增損曲折，引據該詳，帝嗟賞。俄兼檢校兵部侍郎，知五品選。辭曰：「選事在尚書，臣掌之爲出位。」帝不許，曰：「朕信卿，卿何不自信？」歷雍州別駕、尚書左丞。

高宗永徽時，坐事貶簡州司馬。閱歲，改洪州長史。帝將幸汝湯泉，故拜汝州刺史。顯慶四年，以度支尚書同中書門下三品，坐調非法，免。俄拜潤州刺史。拜刑部尚書。以金紫光祿大夫致仕，卒。臨終，誡其子曰：「死生至理，猶朝有暮。吾死，斂以常服，晦朔無薦牲，葬勿卜日，器用陶漆，棺而不椁，墳高可識，碑志著官號年月，無用虛文。」贈幽州都督，諡曰定。

初，承慶典選，校百官考，有坐漕舟溺者，承慶以「失所載，考中下」。以示其人，無愠也。更曰「非力所及，考中中」。亦不喜。承慶嘉之曰：「寵辱不驚，考中上。」其能著人善類此。弟承業、承泰。承業繼爲雍州長史、尙書左丞，有能名。

承泰子齊卿，長安初，爲雍州參軍。武后詔長史薛季昶擇僚吏堪御史者，季昶訪於齊卿。齊卿白長安尉盧懷愼、李休光，萬年尉李乂、崔湜，咸陽丞倪若水，盩厔尉田崇壁，新豐尉崔日用。季昶用其言，後皆爲通顯巨人。及拜幽州刺史，而張守珪隸果毅，齊卿厚遇，曰：「君十年至節度使。」已而果然。喜飮酒，踰斗不亂。寬厚樂易，士友以此親之。終太子詹事、廣陽縣公。

承慶從孫藏用別有傳。

劉祥道字同壽，魏州觀城人。父林甫，武德時爲內史舍人，典機密，以才稱。與蕭瑀等撰定律令，著律議萬餘言。歷中書、吏部二侍郎，賜爵樂平縣男。唐沿隋制，十一月選集，至春停，日薄事叢，有司不及研諳。林甫建請四時聽選，隨到輒擬，於是官無滯人。始，天下初定，州府及詔使以赤牒授官，至是罷，悉集吏部調，至萬員，林甫隨才銓錄，咸以爲宜；論者方隋高孝基。

祥道少襲爵，歷御史中丞。顯慶中，遷吏部黄門侍郎，知選事。旣世職，乃釐補敝闕，上疏陳六事：

一曰：今取士多且濫。入流歲千四百，多也；雜色入流，未始銓汰，濫也。故共務者，善人少，惡人多。臣謂應雜色進者，切責有司試判爲四等，第一付吏部，二付兵部，三付主爵，四付司勳。若坐負當責，雖經赦，仍配三司，不者還本貫，則官不雜矣。

二曰：内外官，一品至九品萬三千四百六十五員。大抵三十而仕，六十而退，取其中數，不三十年，存者略盡。若歲入流五百人，則三十年自相充補。況三十年外，在官猶多，不慮其少。今入流歲千四百，其倍兩之，又停選六七千人，復年別新加，其類寖廣，殆非經久之制。古者爲官擇人，不聞取人多而官少也。

三曰：永徽以來，在官者或以善政擢，論事者或以單言進，而庠序諸生未聞甄異，是獎勸之道未周也。

四曰：唐有天下四十年，未有舉秀才者，請自六品以下至草野，審加搜訪，無令赫赫之辰，斯學遂絕。

五曰：唐、虞三載考績，黜陟幽明。二漢用人，亦久其職。今任官率四考罷，官知秩滿，則懷去就；民知遷徙，則苟且。以去就之官，臨苟且之民，欲移風振俗，烏可得乎？請四考進階，八考聽選，以息迎新送故之弊。

六曰：三省都事、主事、主書，比選補，皆取流外有刀筆者，雖欲參用士流，率以儔類爲恥。前後相沿，遂成故事。且掖省崇峻，王言祕密，尚書政本，人物所歸，專責曹史，理有未盡，宜稍革之，以淸其選。

會中書令杜正倫亦言入流者衆，爲官人敝，乃詔與祥道參議，而執政憚改作，又以勳戚子進取無他門，遂格。

稍遷司刑太常伯。每覆大獄，必歔欷累歎。奏決日，爲再不食。詔巡察關內道，多振冤滯。兼沛王府長史。麟德元年，拜右相。祥道性審謹，居宰相，憂畏不自堪，數陳老病丐解。坐與上官儀善，罷爲司禮太常伯。高宗封泰山，有司請太常卿亞獻，光祿卿終獻。祥道建言：「三代六卿重，故得佐祠。漢、魏以來，權歸臺省，九卿爲常伯屬官。今封岱大禮不以八坐，用九卿，無乃徇古名忘實事乎？」帝可其議，以司徒徐王元禮亞獻，祥道終獻。禮成，進爵廣平郡公。乾封元年，以金紫光祿大夫致仕。卒，年七十一，贈幽州都督，謚曰宣。

子齊賢，襲爵，繇侍御史出爲晉州司馬。帝以其方直，尊憚之。時將軍史興宗從獵苑中，言晉州出佳鷂，可捕取。帝曰：「齊賢豈捕鷂人邪？卿安得以此待之？」累遷黃門侍郎，脩國史。永淳元年，進同中書門下平章事。武后時，代裴炎爲侍中，辨炎不反，后怒，左遷普州刺史，道貶吉州長史。永昌中，爲酷吏所陷，繫州獄，自經死，沒其家。建中三年，贈太子太保。

齊賢三世至兩省侍郎，典選。從父應道吏部郎中，從父弟令植禮部侍郎，凡八人前後歷吏部郎中、員外，世以爲罕。

令植孫從一，擢進士宏詞第，調渭南尉。雅爲常衮、盧杞所厚，薦授監察御史。普王討李希烈，表爲元帥判官。德宗居奉天，超拜刑部侍郎、同中書門下平章事。從幸梁州，改中書侍郎，帝遇之善。然無它材能，容身遠罪而已。貞元初，以疾自乞，罷爲戶部尚書。卒，贈太子太傅。

李敬玄，亳州譙人。該覽羣籍，尤善於禮。高宗在東宮，馬周薦其材，召入崇賢館侍讀，假中祕書讀之。爲人峻整，然造請不憚寒暑。許敬宗頗薦延之。歷西臺舍人、弘文館學士。遷右肅機，檢校太子右中護。拜西臺侍郎、同東西臺三品，兼檢校司列少常伯。時員外郎張仁禕有敏才，敬玄委以曹事，仁禕爲造姓歷、狀式、銓簿，鈎鍵周密，病心太勞死。敬玄因其法，衡綜有序。自永徽後，選員寖多，惟敬玄居職有能稱。性彊記，雖官萬員，遇諸道，未嘗忘姓氏。有來訴者，口諭書判參舛及殿累本末無少謬，天下伏其明。杭州參軍徐太玄哀其僚張惠以贓抵死，而惠母老，乃詣獄自言與惠偕受，薄其罪，惠得不死，太玄坐免官十年。敬玄廉知之，擢爲鄭州司功參軍，後至祕書少監、申王師，以德行聞。其鑒拔率若此。

咸亨二年，轉中書侍郎。又改吏部，兼太子右庶子、同中書門下三品。監脩國史。進吏部尚書。居選部久，人多附嚮。凡三娶皆山東舊族，又與趙李氏合譜，故臺省要職多族屬姻家。高宗知之，不能善也。儀鳳元年，拜中書令，封趙國公。

劉仁軌西討吐蕃，有所建請，敬玄數持異，由是有隙，因奏河西鎮守非敬玄不可。敬玄辭以非將帥才，且仁軌遑憾，故彊臣以不能。帝厭之，因曰：「仁軌若須朕，朕且行，卿安得辭？」乃拜洮河道大總管，兼鎮撫大使，檢校鄯州都督，統兵十八萬，代仁軌。與吐蕃將論欽陵戰靑海，使劉審禮爲先鋒，麾虜，敬玄按軍自如，審禮戰歿，尙首鼠不進，乃頓承風嶺，又阻溝淖，莫能前，賊屯高壓其營。偏將黑齒常之率死士夜擊賊，敬玄始得至鄯州。又戰湟川，遂大敗。數稱疾求罷歸，許之。旣入見，不引謝，即還府視事。帝察實不病，貶衡州刺史。久之，遷揚州長史。卒官，贈兗州都督，謚曰文憲。撰次禮論及它書數十百篇。二子：思沖、守一。思沖，神龍初，歷工部侍郎、左羽林軍將軍，從節愍太子誅武三思，見殺，籍其家。守一鄎令。孫紳別傳。

敬玄弟元素，爲武德令。刺史李文暕橫調民黃金造常滿尊以獻，官屬無敢諫，元素固爭，文暕爲少損，更以私財助之。延載初，繇文昌左丞遷鳳閣侍郎、同鳳閣鸞臺平章事。爲武懿宗所構，與綦連耀等同誅。神龍中，追洗其辜。

劉德威，徐州彭城人。姿皃魁秀，有幹略。隋大業末，從裴仁基討淮賊，手劍賊酋，傳行在。後歸李密，密分麾下兵使守懷州。密降，俱入朝，授左武候將軍，封滕縣公。詔將兵擊劉武周，因判并州總管府司馬。裴寂失律，齊王元吉棄州遁，德威總留府事。賊薄城，民皆叛附賊，遂爲武周所獲，使率本部徇地浩州，得自拔歸，盡上賊中虛實，高祖嘉納，改彭城縣公。未幾，檢校大理少卿，從平洛陽，有功，轉刑部侍郎，加散騎常侍，妻以平壽縣主。

貞觀初，歷大理卿、綿州刺史。政號廉平，百姓立石頌德。尋檢校益州大都督府長史。入爲大理卿。太宗問曰：「比刑網寖密，咎安在？」德威曰：「在君不在臣。下之寬猛，視主之好。律：失入者減三，失出者減五。今坐入者無辜，坐出者有罪，所以吏務深文，爲自營計，非有敎使然也。」帝然其言。後遷刑部尙書，檢校雍州別駕。詔至齊州按齊王祐獄，還，半道聞祐反，入據濟州。詔德威就發河南兵經略之，會母喪免。既除，爲同州刺史。永徽三年，卒官，年七十一，贈禮部尙書、幽州都督，謚曰襄，陪葬獻陵。

德威於閨門友睦，爲人寬平，生平所得奉祿，以分宗親，無留藏。子審禮。

審禮少喪母，爲祖母元所養。隋末大亂，道不通，審禮尙少，自鄉里負祖母度江，轉側避地。及天下平，西入長安。元每疾病，必親賫藥，嘗而進。元曰：「兒孝通幽顯，吾一顧念，疾輒閒。」貞觀中，歷左驍衞郎將。父喪免。比葬，徒跣血流，行路咨嘆。服除，當襲爵，讓其弟，不聽。見父執必感泗滂沱。事繼母尤謹，與弟延景爲聞友，得祿多資之，而妻子執寒苦，晏如也。再從皆同居，合二百口，內外無間言。遷工部尙書，檢校左衞大將軍。

儀鳳三年，吐蕃寇涼州，副中書令李敬玄討之。遇虜靑海上，與戰，敬玄逗撓不前，審禮敗，爲虜執。其子尙乘直長殆庶及延景詣闕待罪，請入賊以贖。有詔審禮徇忠以沒，非有罪，宜各還職。特詔殆庶弟易從省之。旣至，而審禮卒，易從晝夜哭不止，吐蕃哀其志，乃還父尸，徒跣萬里，扶護以歸，見者流涕。審禮贈工部尙書，謚曰僖。

延景字冬日，終陝州刺史。睿宗初，以后父追贈尙書右僕射，陪葬乾陵。

易從累遷彭州長史〔一〕、任城縣男。永昌中，爲酷吏周興誣構，坐死。將刑，百姓奔走，爭解衣投地，曰：「爲長史祈福。」有司平直，乃十餘萬。當時號「孝義劉家」。及易從以非禍死，天下冤之。

子昇，年十餘歲流嶺表，六道使誅流人，昇以信愛爲首領所庇免。後易姓溫，北歸洛。景雲中，特授右武衞騎曹參軍。開元中，累遷中書舍人、太子右庶子。昇能文，善草隸。

審禮從弟延嗣，爲潤州司馬。徐敬業攻潤州，延嗣與刺史固守。俄而城陷，敬業邀以降，延嗣曰：「吾世蒙恩，今城不守，所負多矣，詎能苟生爲宗族羞？」敬業怒，將斬之，其黨魏思溫救止，繫江都獄。敬業敗，錄忠當敍，以裴炎近親，裁遷梓州長史。轉汾州刺史。宗族至刺史者二十餘人。

孫處約，始名道茂，汝州郟城人。貞觀中，爲齊王祐記室。祐多過失，數上書切諫。王誅，帝得其書，咨嘆之，擢中書舍人。高宗卽位，令杜正倫請增舍人員。帝曰：「處約一人，足辦我事。」止不除。以論譔勞，數賜段物。再遷司禮少常伯。麟德元年，以西臺侍郎同東西臺三品。爲少司成，以老致仕，卒。

子佺，延和初，爲羽林將軍、幽州都督，率兵十二萬討奚李大酺，分三屯，以副將李楷洛、周以悌領之。次冷硎，楷洛與大酺戰，不勝，壯校多沒。佺氣褫，乃紿言：「天子詔我招慰奚，楷洛違詔妄戰，當斬。」遣人謝大酺。大酺曰：「審爾，願出天子賜，明不欺。」佺揪聚軍中幣萬餘匹，悉袍、帶幷與之。大酺知佺詐，好語勸引還，而佺部伍離沮，奚逼之，大敗，死者數萬。佺、以悌同見獲，送默啜所殺之。

邢文偉，滁州全椒人。與歷陽高子貢、壽春裴懷貴俱以博學聞。咸亨中，歷太子典膳丞。時孝敬罕見宮臣，文偉卽減膳，上書曰：「古者太子既冠，則有司過之史、虧膳之宰。史不書過，死之；宰不徹膳，死之。皇帝簡料英俊，自庶子至司議、舍人、學士、侍讀，使佐殿下，成就聖德。比者不甚廷議，謁對稀簡，三朝之後，與內人獨居，何繇發揮天資，使濬哲文明哉？今史既闕官，宰得奉職，謹守禮經以聞。」太子荅曰：「幼嗜墳典，欲研精極意，而未閑將衞，耽誦致勞。比苦風虛，奉陛下恩旨，不許彊勉，加以趨侍朝夕，無自專之道，屢闕坐朝，乖廢學緒。覩尋來請，良符宿志。自非義均弼諧，渠能進此藥石？」文偉由是益知名。後右史缺，高宗謂侍臣曰：「文偉切諫吾兒，此直臣也。」遂授之。

武后時，累遷鳳閣侍郎，兼弘文館學士。載初元年，爲內史。后御明堂，詔文偉發孝經。后問：「天與帝異稱云何？」文偉曰：「天、帝一也。」制曰：「郊后稷以配天，祀文王于明堂以配上帝，奈何而一？」對曰：「先儒執論不同，昊天及五方總六天帝。」后曰：「帝有六，則天不同稱，固矣。」文偉不得對。后曰：「移風易俗，莫善於樂。伯牙鼓琴，鍾期聽之，知意在山水，是人能移風易俗矣。何取樂邪？」文偉曰：「聖人作樂，平人心，變風俗。末世樂壞，則爲人所移。」后喜，賜帛。宗秦客以姦贓抵罪，文偉坐所善，貶珍州刺史。會它使者至，文偉內悸，自經死。

高子貢，善太史書，與朱敬則善，擢明經。歷祕書省正字、弘文館直學士。不得志，因棄官去。徐敬業起兵，弟敬猷統兵五千逼和州，子貢率鄉人數百拒之，賊引去。以功擢朝散大夫，爲成均助教。東莞公融嘗爲和州刺史，從子貢受業。及融謀舉兵，令黃公譔見子貢，推爲謀主，書疏往返，因結諸王內應。謀泄，坐死。

校勘記

〔一〕易從累遷彭州長史　「彭州」，各本原作「彭城」，通鑑卷二〇四作「彭州」。本書卷四二地理志劍南道彭州下有「武后時長史劉易從」興修水利之記載。明「彭城」爲「彭州」之誤，據改。

唐書卷一百七

列傳第三十二

傅奕　呂才 方毅　陳子昂 王無競　趙元

傅奕，相州鄴人。隋開皇中，以儀曹事漢王諒。諒反，問奕：「今茲熒惑入井，果若何？」對曰：「東井，黃道所由，熒惑之舍，烏足怪邪？若入地上井，乃爲災。」諒怒。俄及敗，奕以對免，徙扶風。

高祖爲扶風太守，禮之。及卽位，拜太史丞。會令庾儉以父質占候忤煬帝死，懲其事，恥以術官，薦奕自代。奕遷令，與儉同列，數排毀之，儉不爲恨。於是人多儉仁，罪奕遽且忿。

時國制草具，多仍隋舊，奕謂承亂世之後，當有變更，乃上言：「龍紀、火官，黃帝廢之，咸池、六英，堯不相沿，禹弗行舜政，周弗襲湯禮。易稱『巳日乃孚，革而信也』，故曰『革之時大矣哉』。有隋之季，違天害民，專峻刑法，殺戮賢俊，天下兆庶同心叛之。陛下撥亂反正，而官名、律令一用隋舊。且懲沸羹者吹冷齏，傷弓之鳥驚曲木，況天下久苦隋暴，安得不新其耳目哉？改正朔，易服色，變律令，革官名，功極作樂，治終制禮，使民知盛德之隆，此其時也。然官貴簡約，夏后官百不如虞氏五十，周三百不如商之百。」又曰：「夏有亂政而作禹刑，商有亂政而作湯刑，周有亂政而作九刑。衞鞅爲秦制法，增鑿顚、抽脅、鑊烹等六篇，始皇爲挾書律，此失於煩，不可不監。」是時，太僕卿張道源建言：「官曹文簿繁總易欺，請減之以鈐吏姦。」公卿舉不爲然，弈獨是之，爲衆沮訾，不得行。

武德七年，上疏極詆浮圖法曰：

西域之法，無君臣父子，以三塗六道嚇愚欺庸。追既往之罪，窺將來之福，至有身陷惡逆，獄中禮佛，口誦梵言，以圖偷免。且生死壽夭，本諸自然；刑德威福，繫之人主。今其徒矯託，皆云由佛，攘天理，竊主權。書曰：「惟辟作福，惟辟作威，惟辟玉食。臣有作福作威玉食，害于而家，凶于而國。」五帝三王，未有佛法，君明臣忠，年祚長久。至漢明帝始立胡祠，然惟西域桑門自傳其教。西晉以上，不許中國髡髮事胡。至石、苻亂華，乃弛厥禁，主庸臣佞，政虐祚短，事佛致然。梁武、齊襄尤足爲戒。昔褒姒一女，營惑幽王，能亡其國，況今僧尼十萬，刻繒泥像，以惑天下，有不亡乎？陛下以十萬之衆自相夫婦，十年滋產，十年敎訓，兵農兩足，利可勝旣邪？昔高齊章仇子他言僧尼塔廟，外見毀宰臣，內見疾妃嬙，陽讒陰謗，卒死都市，周武帝入齊，封寵其墓，臣竊賢之。

又上十二論，言益痛切。帝下弈議有司，唯道源佐其請。中書令蕭瑀曰：「佛，聖人也，非聖人者無法，請誅之。」弈曰：「禮，始事親，終事君。而佛逃父出家，以匹夫抗天子，以繼體悖所親。瑀非出空桑，乃尊其言，蓋所謂非孝者無親。」瑀不答，但合爪曰：「地獄正爲是人設矣。」帝善弈對，未及行，會傳位止。

初，九年，太白躔秦分，弈奏秦王當有天下，帝以奏付王。及太宗卽位，召賜食，謂曰：「向所奏，幾敗我！雖然，自今毋有所諱而不盡言。」又嘗問：「卿拒佛法，奈何？」弈曰：「佛，西胡黠人爾，欺訛夷狄以自神。至入中國，而孅兒幻夫摸象莊、老以文飾之，有害國家，而無補百姓也。」帝異之。

貞觀十三年，卒，年八十五。弈病，未嘗問醫，忽酣臥，蹶然悟曰：「吾死矣乎！」卽自誌曰：「傅弈，青山白雲人也。以醉死，嗚乎！」遺言戒子：「六經名敎言，若可習也；妖胡之法，愼勿爲。吾死當倮葬。」弈雖善數，然嘗自言其學不可以傳。又注老子，幷集晉、魏以來與佛議駁者爲高識篇。武德時，所改漏刻，定十二軍號，皆詔弈云。

呂才，博州清平人。貞觀時，祖孝孫增損樂律，與音家王長通、白明達更質難，不能決。太宗詔侍臣舉善音者，中書令溫彥博白才天悟絕人，聞見一接，輒究其妙；侍中王珪、魏徵盛稱才製尺八凡十二枚，長短不同，與律諧契。卽召才直弘文館，參論樂事。帝嘗覽周武帝三局象經，不能通，或言太子洗馬蔡允恭能之，召問允恭，少通其略，老乃忘。試問才，退一昔卽解，具圖以聞。允恭記其舊，與才正同，由是知名。擢累太常博士。

帝病陰陽家所傳書多謬僞淺惡，世益拘畏，命才與宿學老師删落煩訛，掇可用者爲五十三篇，合舊書四十七，凡百篇，詔頒天下。才於持議儒而不俚，以經誼推處其驗術，諸家共訶短之，又舉世相惑以禍福，終莫悟云。才之言不甚文，要欲救俗失，切時事，俾易曉也。故剟其三篇。

卜宅篇曰：

易稱「上古穴居而野處，後世聖人易之以宮室。蓋取諸大壯」。殷、周時有卜擇之文，詩稱「相其陰陽」，書卜洛食。近世乃有五姓，謂宮也，商也，角也，徵也，羽也，以爲天下萬物悉配屬之，以處吉凶，然言皆不類。如張、王爲商，武、庾爲羽，是以音相諧附；至柳爲宮，趙爲角，則又不然。其間一姓而兩屬，復姓數字不得所歸。是直野人巫師說爾。按堪輿經，黃帝對天老，始言五姓。且黃帝時獨姬、姜數姓耳，後世賜族者寖多，然管、蔡、郕、霍、魯、衞、毛、聃、郜、雍、曹、滕、畢、原、酆、郇本之姬姓，孔、殷、宋、華、向、蕭、亳、皇甫本之子姓，至因官命氏，因邑賜族，本同末異，叵爲配宮商哉？春秋以陳、衞、秦爲水姓，齊、鄭、宋爲火姓，或所出之祖，所分之星，所居之地，以著由來，非宮、商、角、徵、羽相管攝也。

祿命篇曰：

漢宋忠、賈誼譏司馬季主曰：「卜筮者高人祿命，以悅人心；矯言禍福，以規人財。」王充曰：「見骨體，知命祿；見命祿，知骨體。」此則言祿命尚矣。推索本原，固不其然。「積善之家，必有餘慶」，豈建祿而後吉乎？「積惡之家，必有餘殃」，豈劫殺而後災乎？「皇天無親，常與善人」，天人之交如影響。「有夏多罪，天命勦絕」；宋景脩德，妖星退舍。「學也祿在其中」，不生當建學。文王憂勤損壽，非初值空亡〔二〕；長平坑降卒，非俱犯三刑；南陽多近親，非俱當六合；歷陽成湖，不共河魁；蜀郡炎火，不盡災厄。世有同建與祿，而貴賤殊域；共命若胎，而夭壽異科。魯桓公六年七月，子同生，是爲莊公。按曆，歲在乙亥，月建申，然則值祿空亡，據法應窮賤。又觸句絞六害，偝驛馬，身剋驛馬三刑，法無官。命火也，生當病鄉，法曰「爲人尪弱矬陋」，而詩言莊公曰：「猗嗟昌兮，頎而長兮。美目揚兮，巧趨蹌兮。」唯向命一物，法當壽，而公薨止四十五。一不驗。秦昭襄王四十八年，始皇帝生以正月〔三〕，故名政。是歲壬寅正月，命偝祿，於法無官，假得祿，奴婢應少。又破驛馬三刑，身剋驛馬，法望官不到。命金也，正月爲絕，無始有終，老而吉。又建命生，法當壽，帝崩時不過五十。二不驗。漢武帝以乙酉歲七月七日平旦生，當祿空亡，於法無官。雖向驛馬，乃隔四辰，法少無官，老而吉；武帝即位，年十六，末年戶口減耗。三不驗。後魏高祖孝文皇帝生皇興元年八月，是歲丁未，爲偝祿命與驛馬三刑，身剋驛馬，於法無官。又生父死中，法不見父，而孝文受其父顯祖之禪。禮，君未踰年，不得正位，故天子無父，事三老也。孝文率天下以事其親，而法不合識父。四不驗。宋高祖癸亥三月生，祿與命皆空亡，於法無官。又生子墓中，法宜嫡子，雖有次子，當早卒，而高祖長子先被弒，次子義隆享國。又生祖祿下，法得嫡孫財若祿；其孫劭、濬皆篡逆，幾失宗祧。五不驗。

葬篇曰：

易稱：「古之葬者，衣之以薪，不封不樹，喪期無數，後世聖人易之以棺槨。蓋取諸大過。」經曰：「葬者，藏也，欲人之弗得見也。」又曰：「卜其宅兆，而安厝之。」以是爲感慕之所也，魂神之宅也。朝市貿遷不可知，石泉頹齧不可常，是其謀及卜筮，庶無後艱，斯則備於愼終之禮也。後代葬説出于巫史，一物有失，便謂災及死生，多爲妨禁，以售其術，附妄憑妖，至其書乃有百二十家。春秋：「王者七日而殯，七月而葬；諸侯五日而殯，五月而葬；大夫三月，士庶人逾月而已。」貴賤不同，禮亦異數。此直爲赴弔遠近之期，量事制法。故先期而葬，謂之不懷也；後期不葬，謂之殆禮也。此則葬有定期，不擇年與月，一也。又曰：「丁巳，葬定公，雨，不克葬，至于戊午襄事。」君子善之。禮「卜先遠日」者，自末而進，避不懷也。今法已亥日用葬最凶，春秋是日葬者二十餘族。此葬不擇日，二也。禮：「周尚赤，大事用旦；殷尚白，大事用日中；夏尚黑，大事用昏。」大事者何？喪禮也。此直取當代所尚，而不擇時早晚也。鄭卿子產及子太叔葬簡公。於是，司墓大夫室當柩路，若壞其室，卽平旦而堋；不壞其室，卽日中而堋。子產不欲壞室，欲待日中。子太叔曰：「若日中而堋，恐久勞諸侯大夫來會葬者。」然子產、太叔不問時之得失，惟論人事可否而已。曾子曰：「葬逢日蝕，舍於路左，待明而行。」所以備非常也。按法，葬家多取乾、艮二時，乃近夜半，文與禮乖。此葬不擇時，三也。經曰：「立身行道，揚名於後世，以顯父母。」易謂：「聖人之大寶曰位，何以守位曰仁。」而法曰：「官爵富貴，葬可致也；年壽脩促，子姓蕃衍，葬可招也。」夫日愼一日，澤及無疆；德則不建，而祚乃無永。臧孫有後于魯，不聞葬得吉也；若敖絕祀於荆，不聞葬得凶也。此葬有吉凶不可信，四也。今法皆據五姓爲之。古之葬，並在國都之北，趙氏之葬，在九原，漢家山陵，或散處諸域，又何上利下利、大墓小墓爲哉？然劉之子孫，本支不絕，趙後與六國等王。此則葬用五姓不可信，五也。且人有初賤而後貴、始泰而終否者。子文爲令尹，三仕三已，展禽三黜於士師。彼冢墓已定而不改，此名位不常，何也？故知榮辱升降，事關諸人，而不由於葬，六也。世之人爲葬巫所欺，忘擗踴荼毒，以期徼幸。由是相塋隴，希官爵；擇日時，規財利。謂辰日不哭，欣然而受弔；謂同屬不得臨壙，吉服避送其親。詭斁禮俗，不可以法，七也。

帝又詔造方域圖及教飛騎戰陣圖，屢稱指。擢太常丞。麟德中，以太子司更大夫卒。

生平豫脩書及著述甚多。

子方毅，七歲能誦經。太宗聞其敏，召見，奇之，賜束帛。長爲右衞鎧曹參軍。母喪，以毀卒。布車從母葬，通人郎餘令以白粥、玄酒、生芻祭路隅，世共哀之。

陳子昂字伯玉，梓州射洪人。其先居新城，六世祖太樂，當齊時，兄弟競豪桀，梁武帝命爲郡司馬。父元敬，世高貲，歲飢，出粟萬石賑鄉里。舉明經，調文林郎。

子昂十八未知書，以富家子，尚氣決，弋博自如。它日入鄉校，感悔，卽痛脩飭。文明初，舉進士。時高宗崩，將遷梓宮長安，於是，關中無歲，子昂盛言東都勝墤，可營山陵。上書曰：

臣聞秦據咸陽，漢都長安，山河爲固，而天下服者，以北假胡、宛之利，南資巴、蜀之饒，轉關東之粟，而收山西之寶，長羈利策，橫制宇宙。今則不然，燕、代迫匈奴，巴、隴嬰吐蕃，西老千里贏糧，北丁十五乘塞，歲月奔命，秦之首尾不完，所餘獨三輔間耳。頃遭荒饉，百姓荐飢，薄河而右，惟有赤地；循隴以北，不逢靑草。父兄轉徙，妻子流離。賴天悔禍，去年薄稔，羸耗之餘，幾不沈命。然流亡未還，白骨縱橫，阡陌無主，至於蓄積，猶可哀傷。陛下以先帝遺意，方大駕長驅，按節西京，千乘萬騎，何從仰給？山陵穿復，必資徒役，率癯弊之衆，興數萬之軍，調發近畿，督扶稚老，鏟山輦石，驅以就功，春作無時，何望有秋？彫甿遺噍，再罹艱苦，有不堪其困，則逸爲盜賊，揭梃叫嘆，可不深圖哉！

且天子以四海爲家，舜葬蒼梧，禹葬會稽，豈愛夷裔而鄙中國耶？示無外也。周平王、漢光武都洛，而山陵寢廟並在西土者，實以時有不可，故遺小存大，去禍取福也。今景山崇秀，北對嵩、邙，右眄汝、海，祝融、太昊之故墟在焉。園陵之美，復何以加？且太原廥鉅萬之倉，洛口儲天下之粟，乃欲捨而不顧，儻鼠竊狗盜，西入陝郊，東犯虎牢，取敖倉一抔粟，陛下何與遏之？

武后奇其才，召見金華殿。子昂貌柔野，少威儀，而占對慷慨，擢麟臺正字。垂拱初，詔問羣臣「調元氣當以何道？」子昂因是勸后興明堂、大學，卽上言：

臣聞之於師曰：元氣，天地之始，萬物之祖，王政之大端也。天地莫大於陰陽，萬物莫靈於人，王政莫先於安人。故人安則陰陽和，陰陽和則天地平，天地平則元氣正。先王以人之通於天也，於是養成羣生，順天德，使人樂其業，甘其食，美其服，然後天瑞降，地符升，風雨時，草木茂遂。故顓頊、唐、虞不敢荒寧，其書曰：「百姓昭明，協和萬邦，黎人於變時雍。迺命羲和，欽若昊天，曆象日月星辰，敬授人時。」和之得也。夏、商之衰，桀、紂昏暴，陰陽乖行，天地震怒，山川神鬼，發妖見災，疾疫大興，終以滅亡，和之失也。迨周文、武創業，誠信忠厚加于百姓，故成、康刑措四十餘年，天人方和。而幽、厲亂常，苛慝暴虐，詬黷天地，川冢沸崩，人用愁怨。其詩曰：「昊天不惠，降此大戾」，不先不後，爲虐爲瘵，顧不哀哉！近隋煬帝恃四海之富，鑿渠決河，自伊、洛屬之揚州，疲生人之力，洩天地之藏，中國之難起，故身死人手，宗廟爲墟。逆元氣之理也。臣觀禍亂之動，天人之際，先師之說，昭然著明，不可欺也。

陛下含天地之德，日月之明，眇然遠思，欲求太和，此伏羲氏所以爲三皇首也。昔者，天皇大帝攬元符，東封太山，然未建明堂，享上帝，使萬世鴻業闕而不照，殆留此盛德，以發揮陛下哉！臣謂和元氣，睦人倫，捨此則無以爲也。昔黃帝合宮，有虞總期，堯衢室，夏世室，皆所以調元氣，治陰陽也。臣聞明堂有天地之制，陰陽之統，二十四氣、八風、十二月、四時、五行、二十八宿，莫不率備。王者政失則災，政順則祥。臣願陛下爲唐恢萬世之業，相國南郊，建明堂，與天下更始，按周禮、月令而成之。迺月孟春，乘鸞輅，駕蒼龍，朝三公、九卿、大夫于青陽左个，負斧扆，馮玉几，聽天下之政。躬藉田，親蠶以勸農桑，養三老、五更以教孝悌，明訟恤獄以息淫刑，脩文德以止干戈，察孝廉以除貪吏。後宮非妃嬪御女者，出之；珠玉錦繡、雕琢伎巧無益者，棄之；巫鬼淫祀營惑於人者，禁之。臣謂不數期且見太平云。

又言：

陛下方興大化，而太學久廢，堂皇埃蕪，詩、書不聞，明詔尙未及之，愚臣所以私恨也。太學者，政教之地也，君臣上下之取則也，俎豆揖讓之所興也，天子于此得賢臣焉。今委而不論，雖欲睦人倫，興治綱，失之本而求之末，不可得也。「君子三年不爲禮，禮必壞；三年不爲樂，樂必崩」，奈何爲天下而輕禮樂哉？願引冑子使歸太學，國家之大務不可廢已。

后召見，賜筆札中書省，令條上利害。子昂對三事。其一言：

九道出大使巡按天下，申黜陟，求人瘼，臣謂計有未盡也。且陛下發使，必欲使百姓知天子夙夜憂勤之也，羣臣知考績而任之也，姦暴不逞知將除之也，則莫如擇仁可以恤孤、明可以振滯、剛不避彊禦、智足以照姦者，然後以爲使，故輶軒未動，而天下翹然待之矣。今使且未出，道路之人皆已指笑，欲望進賢下不肖，豈可得邪？宰相奉詔書，有遣使之名，無任使之實。使愈出，天下愈弊，徒令百姓治道路，送往迎來，不見其益也。臣願陛下更選有威重風槩爲衆推者，因御前殿，以使者之禮禮之，諄諄戒敕所以出使之意，乃授以節。自京師及州縣，登拔才良，求人瘼，宣布上意，令若家見而戶曉。昔堯、舜不下席而化天下，蓋黜陟幽明能折衷者。陛下知難得人，則不如少出使。彼煩數而無益於化，是烹小鮮而數撓之矣。

其二言：

刺史、縣令，政教之首。陛下布德澤，下詔書，必待刺史、縣令謹宣而奉行之。不得其人，則委棄有司，掛牆屋耳，百姓安得知之？一州得才刺史，十萬戶賴其福；得不才刺史，十萬戶受其困。國家興衰，在此職也。今吏部調縣令如補一尉，但計資考，不求賢良。有如不次用人，則天下囂然相謗矣，狃于常而不變也。故庸人皆任縣令，教化之陵遲，顧不甚哉！

其三言：

天下有危機，禍福因之而生。機靜則有福，動則有禍，百姓安則樂生，不安則輕生者是也。今軍旅之弊，夫妻不得安，父子不相養，五六年矣。自劍南盡河、隴，山東由青、徐、曹、汴，河北舉滄、瀛、趙、鄭，或困水旱，或頓兵疫，死亡流離略盡。尙賴陛下憫其失職，凡兵戍調發，一切罷之，使人得妻子相見，父兄相保，可謂能靜其機也。然臣恐將相有貪夷狄利，以廣地彊武說陛下者，欲動其機，機動則禍構。宜脩文德，去刑罰，勸農桑，以息疲民。蠻夷知中國有聖王，必累譯至矣。十姓君長以三萬騎戰，有功，遂于時，吐蕃、九姓叛，詔田揚名發金山道十姓兵討之。十姓君長以三萬騎戰，有功，遂請入朝。后責其嘗不奉命擅破回紇，不聽。子昂上疏曰：

國家能制十姓者，繇九姓彊大，臣服中國，故勢微弱，委命下吏。今九姓叛亡，北蕃喪亂，君長無主，回紇殘破，磧北諸姓已非國有，欲掎角亡叛，唯金山諸蕃共爲形勢。有司乃以揚名擅破回紇，歸十姓之罪，拒而遣還，不使入朝，恐非羈戎之長策也。夫戎有鳥獸心，親之則順，疑之則亂，今阻其善意，則十姓內無國家親信之恩，外有回紇報讎之患，懷不自安，鳥駭狼顧，則河西諸蕃自此拒命矣。且夷狄相攻，中國之福。今回紇已破，既無可言；十姓非罪，又不當絕。罪止揚名，足以慰其酋領矣。

近詔同城權置安北府，其地當磧南口，制匈奴之衝，常爲劇鎮。臣頃聞磧北突厥之歸者已千餘帳，來者未止，甘州降戶四千帳，亦置同城。今磧北喪亂、荒饉之餘，無所存仰，陛下開府招納，誠覆全戎狄之仁也。然同城本無儲峙，而降附蕃落不免寒飢，更相劫掠。今安北有官牛羊六千，粟麥萬斛，城孤兵少，降者日衆，不加救卹，盜劫日多。夫人情以求生爲急，今有粟麥牛羊爲之餌，而不救其死，安得不爲盜乎？盜興則安北不全，甘、涼以往，蹐以待陷，後爲邊患，禍未可量。是則誘使亂，誨之盜也。且夷狄代有雄桀，與中國抗，有如勃起，招合遺散，衆將係興，此國家大機，不可失也。

又謂：

河西諸州，軍興以來，公私儲蓄，尤可嗟痛。涼州歲食六萬斛，屯田所收不能償墾。陛下欲制河西，定亂戎，此州空虛，未可動也。甘州所積四十萬斛，觀其山川，誠河西喉咽地，北當九姓，南逼吐蕃，姦回不測，伺我邊罅。故甘州地廣粟多，左右受敵，但戶止三千，勝兵者少，屯田廣夷，倉庾豐衍，瓜、肅以西，皆仰其餫，一旬不往，士已枵飢。是河西之命係于甘州矣。且其四十餘屯，水泉良沃，不待天時，歲取二十萬斛，但人力寡乏，未盡墾發。異時吐蕃不敢東侵者，繇甘、涼士馬彊盛，以振其入。今甘州積粟萬計，兵少不足以制賊，若吐蕃敢大入，燔蓄穀，蹂諸屯，則河西諸州，我何以守？宜益屯兵，外得以防盜，內得以營農，取數年之收，可飽士百萬，則天兵所臨，何求不得哉？

其後吐蕃果入寇，終后世爲邊患最甚。

后方謀開蜀山，由雅州道翦生羌，因以襲吐蕃。子昂上書以七驗諫止之，曰：

臣聞亂生必由於怨。雅州羌未嘗一日爲盜，今無罪蒙戮，怨必甚，怨甚則蜂駭且亡，而邊邑連兵守備不解，蜀之禍構矣。東漢喪敗，亂始諸羌，一驗也。吐蕃黠獪，抗天誅者二十餘年。前日薛仁貴、郭待封以十萬衆敗大非川，一甲不返；李敬玄、劉審禮舉十八萬衆困青海，身執賊廷，關、隴爲空。今迺欲建李處一爲上將，驅疲兵襲不可幸之吐蕃，舉爲賊笑，二驗也。夫事有求利而得害者。昔蜀與中國不通，秦以金牛、美女啖蜀侯，侯使五丁力士棧褒斜，鑿通谷，迎秦之饋。秦隨以兵，而地入中州，三驗也。吐蕃愛蜀富，思盜之矣，徒以障隧隘絕，頓餓喙不得噬。今撤山羌，開阪險，使賊得收奔亡以攻邊，是除道待賊，舉蜀以遺之，四驗也。蜀爲西南一都會，國之寶府，又人富粟多，浮江而下，可濟中國。今圖僥倖之利，以事西羌，得羌地不足耕，得羌財不足富。是過殺無辜之衆，以傷陛下之仁，五驗也。蜀所恃，有險也；蜀所安，無役也。今開蜀險，役蜀人，險開則便寇，人役則傷財。臣恐未及見羌，而姦盜在其中矣。異時益州長史李崇眞託言吐蕃寇松州，天子爲盛軍師，趣轉餉以備之。不三年，巴、蜀大困，不見一賊，而崇眞姦臧已鉅萬。今得非有姦臣圖利，復以生羌爲資？六驗也。蜀士尫孱不知兵，一虜持矛，百人不敢當。若西戎不卽破滅，臣見蜀之邊垂且不守，而爲羌夷所暴，七驗也。國家近廢安北，拔單于，棄龜茲、疏勒，天下以爲務仁不務廣，務養不務殺，行太古三皇事。今徇貪夫之議，誅無罪之羌，遺全蜀患，此臣所未諭。方山東飢，關隴弊，生人流亡，誠陛下寧靜思和天人之時，安可動甲兵、興大役，以自生亂？又西軍失守，北屯不利，邊人駭情，今復舉興師投不測，小人徒知議夷狄之利，非帝王至德也。善爲天下者，計大而不計小，務德而不務刑，據安念危，値利思害。願陛下審計之。

后復召見，使論爲政之要，適時不便者，毋援上古，角空言。子昂乃奏八科：一措刑，二官人，三知賢，四去疑，五招諫，六勸賞，七息兵，八安宗子。其大權謂：

今百度已備，但刑急罔密，非爲政之要。凡大人初制天下，必有凶亂叛逆之人爲我驅除，以明天誅。凶叛已滅，則順人情，赦過宥罪。蓋刑以禁亂，亂靜而刑息，不爲承平設也。太平之人，樂德而惡刑，刑之所加，人必慘怛，故聖人貴措刑也。比大赦，澡蕩羣罪，天下蒙慶，咸得自新。近日詔獄稍滋，鉤捕支黨，株蔓推窮，蓋獄吏不識天意，以抵慘刻。誠宜廣愷悌之道，敕法慎罰，省白誣冤，此太平安人之務也。

官人惟賢，政所以治也。然君子小人各尙其類。若陛下好賢而不任，任而不能信，信而不能終，終而不賞，雖有賢人，終不肯至，又不肯勸。反是，則天下之賢集矣。

議者乃云「賢不可知，人不易識」。臣以爲固易知，固易識。夫尙德行者無凶險，務公正者無邪朋，廉者憎貪，信者疾僞，智不爲愚者謀，勇不爲怯者死，猶鸞隼不接翼，薰蕕不共氣，其理自然。何者？以德並凶，勢不相入；以正攻佞，勢不相利；以廉勸貪，勢不相售；以信質僞，勢不相和。智者尙謀，愚者所不聽；勇者徇死，怯者所不從。此趣向之反也。賢人未嘗不思効用，顧無其類則難進，是以湮汨于時。誠能信任俊良，知左右有灼然賢行者，賜之尊爵厚祿，使以類相舉，則天下之理得矣。

陛下知得賢須任，今未能者，蓋以常信任者不效。如裴炎、劉禕之、周思茂、騫味道固蒙用矣，皆孤恩前死，以是陛下疑於信賢。臣固不然。昔人有以噎得病，乃欲絕食，不知食絕而身殞。賢人於國，猶食在人，人不可以一噎而止飧，國不可以謬一賢而遠正士，此神鑒所知也。

聖人大德，在能納諫，太宗德參三王，而能容魏徵之直。今誠有敢諫骨鯁之臣，陛下廣延順納，以新盛德，則萬世有述。

臣聞勞臣不賞，不可勸功；死士不賞，不可勸勇。今或勤勞死難，名爵不及；偷榮尸祿，寵秩妄加，非所以表庸勵行者也。願表顯徇節，勵勉百僚。古之賞一人，千萬人悅者，蓋云當也。

今事之最大者，患兵甲歲興，賦役不省，興師十萬，則百萬之家不得安業。自有事北狄，于今十年，不聞中國之勝。以庸將御冗兵，徭役日廣，兵甲日敝。願審量損益，計利害，勢有不可，毋虛出兵，則人安矣。

𠟁賊干紀，自取屠滅，罪止魁逆，無復緣坐，宗室子弟，皆得更生。然臣願陛下重曉慰之，使明知天子慈仁，下得自安。臣聞人情不能自明則疑，疑則懼，懼則罪生。惟賜愷悌之德，使居無過之地。

俄遷右衞冑曹參軍。

后既稱皇帝，改號周，子昂上周受命頌以媚悅后。雖數召見問政事，論亦詳切，故奏聞輒罷。以母喪去官，服終，擢右拾遺。

子昂多病，居職不樂。會武攸宜討契丹，高置幕府，表子昂參謀。次漁陽，前軍敗，舉軍震恐，攸宜輕易無將略，子昂諫曰：「陛下發天下兵以屬大王，安危成敗在此舉，安可忽哉？今大王法制不立，如小兒戲。願審智愚，量勇怯，度衆寡，以長攻短，此刷恥之道也。夫按軍尚威嚴，擇親信以虞不測。大王提重兵精甲，頓之境上，朱亥竊發之變，良可懼也。王能聽愚計，分麾下萬人爲前驅，契丹小醜，指日可禽。」攸宜以其儒者，謝不納。居數日，復進計，攸宜怒，徙署軍曹。子昂知不合，不復言。

聖曆初，以父老，表解官歸侍，詔以官供養。會父喪，廬冢次，每哀慟，聞者爲涕。縣令段簡貪暴，聞其富，欲害子昂，家人納錢二十萬緡，簡薄其賂，捕送獄中。子昂之見捕，自筮，卦成，驚曰：「天命不祐，吾殆死乎！」果死獄中，年四十三。

子昂資褊躁，然輕財好施，篤朋友，與陸餘慶、王無競、房融、崔泰之、盧藏用、趙元最厚。

唐興，文章承徐、庾餘風，天下祖尙，子昂始變雅正。初，爲感遇詩三十八章，王適曰：「是必爲海內文宗。」乃請交。子昂所論著，當世以爲法。大曆中，東川節度使李叔明爲立旌德碑於梓州，而學堂至今猶存。

子光，復與趙元子少微相善，俱以文稱。光終商州刺史。子易甫、簡甫，皆位御史。

王無競者，字仲烈，世徙東萊，宋太尉弘之遠裔。家足于財，頗負氣豪縱。擢下筆成章科，調欒城尉，三遷監察御史，改殿中。會朝，宰相宗楚客、楊再思離立偶語，無競揚笏曰：「朝禮上敬，公等大臣，不宜慢常典。」楚客怒，徙無競太子舍人。神龍初，詆權幸，出爲蘇州司馬。張易之等誅，坐嘗交往，貶廣州，仇家矯制榜殺之。

趙元者，字貞固，河間人。祖掞，號通儒，在隋，與同郡劉焯俱召至京師，補黎陽長，徙居汲。

元少負志略，好論辯。來游雒陽，士爭慕嚮，所以造謁皆搢紳選。武后方稱制，攟不容其高，調宜祿尉。到職，非公事不言，彈琴蒔藥，如隱者之操。自傷位不配才，卒年四十九。其友魏元忠、孟詵、宋之問、崔璩等共謚昭夷先生。

贊曰：子昂說武后興明堂太學，其言甚高，殊可怪笑。后竊威柄，誅大臣、宗室，脅逼長君而奪之權。子昂乃以王者之術勉之，卒爲婦人訕侮不用，可謂薦圭璧於房闥，以脂澤汙漫之也。瞽者不見泰山，聾者不聞震霆，子昂之于言，其聾瞽歟。

校勘記

〔一〕學也祿在其中不生當建學文王憂勤損壽非初值空亡　通典卷一〇五「不生當建學」作「豈得生當建命」，「文王」作「武王」。唐會要卷三六、文苑英華卷七四〇呂才五行祿命葬書論作「學也祿在，豈待生當建王；憂勤損壽，不關月值空亡」。

〔二〕秦昭襄王四十八年始皇帝生以正月　「昭襄」，各本原作「莊襄」。按秦莊襄王爲昭襄王之孫，始皇之父。史記卷六秦始皇紀載：秦始皇「以秦昭王四十八年生於邯鄲」。又卷五秦紀云秦莊襄王在位三年卒而始皇立。「秦昭王」即「秦昭襄王」。此處「莊襄」顯爲「昭襄」之誤，今改。

唐書卷一百八

列傳第三十三

劉仁軌　裴行儉 光庭　稹　倩　均　婁師德

劉仁軌字正則，汴州尉氏人。少貧賤，好學。值亂，不能安業，每動止，畫地書空，寓所習，卒以通博聞。武德初，河南道安撫大使任瓌上疏有所論奏，仁軌見其稾，爲竄定數言。瓌驚異，赤牒補息州參軍。轉陳倉尉。部人折衝都尉魯寧者，豪縱很法，縣莫敢屈。仁軌約不再犯，而寧暴横自如，仁軌榜殺之。州以聞，太宗曰：「尉而殺吾折衝，可乎？」召詰讓。仁軌對曰：「寧辱臣，臣故殺之。」帝以爲剛正，更擢咸陽丞。

貞觀十四年，校獵同州。時秋斂未訖，仁軌諫曰：「今茲澍澤霑足，百穀熾茂，收纔十二。常日費調，已有所妨。又供獵事，繕橋治道，役雖簡省，猶不損數萬。少延一旬，使場圃畢勞，陛下六飛徐驅，公私交泰。」璽書褒納。拜新安令。累遷給事中。爲李義府所惡，出爲青州刺史。顯慶五年，伐遼，義府欲斥以罪，使督漕，而船果覆沒。坐免官，白衣隨軍。

初，蘇定方既平百濟，留郎將劉仁願守其城，左衞中郎將王文度爲熊津都督，撫納殘黨。文度死，百濟故將福信及浮屠道琛迎故王子扶餘豐立之，引兵圍仁願。詔仁軌檢校帶方州刺史，統文度之衆，并發新羅兵爲援。仁軌將兵嚴整，轉鬬陷陣，所向無前。信等釋仁願圍，退保任存城。既而福信殺道琛，并其衆，招還叛亡，勢張甚。仁軌與仁願合，則解甲休士。時定方伐高麗，圍平壤不克。高宗詔仁軌拔軍就新羅與金法敏議去留計。將士咸欲還，仁軌曰：「春秋之義，大夫出疆，有可以安社稷、便國家者，得專之。今天子欲滅高麗，先誅百濟，留兵鎭守，制其心腹。雖孽豎跳梁，士力未完，宜厲兵粟馬，乘無備，擊不意，百下百全。戰勝之日，開張形勢，騰檄濟師，聲援接，虜亡矣。今平壤不勝，熊津又拔，則百濟之燼復炎，高麗之滅無期。吾等雖入新羅，正似坐客，有不如志，悔可得邪？扶餘豐猜貳，表合內攜，勢不支久。宜堅守伺變以圖之，不可輕動。」衆從其議，乃請益兵。

時賊守眞峴城，仁軌夜督新羅兵薄城扳堞，比明，入之，遂通新羅饟道。而豐果襲殺福信，遣使至高麗、倭丐援。會詔遣右威衞將軍孫仁師率軍浮海而至，士氣振。於是，諸將議所向，或曰：「加林城水陸之衝，盍先擊之？」仁軌曰：「兵法避實擊虛。加林險而固，攻則傷士，守則曠日。周留城，賊巢穴，羣凶聚焉。若克之，諸城自下。」於是仁師、仁願及法敏帥陸軍以進，仁軌與杜爽、扶餘隆繇熊津白江會之。遇倭人白江口，四戰皆克，焚四百艘，海水爲丹。扶餘豐脫身走，獲其寶劍。僞王子扶餘忠勝、忠志等率其衆與倭人降，獨酋帥遲受信據任存城未下。始，定方破百濟，酋領沙吒相如、黑齒常之嘯亡散，據險以應福信，至是皆降。仁軌以赤心示之，畀取任存自効，卽給鎧仗糧糒。仁師曰：「夷狄野心難信，若受甲濟粟，資寇便也。」仁軌曰：「吾觀相如、常之忠而謀，因機立功，尙何疑？」二人訖拔其城。遲受信委妻子奔高麗，百濟餘黨悉平。仁師等振旅還，詔留仁軌統兵鎭守。

百濟再被亂，殭屍如莽，仁軌始命瘞埋弔祭焉。葺復戶版，署官吏，開道路，營聚落，復防堰，賑貧貸乏，勸課耕種，爲立官社，民皆安其所。遂營屯田，以經略高麗。仁願至京師，帝勞曰：「若本武將，軍中奏請，皆有文理，何道而然？」對曰：「仁軌之辭，非臣所能。」帝歎賞之，超進仁軌六階，眞拜帶方州刺史，賜第一區，厚賚妻子，璽書褒勉。

先是，貞觀、永徽中，士戰歿者皆詔使弔祭，或以贈官推授子弟。顯慶後，討伐恩賞殆絕；及破百濟、平壤，有功者皆不甄敍。州縣購募，不願行，身壯家富者，以財參逐，率得避免。所募皆儜劣寒憊，無鬬志。仁軌具論其弊，請加慰賚，以鼓士心。又表用扶餘隆，使綏定餘衆。帝乃以隆爲熊津都督。

時劉仁願爲卑列道總管，詔率兵度海，使代舊屯，與仁軌俱還。仁軌曰：「上巡狩方岳，又經略高麗。方農時，而吏與兵悉被代，新至者未習，萬一蠻夷生變，誰與捍之？不如留舊兵畢穫，等級遣還。仁軌當留，未可去。」仁願不可，曰：「吾但知準詔耳。」仁軌曰：「不然。苟利國家，知無不爲，臣之節也。」因陳便宜，願留屯。詔可。由是以仁願爲不忠。始，仁軌任帶方州，謂人曰：「天將富貴此翁邪！」乃請所頒曆及宗廟諱，或問其故，答曰：「當削平遼海，頒示本朝正朔。」卒皆如言。及封泰山，仁軌乃率新羅、百濟、儋羅、倭四國酋長赴會。天子大悅，擢爲大司憲。遷右相，兼檢校太子左中護。累功封樂城縣男。總章元年，爲熊津道安撫大使，兼浿江道總管，副李勣討高麗，平之。以疾辭位，進金紫光祿大夫，聽致仕。俄召爲隴州刺史，拜太子左庶子、同中書門下三品，監脩國史。咸亨五年，爲雞林道大總管，東伐新羅。仁軌率兵絕瓠蘆河，攻大鎭七重城，破之。進爵爲公，子及兄子授上柱國者三人，州黨榮之，號所居爲「樂城鄉三柱里」。俄拜尚書左僕射兼太子賓客，仍知政事。

吐蕃入寇，命爲洮河道行軍鎭守大使。永隆二年，加太子少傅。數乞骸骨，聽解左僕射。帝幸東都，太子監國，詔仁軌與裴炎、薛元超留輔。及太子赴東都，又詔太孫重照留守，仁軌副之。武后臨朝，復拜左僕射。太孫廢，仁軌專知留守事。上疏辭疾，因陳呂后、祿、產禍敗事以規后，后遣武承嗣齎璽書慰勉。改文昌左相、同鳳閣鸞臺三品。卒年八十五。詔百官赴哭，册贈開府儀同三司、并州大都督，陪葬乾陵。賜其家實封三百戶。

仁軌雖貴顯，不自矜踞，接舊故如布衣時。嘗爲御史袁異式所劾，慢辱之，脅使引决。及拜大司憲，異式尚在臺，不自安，因醉以情自解。仁軌持觴曰：「所不與公者，有如此觴。」後既執政，薦爲司元大夫。然宦由州縣至宰輔，善致聲譽，得吏下歡心。及鎭洮河，奏請機急，多爲中書令李敬玄抑卻，仁軌乃表敬玄爲帥以代己，果覆其衆。裴炎下獄，仁軌方留守京師，郎將姜嗣宗以使來，因語炎事，且曰：「炎異於常久矣。」仁軌曰：「使人知邪？」曰：「知。」及還，表嗣宗知炎反狀不告。武后怒，拉殺之。

子濬，官太子舍人。垂拱中，爲酷吏所殺。中宗即位，以仁軌有東宫舊，再贈司空。濬子晃，開元中，爲給事中，表請立碑，追謚曰文獻。

裴行儉字守約，絳州聞喜人。父仁基，隋光祿大夫，自王世充所謀歸國，被害。贈原州都督，謚曰忠。

行儉幼引蔭補弘文生。貞觀中，舉明經，調左屯衞倉曹參軍。時蘇定方爲大將軍，謂曰：「吾用兵，世無可教者，今子也賢。」乃盡畀以術。遷長安令。高宗將立武昭儀，行儉以爲國家憂從此始，與長孫无忌、褚遂良祕議，大理袁公瑜擿語昭儀母，左除西州都督府長史。麟德二年，擢累安西都護，西域諸國多慕義歸附。召爲司文少卿。遷吏部侍郎，與李敬玄、馬載同典選，有能名，時號「裴馬」。行儉始設長名榜、銓注等法，又定州縣升降、資擬高下爲故事。

上元三年，吐蕃叛，出爲洮州道左二軍總管，改秦州右軍，並受周王節度。儀鳳二年，十姓可汗阿史那都支及李遮匐誘蕃落以動安西，與吐蕃連和，朝廷欲討之。行儉議曰：「吐蕃叛換方熾，敬玄失律，審禮喪元，安可更爲西方生事？今波斯王死，其子泥涅師質京師，有如遣使立之，卽路出二蕃，若權以制事，可不勞而功也。」帝因詔行儉册送波斯王，且爲安撫大食使。徑莫賀延磧，風礫晝冥，導者迷，將士饑乏。行儉止營致祭，令曰：「水泉非遠。」衆少安。俄而雲徹風恬，行數百步，水草豐美，後來者莫識其處。衆皆驚，以方漢貳師將軍。至西州，諸蕃郊迎，行儉召豪桀千餘人自隨。揚言「大熱，未可以進，宜駐軍須秋」。都支覘知之，不設備。行儉徐召四鎭酋長，僞約畋，謂曰：「吾念此樂未始忘，孰能從吾獵者？」於是子弟願從者萬人，乃陰勒部伍。數日，倍道而進，去都支帳十餘里，先遣其所親問安否，外若閑暇，非討襲者。又使人趣召都支。都支本與遮匐計，及秋拒使者，已而聞軍至，倉卒不知所出，率子弟五百餘人詣營謁，遂禽之。是日，傳契箭，召諸部酋長悉來請命，並執送碎葉城。簡精騎，約齎，襲遮匐。道獲遮匐使者，釋之，俾前往諭其主，并言都支已禽狀，遮匐乃降，悉俘至京師。將吏爲刻石碎葉城以紀功。帝親勞宴，曰：「行儉提孤軍，深入萬里，兵不血刃而叛黨禽夷，可謂文武兼備矣，其兼授二職。」卽拜禮部尚書兼檢校右衞大將軍。

調露元年，突厥阿史德溫傅反，單于管二十四州叛應之，衆數十萬。都護蕭嗣業討賊不克，死敗係踵。詔行儉爲定襄道行軍大總管討之。率太僕少卿李思文、營州都督周道務部兵十八萬，合西軍程務挺、東軍李文暕等，總三十餘萬，旗幟亙千里，行儉咸節制之。

先是，嗣業饋糧，數爲虜鈔，軍餒死。行儉曰：「以謀制敵可也。」因詐爲糧車三百乘，車伏壯士五輩，齎陌刀、勁弩，以羸兵挽進，又伏精兵踵其後。虜果掠車，羸兵走險。賊驅就水草，解鞍牧馬。方取糧車中，而壯士突出，伏兵至，殺獲幾盡。自是糧車無敢近者。

大軍次單于北，暮，已立營，塹壕既周，行儉更命徙營高岡。吏白：「士安堵，不可擾。」不聽，促徙之。比夜，風雨暴至，前占營所，水深丈餘，衆莫不駭嘆，問何以知之，行儉曰：「自今第如我節制，毋問我所以知也。」

賊拒黑山，數戰皆敗，行儉縱兵，前後殺虜不勝計。僞可汗泥熟匐爲其下所殺，持首來降；又禽大首領奉職而還，餘黨走狼山。行儉既還，阿史那伏念僞稱可汗，復與溫傅合。明年，行儉還總諸軍，頓代州之陘口，縱反間，說伏念，令與溫傅相貳。伏念懼，密送款，且請縛傅自効。行儉祕不布，密以聞。後數日，煙塵漲天而南，斥候惶駭，行儉曰：「此伏念執溫傅來降，非他也。且受降如受敵。」乃敕嚴備，遣單使往勞。既而果然。於是，突厥餘黨悉平。帝悅，遣戶部尙書崔知悌勞軍。

初，行儉許伏念以不死，侍中裴炎害其功，建言：「伏念爲程務挺、張虔勗脅逐，又磧北回紇逼之，計窮而降。」卒斬伏念及溫傅於都市。行儉之功不錄。封聞喜縣公。行儉歎曰：「渾、濬之事，古今恥之。但恐殺降則後無復來矣！」遂稱疾不出。永淳元年，十姓突厥車薄叛，復爲金牙道大總管，未行卒，年六十四，贈幽州都督，謚曰獻。詔皇太子遣官護視家事，子孫能自立乃停。中宗卽位，再贈揚州大都督。

行儉工草隸，名家。帝嘗以絹素詔寫文選，覽之，祕愛其法，賚物良厚。行儉每曰：「褚遂良非精筆佳墨，未嘗輒書，不擇筆墨而妍捷者，余與虞世南耳。」所譔選譜、草字雜體數萬言。又爲營陣、部伍、料勝負、別器能等四十六訣，武后詔武承嗣就第取去，不復傳。

行儉通陰陽、曆術，每戰，豫道勝日。善知人，在吏部時，見蘇味道、王勮，謂曰：「二君後皆掌銓衡。」李敬玄盛稱王勃、楊炯、盧照鄰、駱賓王之才，引示行儉，行儉曰：「士之致遠，先器識，後文藝。如勃等，雖有才，而浮躁衒露，豈享爵祿者哉？炯頗沈嘿，可至令長，餘皆不得其死。」所引偏裨，若程務挺、張虔勗、崔智辯、王方翼、黨金毗、劉敬同、郭待封、李多祚、黑齒常之，類爲世名將，僕奏至刺史將軍者數十人。

嘗賜馬及珍鞍，令史私馳馬，馬蹶鞍壞，懼而逃。行儉招還之，不加罪。初，平都支、遮匐，獲瓌寶不貲，蕃酋將士願觀焉，行儉因宴，徧出示坐者。有碼碯盤廣二尺，文彩粲然，軍吏趨跌盤碎，惶怖，叩頭流血。行儉笑曰：「爾非故也，何至是？」色不少吝。帝賜都支資產皿金三千餘物，橐駝馬牛稱是，行儉分給親故洎麾下，數日輒盡。

子光庭。

光庭字連城，早孤。母庫狄氏，有婦德，武后召入宮，爲御正，甚見親寵，光庭由是累遷太常丞。以武三思壻，坐貶郢州司馬。開元中，擢兵部郎中、鴻臚少卿。性靜默，寡交游，雖驟歷臺省，人未之許，既而以職業稱，議者更推之。

玄宗有事岱宗，中書令張說以天子東巡，京師空虛，恐夷狄乘間竊發，議欲加兵守邊，召光庭與謀，對曰：「封禪者，所以告成功也。夫成功者，德無不被，人無不安，萬國無不懷。今將告成而懼夷狄，非昭德也；大興力役，用備不虞，非安人也；方謀會同，而阻戎心，非懷遠也。此三者，名實乖矣。且諸蕃，突厥爲大，贄幣往來，願修和好有年矣，若遣一使，召其大臣使赴行在，必欣然應命。突厥受詔，則諸蕃君長必相率而來，我偃旗息鼓，不復事矣。」說曰：「善，吾所不及。」因奏用其策，突厥果遣使來朝。

東封還，遷兵部侍郎。久之，拜中書侍郎、同中書門下平章事，兼御史大夫。遷黃門侍郎，拜侍中，兼吏部尚書、弘文館學士。撰搖山往則、維城前軌二篇獻之。手制褒美，詔皇太子、諸王於光順門見光庭，謝所以規諷意。光庭又引壽安丞李融、拾遺張琪、著作佐郎司馬利賓直弘文館，撰續春秋經傳，自戰國訖隋，表請天子修經，光庭等作傳。書久不就。時有建言唐應爲金德者，中書令蕭嵩請百官普議。光庭以唐符命表著天下久矣，不可改，亟奏罷之。二十年，封正平縣男。初，知星者言，上象變，不利大臣，請禳之。光庭曰：「使禍可禳而去，則福可祝而來也！」論者以爲知命。卒，年五十八，贈太師。

初，吏部求人不以資考爲限，所奬拔惟其才，往往得俊乂任之，士亦自奮。其後士人猥衆，專務趨競，銓品枉橈。光庭懲之，因行儉長名榜，乃爲循資格，無賢不肖，一據資考配擬；又促選限盡正月。任門下省主事閻麟之專主過官，凡麟之裁定，光庭輒然可，時語曰：「麟之口，光庭手。」素與蕭嵩輕重不平，及卒，嵩奏一切罷之，光庭所引，盡斥外官。博士孫琬以其用循資格，非奬勸之誼，謚曰克平，時以爲希嵩意。帝聞，特賜謚曰忠憲，詔中書令張九齡文其碑。

子稹，以蔭仕，累遷起居郎。開元末，壽王瑁以母寵，欲立爲太子，稹陳申生、戾園禍以諫，玄宗改容謝之，詔授給事中。稹曰：「陛下絕招諫之路，爲日滋久，今臣一言而荷殊寵，則言者將衆，何以錫之？」帝善其讓，止不拜。俄授祠部員外郎，卒。子倩，字容卿，歷信州刺史。勸民墾田二萬畝，以治行賜金紫服，代第五琦爲度支郎中。卒，謚曰節。子均。

均字君齊，以明經爲諸暨尉。數從使府辟，磑磑以才顯。張建封鎭濠、壽，表團練判官。時李希烈以淮、蔡叛，建封扞賊，均參贊之。以勞加上柱國，襲正平縣男。遷累膳部郎中，擢荆南節度行軍司馬，就拜荆南節度使。劉闢叛，先騷黔、巫，脅荆、楚，以固首尾，均發精甲三千，逆擊之，賊望風奔却。加檢校吏部尚書。

初，均與崔太素俱事中人竇文場，太素嘗晨省文場，入臥內，自謂待己至厚，徐觀後榻有頻伸者，乃均也。德宗以均任方鎭，欲遂相之，諫官李約上疏斥均爲文場養子，不可汙台輔，乃止。

元和三年，入爲尚書右僕射，判度支。上日唱、授桉、送印，皆尚書郎爲之，文武四品五品、郎官、御史拜廷下，御史中丞、左右丞升階答拜，時以爲禮太重。俄檢校左僕射、同中書門下平章事，爲山南東道節度使，累封郇國公。以財交權倖，任將相凡十餘年，荒縱無法度。卒，年六十二，贈司空。

婁師德字宗仁，鄭州原武人。第進士，調江都尉。揚州長史盧承業異之，曰：「子，台輔器也，當以子孫相諉，詎論僚吏哉？」

上元初，爲監察御史。會吐蕃盜邊，劉審禮戰沒，師德奉使收敗亡於洮河，因使吐蕃。其首領論贊婆等自赤嶺操牛酒迎勞，師德喻國威信，開陳利害，虜爲畏悅。後募猛士討吐蕃，乃自奮，戴紅抹額來應詔，高宗假朝散大夫，使從軍。有功，遷殿中侍御史，兼河源軍司馬，并知營田事。與虜戰白水澗，八遇八克。

天授初，爲左金吾將軍，檢校豐州都督。衣皮袴，率士屯田，積穀數百萬，兵以饒給，無轉饟和糴之費。武后降書勞之。長壽元年，召授夏官侍郎，判尚書事，進同鳳閣鸞臺平章事。后嘗謂師德：「師在邊，必待營田，公不可以劬勞憚也。」乃復以爲河源、積石、懷遠軍及河、蘭、鄯、廓州檢校營田大使。入遷秋官尚書、原武縣男，改左肅政御史大夫，並知政事。證聖中，與王孝傑拒吐蕃於洮州，戰素羅汗山，敗績，貶原州員外司馬。萬歲通天二年，入爲鳳閣侍郎、同鳳閣鸞臺平章事。後與武懿宗、狄仁傑分道撫定河北，進納言，更封譙縣子、隴右諸軍大使，復領營田。

聖曆三年，突厥入寇，詔檢校并州長史、天兵軍大總管。九月，卒于會州，年七十。贈幽州都督，謚曰貞，葬給往還儀仗。

師德長八尺，方口博脣。深沈有度量，人有忤己，輒遜以自免，不見容色。嘗與李昭德偕行，師德素豐碩，不能遽步，昭德遲之，恚曰：「爲田舍子所留。」師德笑曰：「吾不田舍，復在何人？」其弟守代州，辭之官，敎之耐事。弟曰：「人有唾面，絜之乃已。」師德曰：「未也。絜之，是違其怒，正使自乾耳。」在夏官注選，選者就桉閱簿。師德曰：「容我擇之可乎？」選者不去，乃灑筆曰：「墨汙爾！」

狄仁傑未輔政，師德薦之，及同列，數擠令外使。武后覺，問仁傑曰：「師德賢乎？」對曰：「爲將謹守，賢則不知也。」又問：「知人乎？」對曰：「臣嘗同僚，未聞其知人也。」后曰：「朕用卿，師德薦也，誠知人矣。」出其奏，仁傑慚，已而歎曰：「婁公盛德，我爲所容乃不知，吾不逮遠矣！」總邊要、爲將相者三十年，恭勤樸忠，心無適莫，方酷吏殘鷙，人多不免，獨能以功名始終，與郝處俊相亞，世之言長者，稱婁、郝。

贊曰：仁軌等以兵開定四夷，其勇無前，至奉上則瞿瞿若不及，行儉臨下以恕，師德寬厚，其能以功名始終者，蓋近乎勇于敢則殺，勇于不敢則活者邪！

唐書卷一百九

列傳第三十四

崔義玄 神基 神慶 琳　楊再思 季昭　竇懷貞 兢　宗楚客 晉卿

紀處訥　祝欽明 郭山惲　王璵

崔義玄，貝州武城人。隋大業亂，往見李密，密不用。河內賊黃君漢爲密守柏崖，義玄見羣鼠度河，稍刃有華文，曰：「此王敦亡兆也。」因說君漢以城歸，乃拜君漢懷州刺史、行軍總管，以義玄爲司馬。王世充將高毗寇河內，義玄擊走之，多下屯堡。君漢以所掠子女金帛分之，拒不受。以功封淸丘縣公。太宗討世充，數用其謀。東都平，轉隰州都督府長史。貞觀初，歷左司郎中，兼韓王府長史，與王友孟神慶志趣不同，而俱以介直任。

永徽中，累遷婺州刺史。時睦州女子陳碩眞舉兵反。始，碩眞自言仙去，與鄉鄰辭訣，或告其詐，已而捕得，詔釋不問。於是姻家章叔胤妄言碩眞自天還，化爲男子，能役使鬼物，轉相熒惑，用是能幻衆。自稱文佳皇帝，以叔胤爲僕射，破睦州，攻歙殘之，分遣其黨圍婺州。義玄發兵拒之，其徒爭言碩眞有神靈，犯其兵輒滅宗，衆兇懼不肯用。司功參軍崔玄籍曰：「仗順起兵，猶無成；此乃妖人，勢不持久。」義玄乃署玄籍先鋒，而自統衆繼之。至下淮戍，禽其諜數十人。有星墜賊營，義玄曰：「賊必亡。」詰朝奮擊，左右有以盾鄣者，義玄曰：「刺史而有避邪，誰肯死？」敕去之。由是衆爲用，斬首數百級，降其衆萬餘。賊平，拜御史大夫。

義玄有章句學，先儒疑繆，或音故不通者，輒采諸家，條分節解，能是正之。高宗詔與博士討論五經義。

武氏爲皇后，義玄贊帝決，又以后旨按長孫无忌等誅之。終蒲州刺史，年七十一。贈幽州都督，謚曰貞。后持政，贈揚州大都督，賜其家實封戶二百。

子神基襲爵。

神基，長壽中，爲司賓卿、同鳳閣鸞臺平章事。爲酷吏所構，流嶺南。中宗初，稍用爲大理卿。

弟神慶，舉明經，武后時，累遷萊州刺史。入朝，待制億歲殿，奏事稱旨。后以歷官有佳政，且其父於己有功，擢拜幷州長史，謂曰：「幷州，朕鄉里，宿兵多，前長史皆尙書爲之，今授卿，宜知所以委重者。」乃親爲按行圖，諏日而遣。神慶始至，有詔改錢幣法，州縣布下，俄而物價踊昂，百賈驚擾，神慶質其非于朝，果豪猾妄爲之。后喜，下制褒美。初，州隔汾爲東、西二城，神慶跨水聯堞，合而一之，省防禦兵歲數千。神基既下獄，馳赴都告變，得召見，后出具獄示之，神慶爲申理，得減死，然用是貶歙州司馬。

長安中，累轉禮部侍郎，數上疏陳時政。轉太子右庶子，封魏縣子。是時，突厥使者入見，皇太子應朝，有司移文東宮召太子。神慶諫曰：「五品以上佩龜者，蓋防徵召之詐，內出龜以合之，況太子乎？古者召太子用玉契，此誠重愼防萌之意，不可不察。凡慮事於未萌之前，故長無悔吝之咎。今太子與陛下異宮，非朝朔望而別喚者，請降墨敕玉契。」詔可。尋詔與詹事祝欽明更日侍讀東宮。歷司刑卿，劾張昌宗獄，頗闊略不盡。神龍初，昌宗伏誅，坐流欽州，卒。五王得罪，緣昌宗被流者皆詔原雪，贈神慶幽州都督。

神慶子琳，明政事，開元中，與高仲舒同爲中書舍人。侍中宋璟親禮之，每所訪逮，嘗曰：「古事問仲舒，今事問琳，尙何疑？」累遷太子少保。天寶二年卒，祕書監潘肅聞之，泫然曰：「古遺愛也！」琳長子儼，諫議大夫。

其羣從數十人，自興寧里謁大明宮，冠蓋騶哄相望。每歲時宴于家，以一榻置笏，猶重積其上。琳與弟太子詹事珪、光祿卿瑤俱列棨戟，世號「三戟崔家」。開元、天寶間，中外宗屬無緦麻喪。初，玄宗每命相，皆先書其名，一日書琳等名，覆以金甌，會太子入，帝謂曰：「此宰相名，若自意之，誰乎？」卽中，且賜酒。」太子曰：「非崔琳、盧從愿乎？」帝曰：「然。」賜太子酒。時兩人有宰相望，帝欲相之數矣，以族大，恐附離者衆，卒不用。

楊再思，鄭州原武人，第明經，爲人佞而智。初，調玄武尉，使至京師，舍逆旅，有盜竊其衣囊，再思遇之，盜窘謝。再思曰：「而苦貧，故至此。囊中檄無所事，幸留，它物可持去。」初不爲人言，但假貸以還。累遷天官員外郎，歷左肅政御史中丞。延載初，擢鸞臺侍郎、同鳳閣鸞臺平章事，加兼左肅政御史大夫，封鄭縣侯，遷內史。

居宰相十餘年，阿匼取容，無所薦達。人主所不喜，毀之；所善，譽之。畏愼足恭，未嘗忤物。或曰：「公位尊，何自屈折？」答曰：「世路孔艱，直者先禍。不爾，豈全吾軀？」於時水沴，閉坊門以禳。再思入朝，有車陷于濘，叱牛不前，恚曰：「癡宰相不能和陰陽，而閉坊門，遣我艱于行！」再思遣吏謂曰：「汝牛自弱，不得獨責宰相。」

張昌宗坐事，司刑少卿桓彥範劾免其官，昌宗訴諸朝，武后意申釋之，問宰相：「昌宗於國有功乎？」再思曰：「昌宗爲陛下治丹，餌而愈，此爲有功。」后悅，昌宗還官。自是天下貴彥範，賤再思。左補闕戴令言賦「兩脚狐」以譏之，再思怒，謫令言爲長社令，士愈醜謗。

易之兄司禮少卿同休，請公卿宴其寺，酒酣，戲曰：「公面似高麗。」再思欣然，翦穀綴巾上，反披紫袍，爲高麗舞，舉動合節，滿坐鄙笑。昌宗以姿貌倖，再思每曰：「人言六郎似蓮華，非也；正謂蓮華似六郎耳。」其巧諛無耻類如此。俄檢校右庶子。

中宗立，拜戶部尚書、同中書門下三品、京師留守，封弘農郡公，加兼揚州長史，檢校中書令。改侍中，鄭國公，賜實封戶三百，爲順天皇后奉册使。武三思誣陷王同晈，再思與李嶠、韋巨源按獄，希意抵同晈死，衆以爲冤。復拜中書令，監脩國史。遷尚書右僕射，仍同三品。卒，贈特進、幷州大都督，陪葬乾陵，謚曰恭。

弟季昭，中茂才第，爲殿中侍御史。武后誅駙馬都尉薛紹，紹兄顗爲齊州刺史，命季昭按之，不得反狀，后怒，放于沙州。赦還，爲懷州司馬。

竇懷貞字從一，左相德玄子。少詭激，衣服贏儉，不爲輿馬豪侈事。仕累清河令，有治狀。後遷越州都督、揚州長史。

神龍中，進左御史大夫兼檢校雍州長史。會歲除，中宗夜宴近臣，謂曰：「聞卿喪妻，今欲繼室可乎？」懷貞唯唯。俄而禁中寶扇鄣衞，有衣翟衣出者，巳乃韋后乳媪王，所謂莒國夫人者，故蠻婢也。懷貞納之不辭。又避后先諱，而以字稱。世謂媪壻爲阿奢，懷貞每謁見奏請，輒自署「皇后阿奢」，而人或謂爲「國奢」，軒然不慙，以自媚於后。時政令多門，赤尉由墨制授御史者衆，或戲曰：「尉入臺多，而縣辦否？」對曰：「辦於異日。」問其故，答曰：「佳吏在，僥倖去，故辦。」聞者皆笑。又附宗楚客、安樂公主等以取貴位，爲素議所斥，名稱盡矣。韋后敗，斬妻獻其首，貶濠州司馬，再徙益州長史，乃復故名。

景雲初，以殿中監召，閱月遷左御史大夫、同中書門下平章事，封中山縣公。再遷侍中。方太平公主干政，懷貞傾己附離，日視事退，輒詣主第，刺取所欲。睿宗爲金仙、玉眞二公主營觀，費鉅萬，諫者交疏不止，唯懷貞勸成之，躬護役作。族弟維鎣諫曰：「公位上衮，當思獻可替否輔天子，而計校瓦木，雜廁工匠間，使海內何所瞻仰乎？」不答，督繕益急。時語曰：「前作后國奢，後爲主邑丞。」言事公主如邑官屬也。在位半歲，無所事，帝引見承天門，切責之。俄與李日知、郭元振、張說皆罷。爲左御史大夫。于時，歲犯左執法，術家又言懷貞且有禍，大懼，表請爲安國寺奴，不許。踰年，復同中書門下三品，兼太子詹事，監脩國史。又以尙書右僕射兼御史大夫，軍國重事宜共平章。玄宗受內禪，進左僕射，封魏國公。與太平公主謀逆，旣敗，投水死，追戮其尸，改姓毒氏。然生平所得俸祿，悉散親族無留畜，敗時，家惟粗米數石而已。

性諂詐，善諧結權貴，宦者用事，尤所畏奉，或見無須者，誤爲之禮。監察御史魏傳弓嫉中人輔信義，欲劾奏其姦，懷貞曰：「是安樂所信任者，奈何繩之？」傳弓曰：「王綱壞矣，正坐此屬。今日殺之，明日誅，無所悔！」懷貞猶固止之。傳弓者，鉅鹿人，忠謇士也，終司農丞。

懷貞從子兢，字思愼，舉明經，爲英王府參軍、尙乘直長。調鄠令，脩郵舍道路，設冠婚喪紀法，百姓德之。

宗楚客字叔敖，其先南陽人。曾祖丕，後梁南弘農太守，梁亡入隋，居河東之汾陰，故爲蒲州人。父岌，仕魏王泰府，與謝偃等撰括地志。

楚客，武后從姊子，長六尺八寸，明晳美須髯。及進士第，累遷戶部侍郎。兄秦客，垂拱中，勸武后革命，進爲內史，而弟晉卿典羽林兵。後兄弟並坐姦贓流嶺外。歲餘，秦客死，而楚客等還。俄檢校夏官侍郎、同鳳閣鸞臺平章事。與武懿宗不協，會賜將作材營第，僭侈過度，爲懿宗所劾，自文昌左丞貶播州司馬，晉卿流峯州。稍爲豫州長史，遷少府少監、岐陝二州刺史。久之，復以夏官侍郎同鳳閣鸞臺平章事。坐聘邵王妓，貶原州都督。神龍初，爲太僕卿、郢國公。武三思引爲兵部尚書，以晉卿爲將作大匠。節愍太子敗，逃于鄠，被殺，殊其首祭三思等柩，楚客請之也。俄同中書門下三品。韋后、安樂公主親賴之，與紀處訥爲黨，世號「宗紀」。

景龍二年，詔突厥娑葛爲金河郡王，而其部闕啜忠節賂楚客等罷之，娑葛怨，將兵患邊。監察御史崔琬廷奏：「楚客、處訥專威福，有無君心，納境外交，爲國取怨；晉卿專徇贓私，驕恣跋扈。並請收付獄，三司推鞫。」故事，大臣爲御史對仗彈劾，必趨出，立朝堂待罪。楚客乃厲色大言：「性忠鯁，爲琬誣詆。」中宗不能窮也，詔琬與楚客、處訥約兄弟兩解之，故世謂帝爲「和事天子」。尋還中書令。韋氏敗，與晉卿同誅。

楚客性明達。武后時，降突厥沓實力吐敦者，部落在平夏。會邊書至，言吐敦反，楚客爲兵部員外郎，后召問方略，對曰：「吐敦者，臣昔與之言，其爲人忠義和厚，且國家與有恩，必不反。其兄之子默子者，狡悍，與吐敦不和，今言叛，疑默子爲之，然無能爲。」俄而夏州表默子劫部落北奔，爲州兵及吐敦所禽。後張仁亶請築三城，議者或不同，獨楚客言：「萬世利也。」然冒于權利，嘗諷右補闕趙延禧陳符命以媚帝，曰：「唐有天下，當百世繼周，陛下承母禪，周、唐一統，其符兆有八：天皇再以陛下爲周王，是在唐興周，則天立陛下爲皇太子，是在周興唐，一也；天后立文王廟，二也；唐同泰洛水圖云：『永昌帝業』，三也；讖曰：『百代不移宗』，四也；孔子曰：『百世繼周』，五也；桑條韋歌，應二聖在位九十八年，而子孫相承九十八世，六也；乃二月慶雲五色，天應以和，七也；去六月九日，內出瑞蒜，八也。起則天爲一世，聖朝爲二世，後子孫相承九十八，其數正滿百世，唐之曆乃三千餘年。」帝大喜，擢延禧諫議大夫。識者以楚客等欺神誣君，且有大咎。又嘗密語其黨曰：「始，吾在卑位，尤愛宰相；及居之，又思天子，南面一日足矣。」雖外附韋氏，而內畜逆謀，故卒以敗。

晉卿髭貌雄偉，聲如鍾。雖不學，然性倜儻。垂拱後，武后任之，宮苑、閑廄、內外衆作無不總。開中嶽，造明堂，鑄九鼎，有力焉。

紀處訥者，秦州上邽人。爲人魁岸，髭長數尺。其妻武三思婦之姊，繇是款昵，縱使通三思，進爲太府卿。神龍元年夏，大旱，穀價騰踊，中宗召問所以救人者。三思知之，陰諷太史迦葉志忠奏「是夜攝提入太微，近帝坐，此天子與大臣接，有納忠之符」。帝信之，下詔褒美，賜處訥衣一副、綵六十段。與楚客並同三品，進侍中。後伏誅。

祝欽明字文思，京兆始平人。父綝，字叔良，少通經，頗著書質諸家疑異；門人張後胤既顯宦，薦于朝，詔對策高第，終無極尉。

欽明擢明經，爲東臺典儀。永淳、天授間，又中英才傑出、業奧六經等科，拜著作郎，爲太子率更令。中宗在東宮，欽明兼侍讀，授太子經，兼弘文館學士。中宗復位，擢國子祭酒、同中書門下三品。進禮部尚書，封魯國公，食實封戶三百。桓彥範、崔玄暐、袁恕己、敬暉等皆從受周官大義，朝廷尊之。以匿親忌日，爲御史中丞蕭至忠所劾，貶申州刺史。入爲國子祭酒。

景龍三年，天子將郊，欽明與國子司業郭山惲陰迎韋后意，謬立議曰：

周官天神曰祀，地祇曰祭，宗廟曰享。大宗伯曰：祀大神，祭大祇，享大鬼，王有故不預，則攝而薦。追師掌后首服，以待祭祀。內司服掌后六服，祭祀則供。又九嬪，凡大祭祀，后祼獻則贊瑤爵。然則后當助天子祀天神、祭地祇。鄭玄稱：闕狄，后助王祭羣小祀服。小祀尙助，況天地哉？闕狄之上，禕、褕狄，三服皆以助祭，知禕衣助大祀也。王之祭服二：曰先王袞冕，先公鷩冕。故后助祭，亦以禕衣祭先王，褕狄祭先公。不言助祭天地，舉此以明彼，反三隅也。春秋外傳：「禘郊，天子親射其牛，王后親舂其粢。」世婦詔后之禮事，不專主宗廟。祭統曰：「祭也者，必夫婦親之，所以備內外之官。」哀公問孔子曰：「冕而親迎，不已重乎？」答曰：「合二姓之好，以繼先聖之後，以爲天地宗廟社稷主，君何謂已重焉？」則知后宜助祭。臣請因經誼，制儀典。

帝雖不睿，猶疑之，召禮官質問。於是太常博士唐紹、蔣欽緒對：「欽明所引，皆宗廟禮，非祭天地者。周、隋而上，無皇后助祭事。」帝令宰相參訂，紹、欽緒又引博士彭景直共議曰：

周官所云祀、祭、享，皆互言。典瑞：「兩圭以祀地。」司几筵：「設祀先王昨席。」內宗：「掌宗廟祭祀。」傳曰：「聖人爲能饗帝。」「春秋祭祀，以時思之。」此祀天稱享，享廟稱祭也。禮家凡稱大祭祀，不獨主天。鬱人[二]：「大祭祀，與量人受舉斝之卒爵。」祭天不祼，則九嬪贊瑤爵，容廟稱大祭祀也[三]。欽明據大宗伯之職，以謂后有祭天地之禮。按經：「凡祀大神、祭大祇、享大鬼，帥執事而卜宿，視滌濯，涖玉鬯，省牲鑊，奉玉齍，制大號。若王不與祭祀，則攝位。」自凡而推，兼言王祭天地宗廟也。下言：「凡大祭祀，王后不與，則攝而薦。」直王后祭廟一凡耳。若當助祭天地，應不列重凡。且內宗、外宗所掌，皆佐王后廟薦，無佐祭天地語。有如助祭天地，誰當贊佐者？是則攝薦爲宗廟明甚。內司服掌后祭服，無祭天服。禮家說曰：「后不助祭天地五岳，故無其服。」又言：「后有五輅，以重翟從祭先王先公，以厭翟從饗諸侯，以安車朝夕見王，以翟車采桑，以輦車游宴。」按此，后無祭天車明甚。然后助王祭天地，古無聞焉。時左僕射韋巨源助后掎掣帝，奪政事，即傅欽明議，帝果用其言，以皇后爲亞獻。取大臣李嶠等女爲齋娘，奉豆籩。禮成，詔齋娘有夫者悉進官。

初，后屬婚，上食禁中，帝與羣臣宴，欽明自言能八風舞，帝許之。欽明體肥醜，據地搖頭睆目，左右顧眄，帝大笑。吏部侍郎盧藏用歎曰：「是舉五經掃地矣！」景雲初，侍御史倪若水劾奏：「欽明、山惲等腐儒無行，以諂佞亂常改作，百王所傳，一朝墮放。今聖德中興，不宜使小人在朝，請斥遠之，以肅具臣。」乃貶欽明饒州刺史，山惲括州刺史。欽明於五經爲該淹，自見坐不孝免，無以澡祓，乃阿附韋氏，圖再用，又坐是見逐，諸儒共羞之。後徙洪州都督，入爲崇文館學士，卒。

山惲者，河東人。善治禮。景龍中，累遷國子司業。帝昵宴近臣及脩文學士，詔徧爲伎。工部尚書張錫爲談容娘舞，將作大匠宗晉卿爲渾脫舞，左衞將軍張洽爲黃麞舞，給事中李行言歌駕車西河曲，餘臣各有所陳，皆鄙黷；而山惲奏：「無所習，惟知誦詩。」乃誦鹿鳴、蟋蟀二篇，未畢，中書令李嶠以其近規諷，止之。帝嘉其直，下詔褒咨，賜服一稱。其後與欽明僻論阿世，不能終其守。久之，復拜國子司業。

贊曰：欽明以經授中宗，爲朝大儒，乃詭聖僻說，引豔妻郊見上帝，腥德播聞，享胙不終。蓋與少正卯順非而澤，莊周以詩書破冢者同科。獨保腰領死家簣，寧不幸邪！後之託儒爲姦者，可少戒云。

王璵者，方慶六世孫，少爲禮家學。玄宗在位久，推崇老子道，好神仙事，廣脩祠祭，靡神不祈。璵上言，請築壇東郊祀青帝，天子入其言，擢太常博士、侍御史，爲祠祭使。璵專以祠解中帝意，有所禳祓，大抵類巫覡。漢以來葬喪皆有瘞錢，後世里俗稍以紙寓錢爲鬼事，至是璵乃用之。

肅宗立，累遷太常卿，又以祠禱見寵。乾元三年，拜蒲同絳等州節度使，俄以中書侍郎同中書門下平章事。時大兵後，天下願治，璵望輕，無它才，不爲士議諧可，既驟得政，中外悵駭。乃奏置太一壇，勸帝身見九宮祠。帝由是專意，它議不能奪。帝嘗不豫，太卜建言祟在山川。璵遣女巫乘傳分禱天下名山大川，巫皆盛服，中人護領，所至干託州縣，賂遺狼藉。時有一巫美而蠱，以惡少年數十自隨，尤憸狡不法。馳入黃州，刺史左震晨至館請事，門鐍不啓。震怒，破鐍入，取巫斬廷下，悉誅所從少年，籍其贓得十餘萬，因遣還中人。旣以聞，璵不能詰，帝亦不加罪。明年，罷璵爲刑部尙書，又出爲淮南節度使，猶兼祠祭使，徙浙東。召入，再遷太子少師。卒，贈開府儀同三司，謚曰簡懷。

始，璵託鬼神致位將相，當時以左道進者紛紛出焉。李國禎者，以術士顯，廣德初，建言「唐家仙系，宜崇表福區，招致神靈，請度昭應南山作天華上宮、露臺、大地婆父祠，幷三皇、道君、太古天皇、中古伏羲、女媧等各爲堂皇，給百戶掃除」。又卽義扶谷故湫祠龍，置房宇。有詔從之，乃除地課工，方歲饑，人不堪命。昭應令梁鎭上疏切諫，以爲有七不可：「天地之神，推之尊極者，掃地可祭，精意可享。今廢先王之典，爲人祈福，福未至而人已困。又違神虐人，何從而致福邪？宗廟月無三祭，此不宜然。婆父之鄙語，不經見，若爲地建祖廟，上天必貽向背之責。夫湫者，龍所託耳，今湫竭已久，龍安所存？不宜崇去龍之穴，破生人之產。若三皇、五帝、道君等，兩京及所都各有宮廟，春秋彝饗，此復營造，是謂瀆神。夫休咎豐凶本於五事，不在山川百神明矣。」卽劾國禎等「動衆則得人，興工則獲利，祭祀則受胙，主執則市權，營罔天聽，負抱汞糈，道路相望，無時而息，人神胥怨，災孽並至。臣昨受命，有所安輯，陛下許以權宜，今所興造，臣謹以便宜悉停」。帝從之。鎭忼慨有名士也，仕至司門郎中。璵曾孫摶，別傳。

校勘記

〔一〕鬱人　各本及舊書卷一八九下祝欽明傳作「爵人」。按此引周禮春官鬱人職文，「爵」顯爲「鬱」之形誤。唐會要卷九上錄舊書已改作「鬱人」。今據改。

〔二〕容廟稱大祭祀也　「容廟」，舊書卷一八九下祝欽明傳作「宗廟」。

唐書卷一百一十

列傳第三十五

諸夷蕃將

史大柰 馮盎 智戴 子猷 阿史那社尒 忠 執失思力

契苾何力 明 黑齒常之 李謹行 泉男生 獻誠 李多祚 李湛

論弓仁 惟貞 尉遲勝 尙可孤 裴玢

史大柰，本西突厥特勒也〔一〕，與處羅可汗入隋，事煬帝。從伐遼，積勞爲金紫光祿大夫。後分其部於樓煩。

高祖興太原，大柰提其衆隸麾下。桑顯和戰飲馬泉，諸軍却，大柰以勁騎數百背擊顯和，破之，軍遂振。授光祿大夫。從平長安，以多，賞帛五千匹，賜姓史。從秦王平薛舉、王世充、竇建德、劉黑闥，功殊等，積前後賜侍女三、雜綵萬段。貞觀初，擢累右武衞大將軍，檢校豐州都督，封竇國公，食封戶三百。卒，贈輔國大將軍。

馮盎字明達，高州良德人，本北燕馮弘裔孫。弘不能以國下魏，亡奔高麗，遣子業以三百人浮海歸晉。弘已滅，業留番禺，至孫融，事梁爲羅州刺史。子寶，聘越大姓冼氏女爲妻，遂爲首領，授本郡太守，至盎三世矣。

隋仁壽初，盎爲宋康令，潮、成等五州獠叛，盎馳至京師，請討之。文帝詔左僕射楊素與論賊形勢，素奇之，曰：「不意蠻夷中乃生是人！」卽詔盎發江、嶺兵擊賊，平之，拜漢陽太守。從煬帝伐遼東，遷左武衞大將軍。隋亡，奔還嶺表，嘯署酋領，有衆五萬。番禺、新興名賊高法澄、冼寶徹等受林士弘節度，殺官吏，盎率兵破之。寶徹兄子曰智臣，復聚兵拒戰，盎進討，兵始合，輒釋胄大呼曰：「若等識我耶？」衆委戈，袒而拜，賊遂潰，禽寶徹、智臣等，遂有番禺、蒼梧、朱崖地，自號總管。或說盎曰：「隋季崩蕩，海內震騷，唐雖應運，而風教未孚，嶺越無所係屬。公克平二十州，地數千里，名謂未正，請上南越王號。」盎曰：「吾居越五世矣，牧伯惟我一姓，子女玉帛吾有也，人生富貴，如我希矣。常恐忝先業，尙自王哉？」

武德五年，始以地降，高祖析爲高、羅、春、白、崖、儋、林、振八州，授盎上柱國、高州總管，封越國公。拜其子智戴爲春州刺史，智彧爲東合州刺史。盎徙封耿。貞觀初，或告盎叛，盎舉兵拒境。太宗詔右武衞將軍藺謩發江淮甲卒將討之，魏徵諫曰：「天下初定，創夷未復，大兵之餘，疫癘方作，且王者兵不宜爲蠻夷動，勝之不武，不勝爲辱。且盎不及未定時略州縣，摇遠夷，今四海已平，尚何事？反未狀，當懷之以德，盎懼，必自來。」帝乃遣散騎常侍韋叔諧喻盎，盎遣智戴入侍。帝曰：「徵一言，賢於十萬衆。」時謩兵已出，欲遂有功，遣副將上盎可擊狀，帝不許，罷之。

五年，盎來朝，宴賜甚厚。俄而羅、竇諸洞獠叛，詔盎率衆二萬爲諸軍先鋒。賊據險不可攻，盎持弩語左右曰：「矢盡，勝負可知矣。」發七矢斃七人，賊退走，盎縱兵乘之，斬首千餘級。帝詔智戴還慰省，賞予不可計，奴婢至萬人。盎善爲治，閱簿最，擿姦伏，得民懽心。卒，贈左驍衞大將軍、荆州都督。

子三十人，智戴知名，勇而有謀，能撫衆，得士死力，酋帥皆樂屬之。嘗隨父至洛陽，統本部鋭兵宿衞。煬帝弑，引其下逃歸。時盜賊多，嶺嶠路絶，智戴轉戰而前。至高源，俚帥脅爲謀主，會盎至，智戴得與盎俱去。後入朝，帝勞賜加等，授衞尉少卿。聞其善兵，指雲問曰：「下有賊，今可擊乎？」對曰：「雲狀如樹，方辰在金，金利木柔，擊之勝。」帝奇其對。累遷左武衛將軍。卒，贈洪州都督。

盎族人子猷，以豪俠聞。貞觀中，入朝，載金一舸自隨。高宗時，遣御史許瓘視其貲。瓘至洞，子猷不出迎，後率子弟數十人，擊銅鼓、蒙排，執瓘而奏其罪。帝馳遣御史楊璟驗訊。璟至，卑辭以結之，委罪於瓘。子猷喜，遺金二百兩、銀五百兩。璟不受。子猷曰：「君不取此，且留不得歸。」璟受之，還奏其狀，帝命納焉。

阿史那社尒，突厥處羅可汗之次子。年十一，以智勇聞。拜拓設，建牙磧北，與頡利子欲谷設分統鐵勒、回紇、僕骨、同羅諸部。處羅卒，哀毀如禮。治衆十年，無課斂。或勸厚賦以自奉，答曰：「部落豐餘，於我足矣。」故首領咸愛之。頡利數用兵，社尒諫，弗納。貞觀元年，鐵勒、回紇、薛延陀等叛，敗欲谷設於馬獵山，社尒助擊之，弗勝。明年，將餘衆西保可汗浮圖城。會頡利滅，西突厥統葉護又死，奚利必咄陸可汗與泥孰爭國，社尒引兵襲之，得其半國，有衆十餘萬，乃自號都布可汗。謂諸部曰：「始爲亂破吾國者，延陀也，今我據西方，而不平延陀，是忘先可汗，非孝也。事脫不勝，死無恨。」酋長皆曰：「我新得西方，須留撫定。今直棄之，遠擊延陀，延陀未禽，葉護子孫將復吾國。」社尒不從，選騎五萬，討延陀磧北，連兵十旬，士苦其久，稍潰去。延陀縱擊，大敗之，乃走保高昌，衆纔萬人，又與西突厥不平，由是率衆內屬。

十年入朝，授左驍衞大將軍，處其部于靈州。詔尙衡陽長公主，爲駙馬都尉，典衞屯兵。十四年，以交河道行軍總管平高昌，諸將咸受賞，社尒以未奉詔，秋毫不敢取，見別詔，然後受，又所取皆老弱陳弊。太宗美其廉，賜高昌寶鈿刀、雜綵千段，詔檢校北門左屯營，封畢國公。從征遼東，中流矢，㧞去復戰，所部奮厲，皆有功。還，擢兼鴻臚卿。

二十一年，以崑丘道行軍大總管與契苾何力、郭孝恪、楊弘禮、李海岸等五將軍發鐵勒十三部及突厥騎十萬討龜茲。師次西突厥，擊處蜜、處月〔三〕，敗之。入自焉耆西，兵出不意，龜茲震恐。進屯磧石，伊州刺史韓威以千騎先進，右驍衞將軍曹繼叔次之。至多褐城，其王率衆五萬拒戰。威陽卻，王悉兵逐北，威與繼叔合，殊死戰，大破之。社尒因拔都城，王輕騎遁。社尒留孝恪守，自率精騎追躡，行六百里。王據大撥換城，嬰險自固。社尒攻凡四十日，入之，禽其王，并下五大城。遣左衞郎將權祗甫徇諸酋長，示禍福，降者七十餘城，宣諭威信，莫不歡服。刻石紀功而還。因說于闐王入朝，王獻馬畜三百餉軍。西突厥、焉耆、安國皆爭犒師。孝恪之在軍，牀帷器用多飾金玉，以遺社尒，社尒不受。帝聞，曰：「二將優劣，不復問人矣。」帝崩，請以身殉，衞陵寢，高宗不許。遷右衞大將軍。永徽六年卒，贈輔國大將軍、并州都督，陪葬昭陵，治冢象葱山，謚曰元。

子道眞，歷左屯衞大將軍。咸亨初，爲邏娑道副大總管，與薛仁貴討吐蕃以援吐谷渾，爲論欽陵所敗，盡失其兵。詔有司問狀，免死爲民。

阿史那忠者，字義節，蘇尼失子也。資淸謹。以功擢左屯衞將軍，尙宗室女定襄縣主，始詔姓獨著史。居父喪，哀慕過人。會立阿史那思摩爲突厥可汗，以忠爲左賢王。及出塞，不樂，見使者必泣，請入侍，許焉。封薛國公，擢右驍衞大將軍。宿衞四十八年，無纖隙，人比之金日磾。卒，贈鎭軍大將軍，謚曰貞，陪葬昭陵。

執失思力，突厥酋長也。貞觀中，護送隋蕭后入朝，授左領軍將軍。會頡利敗，太宗令思力諭降渾、斛薩部落，稍親近。帝逐兎苑中，思力諫曰：「陛下爲四海父母，乃自輕，臣竊殆之。」帝異其言。後復逐鹿，思力脫巾帶固諫，帝爲止。

及討遼東，詔思力屯金山道，領突厥扞薛延陀。延陀兵十萬寇河南，思力示羸，不與磧，賊深入至夏州，乃整陣擊敗之，追躡六百里。會毗伽可汗死，耀兵磧北而歸。復從江夏王道宗破延陀餘衆。與平吐谷渾。

詔尙九江公主，拜駙馬都尉，封安國公。坐交房遺愛，高宗以其戰多，赦不誅，流嶲州。主請削封邑偕往。主前卒。龍朔中，以思力爲歸州刺史，卒。麟德元年，復公主封邑，贈思力勝州都督，謚曰景。

契苾何力，鐵勒哥論易勿施莫賀可汗之孫。父葛，隋末爲莫賀咄特勒，以地近吐谷渾，陰陿多癘暍，徙去熱海上。何力九歲而孤，號大俟利發。

貞觀六年，與母率衆千餘詣沙州內屬，太宗處其部於甘、涼二州，擢何力左領軍將軍。九年，與李大亮、薛萬徹、萬均討吐谷渾於赤水川。萬均率騎先進，爲賊所包，兄弟皆中創墮馬，步鬭，士死十七八。何力馳壯騎，冒圍奮擊，虜披靡去。是時吐谷渾王伏允在突淪川，何力欲襲之，萬均懲前敗，以爲不可。何力曰：「賊無城郭，逐薦草美水以爲生，不乘其不虞，正恐鳥驚魚駭，後無以窺其巢穴。」乃閱精騎千餘，直擣其牙，斬首數千級，獲橐它、馬、牛、羊二十餘萬，俘其妻子，伏允挺身免。有詔勞軍於大斗拔谷。萬均耻名出其下，乃排何力，引功自名。何力不勝憤，挺刀起，將殺之，諸將勸止。及還，帝責誚其故，何力具言萬均敗狀。帝怒，將解其官授何力。何力頓首曰：「以臣而解萬均官，恐四夷聞者，謂陛下重夷輕漢，則誣告益多。又夷狄無知，謂漢將皆然，非示遠之義。」帝重其言，乃止。有詔宿衞北門，檢校屯營事，尙臨洮縣主。十四年，爲葱山道副大總管，與討高昌，平之。

始，何力母姑臧夫人與弟沙門在涼州，沙門爲賀蘭都督。十六年，詔何力往覲母。於是薛延陀毗伽可汗方強，契苾諸酋爭附之，乃脅其母、弟使從。何力驚謂其下曰：「上於爾有大恩，且遇我厚，何遽反？」皆曰：「可敦、都督去矣，尙何顧？」何力曰：「弟往侍足矣，我義許國，不可行。」衆執之，至毗伽牙下。何力箕踞，拔佩刀東向呼曰：「有唐烈士受辱賊廷邪？天地日月，臨鑒吾志。」卽割左耳，誓不屈。毗伽怒，欲殺之，其妻諫而止。何力被執也，或讒之帝曰：「何力入延陀如涸魚得水，其脫必遽。」帝曰：「不然。若人心如鐵石，殆不背我。」會使至言狀，帝泣下。卽詔兵部侍郎崔敦禮持節許延陀尙主，因求何力，乃得還。授右驍衞大將軍。公主行有日，何力陳不可。帝曰：「天子無戲言，旣許之，叵奈何？」何力曰：「禮有親迎，宜詔毗伽身到京師，或詣靈武。彼畏我，必不來，則姻不成，而憂憤不知所出，下必攜貳，不及一年，交相疑沮。毗伽素很戾，必死，死則二子爭國。內判外攜，不戰而禽矣。」

帝然之。毗伽果不敢迎，鬱邑不得志，恚而死，少子拔酌殺其庶兄突利失自立，國中亂，如其策云。

帝征高麗，詔何力爲前軍總管。次白崖城，中賊矟，創甚，帝自爲傅藥。城拔，得刺何力者高突勃，騶使自殺之，辭曰：「彼爲其主，冒白刃以刺臣，此義士也。犬馬猶報其養，況於人乎？」卒捨之。俄以崑丘道總管平龜茲。帝崩，欲以身殉，高宗諭止。

永徽中，西突厥阿史那賀魯以處月、處蜜、姑蘇、歌邏祿、卑失五姓叛，寇庭州，陷金嶺，略蒲類，詔何力爲弓月道大總管，率左武衞大將軍梁建方，統秦、成、岐、雍及燕然都護回紇兵八萬討之。處月酋朱邪孤注遂殺招慰使果毅都尉單道惠，據牢山以守。何力等分兵數道，攀藟而上，急攻之，賊大潰，孤注夜遁。輕騎窮躡，行五百里，孤注戰死。虜渠帥六十，俘斬萬餘，牛馬雜畜七萬，取處蜜時健俟斤、合支賀等以歸。遷左驍衞大將軍，封郕國公。

顯慶中，爲浿江軍行軍大總管〔三〕，與蘇定方及右驍衞大將軍劉伯英伐高麗，不克。龍朔初，復拜遼東道行軍大總管，率諸蕃三十五軍進討，帝欲自率師繼之。次鴨綠水，蓋蘇文遣男生以精兵數萬拒險，衆莫敢濟。會冰合，何力引兵譟而濟，賊驚，遂潰。追奔，斬首三萬級，餘衆降，男生脫身走。有詔班師。

時鐵勒九姓叛，詔何力爲安撫大使。何力以輕騎五百馳入其部，虜大驚。何力喻曰：

「朝家知而詿誤，遂及翻動，使我貫爾過，得自新。罪在凶渠，取之則已。」九姓大喜，共擒僞葉護及特勒等二百人以歸，何力數其罪，誅之，餘衆遂安。士卒道死者，令所在收瘞，蠲護其家。

未幾，蓋蘇文死，男生爲弟所逐，使子詣闕請降，乃拜何力爲遼東道行軍大總管、安撫大使經略之，副李勣同趨高麗。勣已拔新城，留何力守。時高麗兵十五萬屯遼水，引靺鞨數萬衆據南蘇城，何力奮擊，破之，斬首萬級，乘勝進拔八城。引兵還，與勣會合，攻辱夷、大行二城，克之。進拔扶餘。勣勒兵未進，何力率兵五十萬先趨平壤，勣繼進，攻凡七月，拔之，虜其王以獻。進鎮軍大將軍，行左衞大將軍，徙封涼。

總章、儀鳳間，吐蕃滅吐谷渾，勢益張，入寇鄯、廓、河、坊等州，詔周王爲洮州道、相王爲涼州道行軍元帥，率何力等討之。二王不行，亦會何力卒。贈輔國大將軍、并州大都督，陪葬昭陵，謚曰毅。

始，龍朔中，司稼少卿梁脩仁新作大明宮，植白楊于廷，示何力曰：「此木易成，不數年可庇。」何力不答，但誦「白楊多悲風，蕭蕭愁殺人」之句，脩仁驚悟，更植以桐。

子明，字若水，襁褓授上柱國，封漁陽縣公。年十二，遷奉輦大夫。李敬玄征吐蕃，明爲柏海道經略使，以戰多，進左威衛大將軍，襲封，賜錦袍、寶帶，它物蕃夥。擢嫡子三品官。再遷雞田道大總管，至烏德鞬山，誘附二萬帳。武后時，明妻及母臨洮縣主皆賜姓武。以左鷹揚衛大將軍卒，年四十六，贈涼州刺史，謚曰靖。

明性淹厚，喜學，長辯論。子聳，襲爵。

黑齒常之，百濟西部人。長七尺餘，驍毅有謀略。爲百濟達率兼風達郡將，猶唐刺史云。蘇定方平百濟，常之以所部降。而定方囚老王，縱兵大掠，常之懼，與左右酋長十餘人遁去，嘯合逋亡，依任存山自固，不旬日，歸者三萬。定方勒兵攻之，不克，常之遂復二百餘城。龍朔中，高宗遣使招諭，乃詣劉仁軌降。累遷左領軍員外將軍、洋州刺史。

儀鳳三年，從李敬玄、劉審禮擊吐蕃。審禮敗，敬玄欲引還，阻泥溝，兵不得出，賊屯高壓官軍。常之夜率敢死士五百人掩其營，殺掠數百人，賊酋跋地設棄軍走。帝歎其才，擢左武衛將軍，檢校左羽林軍，賜金帛殊等。進爲河源軍副使。調露中，吐蕃使贊婆等入寇，屯良非川。李敬玄之敗，常之引精騎三千夜襲其軍，斬首二千級，獲羊馬數萬，贊婆等單騎去。即拜河源道經略大使。因建言河源當賊衝，宜增兵鎮守，而運饟須廣。乃斥地置烽七十所，墾田五千頃，歲收粟斛百餘萬。由是食衍士精，戍邏有備。永隆二年，贊婆營青海，常之馳掩其屯，破之，悉燒糧廥，獲羊、馬、甲首不貲。詔書勞賜。凡涖軍七年，吐蕃憺畏，不敢盜邊。封燕國公。

垂拱中，突厥復犯塞，常之率兵追擊，至兩井，忽與賊遇，賊騎三千方擐甲，常之見其囂，以二百騎突之，賊皆棄甲去。其暮，賊大至，常之潛使人伐木，列炬營中，若烽燧然。會風起，賊疑救至，遂夜遁。久之，爲燕然道大總管，與李多祚、王九言等擊突厥骨咄祿、元珍於黃花堆，破之，追奔四十里，賊潰歸磧北。會左監門衞中郎將爨寶璧欲窮追要功，詔與常之共計，寶璧獨進，爲虜所覆，舉軍沒，寶璧下吏誅，常之坐無功。會周興等誣其與右鷹揚將軍趙懷節反，捕繫詔獄，投繯死。

常之御下有恩，所乘馬爲士所箠，或請罪之。答曰：「何遽以私馬鞭官兵乎？」前後賞賜分麾下，無留貲。及死，人皆哀其枉。

李謹行，靺鞨人。父突地稽，部酋長也。隋末，率其屬千餘內附，居營州，授金紫光祿大夫、遼西太守。武德初，奉朝貢，以其部爲燕州，授總管。劉黑闥叛，突地稽身到定州，上書秦王，請節度。以戰功封耆國公，徙部居昌平。高開道以突厥兵攻幽州，突地稽邀擊，敗之。貞觀初，進右衞將軍，賜氏李，卒。

謹行偉容貌，勇蓋軍中，累遷營州都督，家童至數千，以財自雄，夷人畏之。爲積石道經略大使，論欽陵衆十萬寇湟中，候邏不知，士樵采半散。謹行聞虜至，卽植旗伐鼓，開門以伺。欽陵疑有伏，不敢進。上元三年，破吐蕃于青海，璽書勞勉，封燕國公。卒，贈幽州都督，陪葬乾陵。

泉男生字元德，高麗蓋蘇文子也。九歲，以父任爲先人。遷中裏小兄，猶唐謁者也。又爲中裏大兄，知國政，凡辭令，皆男生主之。進中裏位頭大兄〔四〕。久之，爲莫離支，兼三軍大將軍，加大莫離支，出按諸部。而弟男建、男產知國事，或曰：「男生惡君等逼己，將除之。」建、產未之信。又有謂男生：「將不納君。」男生遣諜往，男建捕得，卽矯高藏命召，男生懼，不敢入。男建殺其子獻忠。男生走保國內城，率其衆與契丹、靺鞨兵內附，遣子獻誠訴諸朝。高宗拜獻誠右武衞將軍，賜乘輿、馬、瑞錦、寶刀，使還報。詔契苾何力率兵援之，男生乃免。授平壤道行軍大總管，兼持節安撫大使，舉哥勿、南蘇、倉巖等城以降。帝又命西臺舍人李虔繹就軍慰勞，賜袍帶、金釦七事。

明年，召入朝，詔所過州縣傳舍作鼓吹，右羽林將軍李同以飛騎仗廷寵。遷遼東大都督、玄菟郡公，賜第京師。因詔還軍，與李勣攻平壤，使浮屠信誠內間，引高麗銳兵潛入，禽高藏。詔遣子齎手制、金皿，即遼水勞賜。還，進右衞大將軍、卞國公，賜寶器、宮侍女二、馬八十。儀鳳二年，詔安撫遼東，并置州縣，招流冗，平斂賦，罷力役，民悅其寬。卒，年四十六，帝爲舉哀，贈幷州大都督。喪至都，詔五品以上官哭之，謚曰襄，勒碑著功。

男生純厚有禮，奏對敏辯，善射藝。其初至，伏斧鑕待罪，帝宥之，世以此稱焉。

獻誠，天授中以右衞大將軍兼羽林衞。武后嘗出金幣，命宰相、南北牙羣臣舉善射五輩，中者以賜。內史張光輔舉獻誠，獻誠讓右玉鈐衞大將軍薛吐摩支，摩支固辭。獻誠曰：「陛下擇善射者，然皆非華人。臣恐唐官以射爲恥，不如罷之。」后嘉納。來俊臣嘗求貨，獻誠不答，乃誣其謀反，縊殺之。后後知其冤，贈右羽林衞大將軍，以禮改葬。

李多祚，其先靺鞨酋長，號「黃頭都督」，後入中國，世系湮遠。至多祚，驍勇善射，以軍功累遷右鷹揚大將軍。討黑水靺鞨，誘其渠長，置酒高會，因醉斬之，擊破其衆。室韋及孫萬榮之叛，多祚與諸將進討，以勞改右羽林大將軍，遂領北門衛兵。

張柬之將誅二張，以多祚素感槩，可動以義，乃從容謂曰：「將軍居北門幾何？」曰：「三十年矣。」「將軍擊鍾鼎食，貴重當世，非大帝恩乎？」多祚泣數行下，曰：「死且不忘！」柬之曰：「將軍知感恩，則知所以報，今在東宮乃大帝子，而孽豎擅朝，危逼宗社。國家廢興在將軍，將軍誠有意乎？捨今日尙何在？」答曰：「苟緣王室，惟公所使。」乃引天地以自誓，辭氣毅然，柬之遂定謀。以敬暉、李湛爲右羽林將軍，命總禁兵，與多祚、王同晈請太子至玄武門，斬關入。及長生殿，白武后曰：「諸將誅逆臣易之、昌宗，恐漏大謀，不敢豫奏，頓首請歸死。」后病臥，顧湛曰：「我於而父子不薄，亦豫是邪？」

中宗復位，封多祚遼陽郡王，食實戶八百，子承訓爲衛尉少卿。湛遷大將軍，封趙國公，食實戶五百。帝祠太廟，特詔多祚與相王登輿夾侍。監察御史王覿謂多祚夷人，雖有功，不宜共輿輦。帝曰：「朕推以心腹，卿勿復言。」

崔玄暐等得罪，多祚畏禍及，故陽厚韋氏。節愍太子誅武三思，多祚與成王千里率兵先至玄武樓下，具言所以誅三思狀，按兵不戰。宮闈令楊思勗方侍帝，即挺刀斬其壻羽林中郎將野呼利，兵因沮潰，多祚爲其下所殺，二子亦見害，籍沒其家。景雲初，追復官爵，并宥家屬。

湛者，義府最幼子，字興宗，沈厚有度。六歲，授周王府文學，累遷右散騎常侍，襲河間郡公。武后徙上陽宮，留湛宿衞。頃之，復爲右散騎常侍，賜鐵券。三思惡之，貶果州刺史。歷洺、絳二州，累遷左領軍大將軍。開元十年卒，贈幽州都督。初，義府以立武后故得宰相，而湛爲中興功臣，世不以其父惡爲貶云。

論弓仁，本吐蕃族也。父欽陵，世相其國。聖曆二年，弓仁以所統吐渾七千帳自歸，授左玉鈐衞將軍，封酒泉郡公。神龍三年，爲朔方軍前鋒游弈使。時張仁愿築三受降城，弓仁以兵出諾眞水、草心山爲邏衞。開元初，突厥九姓亂，弓仁引軍度漠，踰白檉林，收火拔部喻多眞種落，降之。跌跌思太叛，戰赤柳澗，弓仁騎才五百，自新堡進，時賊四環之，衆不敵，弓仁椎牛誓士自若，再宿潰圍出，人服其壯。凡閱大小戰數百，未嘗負。賜寶玉、甲第、良田，等列莫與比。累遷左驍衞大將軍、朔方副大使。會病，玄宗遣上醫馳視。卒，年六十六，贈撥川郡王，謚曰忠。

孫惟貞。

惟貞名瑀，以字行。志向恢大。開元末，爲左武衞將軍。肅宗在靈武，以衞尉少卿募兵綏、銀，閱旬，衆數萬。從還鳳翔，遷光祿卿，爲元帥前鋒討擊使。戰陝州，以功進殿中監。

史思明攻李光弼於河陽，周摯以兵二十萬陣城下，惟貞請銳卒數千，鑿數門出，自旦及午，苦戰破之。光弼表爲開府儀同三司。光弼討史朝義，以惟貞守徐州。賊將謝欽讓據陳，乃假惟貞潁州刺史，斬賊將，降者萬人。封蕭國公，實封百戶。光弼病，表以自代。擢左領軍衞大將軍，爲英武軍使，卒。

尉遲勝本王于闐國。天寶中，入朝，獻名玉、良馬。玄宗以宗室女妻之，授右威衞將軍、毗沙府都督。歸國，與安西節度使高仙芝擊破薩毗、播仙。累進光祿卿。

安祿山反，勝使弟曜攝國事，身率兵五千赴難。國人固留勝，勝以少女爲質而行。肅宗嘉之，拜特進，兼殿中監。廣德中，進驃騎大將軍，遣還，固請留宿衞。加開府儀同三司，封武都郡王，實封百戶。勝請授國於曜，詔可。勝既留，乃穿築池觀，厚賓客，士大夫多從之游。從德宗至興元，爲右領軍將軍，歷睦王傅。貞元初，曜上言：「國中以嫡承嗣，今勝讓國，請立其子銳。」帝欲遣銳襲王。勝固辭，以「曜久行國事，人安之；銳生京華，不習其俗，不可遣」。當是時，兄弟讓國，人莫不賢之。睦府除，徙原王傅。卒，贈涼州都督。

尚可孤字可孤，東部鮮卑宇文之別種，世處松、漠間。天寶末，隸范陽節度使安祿山，復事史思明。上元中，自賊所歸，累授左、右威衞大將軍，封白水縣伯，爲神策大將。以功試太常卿。徙封馮翊郡王，食實戶一百五十〔五〕。

魚朝恩主衞兵，器其勇，養爲子，名智德。使將兵三千，屯扶風、武功，歷十餘年，隊伍閑整。朝恩死，詔賜氏李，名嘉勳。李希烈叛，擢爲招討，應援荆襄，使復本姓名，累戰有功。

朱泚之難，召可孤，可孤率兵三千，道襄、鄧而西，屬賊兵銳，乃壁七盤。僞將仇敬忠等來寇，可孤擊卻之，遂收藍田。德宗將遷梁州，命引兵守灞上，拜神策、京畿、渭南、商州節度招討使。敬忠拒戰，可孤急擊斬之。進軍與李晟收長安，爲先鋒。以功加檢校尚書右僕射，封馮翊郡王，食實戶二百。又會諸軍進討李懷光，次沙苑，卒于軍，贈司空。可孤性謹審沈壯，既有勳勞，未嘗自論功，御衆公嚴，晟數稱之。

裴玢，五世祖糾，本王疏勒，武德中來朝，拜鷹揚大將軍，封天山郡公，留不去，遂籍京兆。

玢初事金吾將軍論惟明爲傔力。德宗在奉天，以功封忠義郡王。從惟明鎭鄜坊，署牙將。後節度使王栖曜卒，中軍將何朝宗夜縱火作亂，玢獨匿不出。遲明，禽朝宗以待命。有詔并軍司馬崔輅斬之，以同州刺史劉公濟領節度，擢玢爲司馬。踰年，公濟卒，乃授玢節度使。元和二年，徙山南西道。

玢爲治嚴稜，畏遠權勢，不務貢奉。蔬食弊衣，居處取避風雨而已。倉庫完實，百姓安之，當世將帥，未有及者。以疾辭位。入朝，不事騶仗。妻乘竹輿，二侍婢，黃碧縑服。七年卒，贈尙書左僕射，謚曰節。

贊曰：夷狄性悍固，其能知義所在者，鷙挺不可遷，蓋巧不足而諒常有餘。觀大柰等事君，皆一其志，無有顧望，用能功績光明，爲天子倚信。至渾瑊、跌跌、光顏輩，烈垂無窮，惟其諒有餘故也。瑊、光顏自有傳，今類其人著之篇。

校勘記

〔一〕特勒　據契苾明碑、闕特勤碑應作「特勤」。下同。

〔二〕處月　「月」，各本原作「眞」，據本書卷二太宗紀、舊書卷三太宗紀及卷一九八龜茲傳、通鑑卷一九九改。

〔三〕泿江　「泿」，各本原作「沮」，據本書卷三高宗紀、冊府卷九八六、通鑑卷二〇〇改。

〔四〕進中裏位頭大兄　「頭」，各本原作「鎭」。泉男生墓誌（拓片）、三國史記卷四九泉男生傳及東國通鑑卷八均作「頭」。據改。

〔五〕徙封馮翊郡王食實戶一百五十　下文又謂「以功加檢校尚書右僕射，封馮翊郡王，食實戶二百」。文重而實封數異。按舊書卷一四四尚可孤傳云「以功陞檢校右僕射，封馮翊郡王，增邑通前八百戶，實封二百戶」。疑實封戶當是「二百」。

唐書卷一百一十一

列傳第三十六

郭孝恪　張儉延師　王方翼珣　蘇定方　薛仁貴訥 嵩 平 從

程務挺　王孝傑　唐休璟　張仁愿張敬忠　王晙

郭孝恪，許州陽翟人。少有奇節，不治貲產，父兄以爲無賴。隋亂，率少年數百附李密。密喜，謂曰：「世言汝、潁多奇士，不謬也。」使與李勣守黎陽。密敗，勣遣孝恪送款，封陽翟郡公，拜宋州刺史。詔與勣經略武牢以東，所定州縣，委以選補。

竇建德之援洛也，孝恪上謁秦王，進計曰：「王世充力竭計窮，其面縛可跂足待。建德悉衆遠來，糧餉阻絕，殆天亡時也。若固守武牢，以軍氾水，逐機應變，禽殄必矣！」王然之。賊平，置酒大會洛陽宮，語諸將曰：「孝恪策禽賊，王長先下漕，功固在諸君右。」遷上柱國。歷貝、趙、江、涇四州刺史，所至有能名。改左驍衛將軍，累加金紫光祿大夫。

貞觀十六年，拜涼州都督，改安西都護、西州刺史。其地高昌舊都，流徙罪人與鎭兵雜，限以沙磧，隔絕中國，孝恪推誠撫御，盡得其歡心。初，王師滅高昌，詔以所虜焉耆生口七百還焉耆王。王叛歸欲谷設可汗，孝恪請擊之，卽拜西州道行軍總管，率步騎三千出銀山道，夜襲其王龍突騎支，虜之。帝悅，降璽書褒勞。

俄拜崑丘道副大總管，進討龜茲，破其國城，乃自留守，遣餘軍分道進。龜茲國相那利遁去。孝恪以餘部未平，出營於外。國人有謂孝恪曰：「那利素得士心，今亡在外，勢必爲變，城中頗有異志，願公備之。」孝恪忽其言，不設備。那利果率衆陰與城內胡爲應，薄城鼓譟，始覺之，乃率千餘人合戰，城中舉應那利，孝恪殊死鬭，中流矢卒，子待詔亦歿。將軍曹繼叔進兵，復拔其城。太宗責孝恪斥候不明，至顚覆，奪其官。後愍死戰，更爲舉哀。高宗卽位，追還官爵，贈待詔游擊將軍，賻物三百段。

次子待封，官左豹韜衞將軍。咸亨初，副薛仁貴討吐蕃，戰大非川，敗績，貸死爲民。

張儉字師約，京兆新豐人。隋相州刺史、皖城郡公威孫。父植，車騎將軍、連城縣公。儉，高祖從外孫也。高祖起，儉以功除右衞郎將，遷朔州刺史。時頡利可汗方彊，每有求取，所遣書輒稱詔敕，邊吏奉承不敢卻。及儉，獨拒不受。大敎民營田，歲收穀數十萬斛。雖霜旱，勸百姓相振贍，免飢殍，州以完安。李靖旣平突厥，有思結部者，窮歸于儉，儉受而安輯之。其在磧北者，親戚私相過省，儉不禁，示羈縻而已。儉徙勝州，後將不察其然，遽奏思結叛，朝廷議進討，時儉以母喪，奪服爲使者撫納之。儉單騎入其部，召酋帥慰諭，推腹心，咸匍匐歸命，因擧徙代州，遂檢校代州都督。儉勸墾田力耕，歲數稔，私蓄富實。儉恐虜易驕，乃建平糴法，入之官，虜悅喜，由是儲斛流羸。

遷營州都督，兼護東夷校尉。坐事免，詔白衣領職。營州部與契丹、奚、霫、靺鞨諸蕃切畛，高麗引衆入寇，儉率兵破之，俘斬略盡。復拜營州都督。太宗將征遼東，遣儉率蕃兵先進，略地至遼西，川漲，久未度。帝以爲畏懦，召還。見洛陽宮，陳水草美惡、山川險易，幷久不進狀。帝悅，拜行軍總管，使領諸蕃騎，爲六軍前鋒。時高麗候者言莫離支且至，帝詔儉自新城路邀擊，虜不敢出。儉進度遼，趨建安城，破賊，斬數千級。累封皖城郡公。後改東夷校尉官爲都護府，卽以儉爲都護。永徽初，加金紫光祿大夫。卒，年六十，謚曰密。

儉兄大師，太僕卿、華州刺史、武功縣男。

弟延師，左衞大將軍、范陽郡公。性謹畏，典羽林兵三十年，未嘗有過。卒，贈荊州都督，謚曰敬，陪葬昭陵。

儉兄弟三人門皆立戟，時號「三戟張家」。

王方翼字仲翔，并州祁人。祖裕，隨州刺史，尙同安大長公主，官開府儀同三司，卒，謚曰文。

方翼早孤，哀毀如成人，時號孝童。母李，爲主所斥，居鳳泉墅。方翼尙幼，雜庸保，執苦不棄日，墾田植樹，治林垠，墍完牆屋，燎松丸墨，爲富家。主薨，還京師。嘗夜行，見長人丈餘，引弓射仆之，乃朽木也。太宗聞，擢右千牛。高宗立，而從祖女弟爲皇后，調安定令，誅滅大姓，姦豪脅息。徙瀚海都護司馬，坐事下遷朔州尙德府果毅，歲餘代還。居母喪，哀瘠甚，帝遣侍醫療視。其友趙持滿誅死，尸諸道，親戚莫敢視，方翼曰：「欒布哭彭越，義也；周文王掩骼，仁也。絕友義，蔽主仁，何以事君？」遂往哭其尸，具禮收葬。金吾劾繫，帝嘉之，不罪。

再遷肅州刺史。州無隍塹，寇易以攻，方翼乃發卒建樓堞，斲多樂水自環，烽邏精明。儀鳳間，河西蝗，獨不至方翼境，而它郡民或餒死，皆重繭走方翼治下。乃出私錢作水磑，薄其贏，以濟飢瘵，構舍數十百楹居之，全活甚衆，芝產其地。

裴行儉討遮匐，奏爲副，兼檢校安西都護，徙故都護杜懷寶爲庭州刺史。方翼築碎葉城，面三門，紆還多趣以詭出入，五旬畢。西域胡縱觀，莫測其方略，悉獻珍貨。未幾，徙方翼庭州刺史，而懷寶自金山都護更鎭安西，遂失蕃戎之和。

永淳初，十姓阿史那車簿啜叛，圍弓月城，方翼引軍戰伊麗河，敗之，斬首千級。俄而三姓咽麪兵十萬踵至，方翼次熱海，進戰，矢著臂，引佩刀斷去，左右莫知。所部雜虜謀執方翼爲內應，方翼悉召會軍中，厚賜，以次出壁外，縛之。會大風，雜金鼓，而號譟無聞者，殺七千人。卽遣騎分道襲咽麪等，皆驚潰，烏鶻引兵遁去，禽首領突騎施等三百人，西戎震服。初，方翼次葛水，暴漲，師不可度，沈祭以禱，師涉而濟。又七月次葉河，無舟，而冰一昔合。時以爲祥。

西域平，以功遷夏州都督。屬牛疫，民廢田作，方翼爲耦耕法，張機鍵，力省而見功多，百姓順賴。明年，召方翼議西域事，引見奉天宮，賜食帝前，帝見衣有汙濯處，問其故，具對熱海苦戰狀。視其創，帝咨嗟久之，賜賚良厚。

俄而妖賊白鐵余以綏州反，詔方翼與程務挺討之。飛㯓擊賊，火其柵，平之，封太原郡公。阿史那元珍入寇，被詔進擊。時庫無完鎧，方翼斷六板，畫虎文，鉤聯解合，賊馬忽見，奔駭，遂敗，獲大將二，因降桑乾、舍利二部。

武后時，王后屬無在者，方翼自視功多，冀不坐，而后內欲因罪除之，未得也。及務挺被殺，即并坐方翼，追入朝，捕送獄，流崖州，卒于道，年六十三。神龍初，復官爵。方翼善書，與魏叔琬齊名。

子珣，字伯玉，與兄璵、弟瑨以文學稱，時號「三王」。天授初，珣及進士第，應制科，遷藍田尉。以拔萃擢長安尉，因進見，武后召問刑政，嘉之。詢其族氏，對曰：「廢后，臣之姑也。」后不悅，左遷亳州司法參軍。神龍初，爲河南丞，武三思矯制貶臨川令。宋璟輔政，召授侍御史。出許州長史。歲旱，珣時假刺史事，開廩振民，即自劾，玄宗赦之。累遷工部侍郎。而瑨至中書舍人。珣嘗爲祕書少監，數年而瑨繼職。終右散騎常侍，卒，贈戶部尙書，謚曰孝。

子鎬，天寶中歷右補闕、殿中侍御史。瑨子鉷，自有傳。

蘇烈字定方，以字行，冀州武邑人，後徙始平。父邕，當隋季，率里中數千人爲本郡討賊。定方驍悍有氣決，年十五，從父戰，數先登陷陣。邕卒，代領其衆，破劇賊張金稱、楊公卿，追北數十里，自是賊不舍境，鄉黨賴之。

貞觀初，爲匡道府折衝，從李靖襲突厥頡利於磧口，率數馬二百爲前鋒，乘霧行，去賊一里許，霧霽，見牙帳，馳殺數十百人，頡利及隋公主惶窘各遁去，靖亦尋至，餘黨悉降。再遷左衞中郎將。與程名振討高麗，破之。拜右屯衞將軍、臨淸縣公。

從葱山道大總管程知節征賀魯，至鷹娑川，賀魯率二萬騎來拒，總管蘇海政連戰未決，鼠尼施等復引二萬騎爲援。定方始休士，見塵起，率精騎五百，踰嶺馳擣賊營，賊衆大潰，殺千餘人，所棄鎧仗、牛馬藉藉山野不可計。副總管王文度疾其功，謬謂知節曰：「賊雖走，軍死傷者衆。今當結輜重陣間，被甲而趨，賊來卽戰，是謂萬全。」又矯制收軍不深入。於是馬癯卒勞，無鬬志。定方說知節曰：「天子詔討賊，今反自守，何功之立哉？且公爲大將，而閫外之事不得專，顧副將乃得專之，理不其然！胡不囚文度待天子命？」不從。至怛篤城，有胡人降，文度猥曰：「師還而降，且爲賊，不如殺之，取其貲。」定方曰：「此乃自作賊耳，寧曰伐叛！」及分財，定方一不取。高宗知之〔一〕，比知節等還，悉下吏，當死，貸爲民。

擢定方伊麗道行軍大總管，復征賀魯，以任雅相、回紇婆潤爲副。出金山北，先擊處木昆部，破之，俟斤嬾獨祿擁衆萬帳降，定方撫之，發其千騎幷回紇萬人，進至曳咥河。賀魯率十姓兵十萬拒戰，輕定方兵少，舒左右翼包之。定方令步卒據高，攢矟外向，親引勁騎陣北原。賊三突步陣，不能入，定方因其亂擊之，鏖戰三十里，斬首數萬級，賊大奔。明日，振兵復進，五弩失畢舉衆降，賀魯獨與處木昆屈律啜數百騎西走。定方令副將蕭嗣業、回紇婆潤率雜虜兵趨邪羅斯川追北，定方與雅相領新附兵絕其後。會大雪，吏請少休，定方曰：「虜恃雪，方止舍，謂我不能進，若縱使遠遁，則莫能禽。」遂勒兵進至雙河，與彌射、步眞合，距賀魯所百里，下令陣而行，薄金牙山。方賀魯將畋，定方縱擊，破其牙下數萬人，悉歸所部。賀魯走石國，彌射子元爽以兵與嗣業會，縛賀魯以還。由是脩亭障，列蹊隧，定疆畛，問疾收胔，唐之州縣極西海矣。高宗臨軒，定方戎服奉賀魯以獻。策功拜左驍衞大將軍、邢國公，別封子慶節爲武邑縣公。

會思結闕俟斤都曼先鎭諸胡，劫所部及疏勒、朱俱波、喝槃陀三國復叛，詔定方還爲安撫大使。率兵至葉葉水，而賊堞馬頭川。定方選精卒萬、騎三千襲之，晝夜馳三百里，至其所。都曼驚，戰無素，遂大敗，走馬保城。師進攻之，都曼計窮，遂面縛降。俘獻於乾陽殿，有司請論如法。定方頓首請曰：「臣向諭陛下意，許以不死，願丐其命。」帝曰：「朕爲卿全信。」乃宥之。葱嶺以西遂定。加食邢州鉅鹿三百戶，遷左武衞大將軍。

出爲神丘道大總管，率師討百濟。自城山濟海至熊津口，賊瀕江屯兵，定方出左涯，乘山而陣，與之戰，賊敗，死者數千。王師乘潮而上，舳艫銜尾進，鼓而譟，定方將步騎夾引，直趨眞都城。賊傾國來，酣戰，破之，殺虜萬人，乘勝入其郛，王義慈及太子隆北走。定方進圍其城，義慈子泰自立爲王，率衆固守。義慈之孫文思曰：「王與太子出，而叔豈得擅爲王？若王師還，我父子安得全？」遂率左右縋城下，人多從之，泰不能止。定方使士登城，建唐旗幟。於是泰開門請命，其將禰植與義慈降，隆及諸城送款，百濟平，俘義慈、隆、泰等獻東都。

定方所滅三國，皆生執其王，賞賚珍寶不勝計，加慶節尙輦奉御。未幾，定方爲遼東道行軍大總管，俄徙平壤道。破高麗之衆於浿江，奪馬邑山爲營，遂圍平壤。會大雪，解圍還。拜涼州安集大使，以定吐蕃、吐谷渾。乾封二年卒，年七十六。帝悼之，責謂侍臣曰：「定方於國有功，當褒贈，若等不言，何邪？」乃贈左驍衞大將軍、幽州都督，謚曰莊。

薛仁貴，絳州龍門人。少貧賤，以田爲業。將改葬其先，妻柳曰：「夫有高世之材，要須遇時乃發。今天子自征遼東，求猛將，此難得之時，君盍圖功名以自顯？富貴還鄉，葬未晚。」仁貴乃往見將軍張士貴應募。

至安地，會郎將劉君卬爲賊所圍，仁貴馳救之，斬賊將，係首馬鞍，賊皆慴伏，由是知名。王師攻安市城，高麗莫離支遣將高延壽等率兵二十萬拒戰，倚山結屯，太宗命諸將分擊之。仁貴恃驍悍，欲立奇功，乃著白衣自標顯，持戟，腰鞬兩弓，呼而馳，所向披靡；軍乘之，賊遂奔潰。帝望見，遣使馳問：「先鋒白衣者誰？」曰：「薛仁貴。」帝召見，嗟異，賜金帛、口馬甚衆，授游擊將軍、雲泉府果毅，令北門長上。師還，帝謂曰：「朕舊將皆老，欲擢驍勇付閫外事，莫如卿者。朕不喜得遼東，喜得虓將。」遷右領軍中郎將。

高宗幸萬年宮，山水暴至，夜突玄武門，宿衞皆散走，仁貴曰：「當天子緩急，安可懼死？」遂登門大呼，以警宮內，帝遽出乘高。俄而水入帝寢，帝曰：「賴卿以免，始知有忠臣也。」賜以御馬。

蘇定方討賀魯，仁貴上疏曰：「臣聞兵出無名，事故不成，明其爲賊，敵乃可服。今泥熟不事賀魯，爲其所破，虜係妻子。王師有於賀魯部落轉得其家口者，宜悉取以還，厚加賚遣，使百姓知賀魯爲暴而陛下至德也。」帝納之，遂還其家屬，泥熟請隨軍効死。顯慶三年，詔副程名振經略遼東，破高麗於貴端城，斬首三千級。明年，與梁建方、契苾何力遇高麗大將温沙多門，戰橫山，仁貴獨馳入，所射皆應弦仆。又戰石城，有善射者，殺官軍十餘人，仁貴怒，單騎突擊，賊弓矢俱廢，遂生禽之。俄與辛文陵破契丹於黑山，執其王阿卜固獻東都。拜左武衞將軍，封河東縣男。

詔副鄭仁泰爲鐵勒道行軍總管。將行，宴內殿，帝曰：「古善射有穿七札者，卿試以五甲射焉。」仁貴一發洞貫，帝大驚，更取堅甲賜之。時九姓衆十餘萬，令驍騎數十來挑戰，仁貴發三矢，輒殺三人，於是虜氣懾，皆降。仁貴慮爲後患，悉坑之。轉討磧北餘衆，擒僞葉護兄弟三人以歸。軍中歌曰：「將軍三箭定天山，壯士長歌入漢關。」九姓遂衰。

鐵勒有思結、多覽葛等部，先保天山，及仁泰至，懼而降，仁泰不納，虜其家以賞軍，賊相率遁去。有候騎言：「虜輜重畜牧被野，可往取。」仁泰選騎萬四千卷甲馳，絕大漠，至仙萼河，不見虜，糧盡還。人飢相食，比入塞，餘兵纔二十之一。仁貴亦取所部爲妾，多納賕遺，爲有司劾奏，以功見原。

乾封初，高麗泉男生內附，遣將軍龐同善、高偘往慰納，弟男建率國人拒弗納，乃詔仁貴率師援送同善。至新城，夜爲虜襲，仁貴擊之，斬數百級。同善進次金山，衄虜不敢前，高麗乘勝進，仁貴擊虜斷爲二，衆即潰，斬馘五千，拔南蘇、木底、蒼巖三城，遂會男生軍。手詔勞勉。仁貴負銳，提卒二千進攻扶餘城，諸將以兵寡勸止。仁貴曰：「在善用，不在衆。」身帥士，遇賊輒破，殺萬餘人，拔其城，因旁海略地，與李勣軍合。扶餘既降，它四十城相率送款，威震遼海。有詔仁貴率兵二萬與劉仁軌鎭平壤，拜本衞大將軍，封平陽郡公，檢校安東都護，移治新城。撫孤存老，檢制盜賊，隨才任職，褒崇節義，高麗士衆皆欣然忘亡。

咸亨元年，吐蕃入寇，命爲邏娑道行軍大總管，率將軍阿史那道眞、郭待封擊之，以援吐谷渾。待封嘗爲鄯城鎭守，與仁貴等夷，及是，恥居其下，頗違節度。初，軍次大非川，將趨烏海，仁貴曰：「烏海地險而瘴，吾入死地，可謂危道，然速則有功，遲則敗。今大非嶺寬平，可置二栅，悉內輜重，留萬人守之，吾倍道掩賊不整，滅之矣。」乃約齎，至河口，遇賊，破之，多所殺掠，獲牛羊萬計。進至烏海城，以待後援。待封初不從，領輜重踵進，吐蕃率衆二十萬邀擊取之，糧仗盡沒，待封保險。仁貴退軍大非川，吐蕃益兵四十萬來戰，王師大敗。仁貴與吐蕃將論欽陵約和，乃得還，吐谷渾遂沒。仁貴歎曰：「今歲在庚午，星在降婁，不應有事西方，鄧艾所以死於蜀，吾固知必敗。」有詔原死，除名爲庶人。

未幾，高麗餘衆叛，起爲鷄林道總管。復坐事貶象州，會赦還。帝思其功，乃召見曰：「疇歲萬年宮，微卿，我且爲魚。前日殄九姓，破高麗，爾功居多。人有言向在烏海城下縱虜不擊，以至失利，此朕所恨而疑也。今遼西不寧，瓜、沙路絕，卿安得高枕不爲朕指麾邪？」於是拜瓜州長史、右領軍衞將軍、檢校代州都督，率兵擊突厥元珍於雲州。突厥問曰：「唐將爲誰？」曰：「薛仁貴。」突厥曰：「吾聞薛將軍流象州死矣，安得復生？」仁貴脫兜鍪見之，突厥相視失色，下馬羅拜，稍稍遁去。仁貴因進擊，大破之，斬首萬級，獲生口三萬，牛馬稱是。

永淳二年卒，年七十。贈左驍衞大將軍、幽州都督，官給輿，護喪還鄉里。

子訥，字愼言，起家城門郎，遷藍田令。富人倪氏訟息錢於肅政臺，中丞來俊臣受賕，發義倉粟數千斛償之。訥曰：「義倉本備水旱，安可絕衆人之仰私一家？」報上不與。會俊臣得罪，亦止。

後突厥擾河北，武后以訥世將，詔攝左威衞將軍、安東道經略使。對同明殿，具言：「醜虜馮暴，以廬陵王藉言，今雖還東宮，議不堅信。若太子無動，賊不討而解。」后納其言。俄遷幽州都督、安東都護。改幷州長史，檢校左衞大將軍。訥久處邊，有戰功。開元初，玄宗講武新豐，詔訥爲左軍節度。時諸部頗失序，唯訥與解琬軍不動。帝令輕騎召之，至軍門，不得入。禮成，尤見慰勞。

明年，契丹、奚、突厥連和，數入邊，訥建議請討，詔監門將軍杜賓客、定州刺史崔宣道與訥帥衆二萬出檀州。賓客議「方暑，士負戈贏糧深討，慮恐無功」，姚元崇亦持不可，訥獨曰：「夏草薦茂，羔犢方息，不費饋饟，因盜資，振國威靈，不可失也。」天子方欲夸威四夷，喜奇功，乃聽訥言，而授紫微黃門三品以重之。師至灤河，與賊遇，諸將不如約，爲虜覆，盡亡其軍。訥脫身走，而罪宣道及大將李思敬等八人，有詔斬以徇，獨賓客免，盡奪訥官爵。

俄而吐蕃大酋坌達延、乞力徐等衆十萬寇臨洮，入蘭州，剽牧馬，詔訥白衣攝羽林將軍，爲隴右防禦使，與王晙擊之。追及賊，戰武階驛，掎角劫之，破其衆；尾北至洮水，又戰長城堡，殺鹵數萬，禽其酋六指鄉彌洪，悉收所掠及仗械不貲。時帝欲自將北伐，及訥大克，乃止行。命紫微舍人倪若水卽軍陟功狀，拜訥左羽林大將軍，復封平陽郡公，以子暢爲朝散大夫。又授涼州鎭軍大總管，赤水、建康、河源邊州皆隸節度。俄爲朔方行軍大總管。久之，以老致仕。卒，年七十二，贈太常卿，謚曰昭定。

訥性沈勇寡言，其用兵，臨大敵益壯。

弟楚玉，開元中爲范陽節度使，以不職廢。生子嵩。

嵩生燕、薊閒，氣豪邁，不肯事產利，以膂力騎射自將。豫安祿山亂，晚爲史朝義守相州。僕固懷恩破朝義，長驅河朔，嵩震懼，迎拜軍門，懷恩釋之，奏爲檢校刑部尙書、相衞洺邢等州節度使。方大亂後，人亦厭禍，嵩謹奉職，頗有治名。大曆初，封高平郡王，實封二百戶，號其軍爲昭義。遷檢校尙書右僕射，更封平陽。七年卒，贈太保。

詔其弟㟧知留後事，累加檢校太子少師。十年，爲其將裴志清所逐，以兵歸田承嗣。㟧奔洛州。請入朝，降服待罪銀臺門，赦之。乃分其地，以嵩族子擇爲相州刺史，雄衞州刺史，堅洛州刺史。承嗣誘雄亂，不從；遣客刺殺之。

初，嵩好蹴踘，隱士劉鋼勸止曰：「爲樂甚衆，何必乘危邀晷刻歡？」嵩悅，圖其形坐右。

嵩子平。

平字坦塗，年十二，爲磁州刺史。父喪，軍吏以故事脅知留務，僞許之，已而讓㟧，夕以喪歸。累授右衞將軍，宿衞三十年。宰相杜黃裳擢爲汝州刺史，治有風績。王師討蔡，繇左龍武大將軍授鄭滑節度使，數戰有功。始，河溢瓠子，東泛滑，距城纔二里所。平按求故道出黎陽西南，因命其佐裴弘泰往請魏博節度使田弘正，弘正許之。乃籍民田所當者易以它地，疏道二十里，以釃水悍，還壖田七百頃於河南，自是滑人無患。入爲左金吾衞大將軍。未幾，復帥鄭滑。

李師道平，詔分淄、靑、齊、登、萊五州爲平盧軍，徙平爲節度使。王廷湊圍牛元翼，棣州危，詔平出援。平遣將李叔佐率兵二千往，刺史王稷餽餉陋狹，衆潰而歸，推突將馬士端爲帥，劫屯士萬人，薄州堞。城中兵寡，平悉公帑家貲募銳卒二千迎戰，以奇兵掩賊輜重，賊狼顧，遂大敗，降，餘黨平。引謀亂者二千人斬堂皇下，脅從皆縱還田里，威震一方。詔遷檢校尚書右僕射，封魏國公。在鎮六年，兵鎧完礪，徭賦均一。寶曆初，入朝，民鄣路願留，數日得出。拜檢校司空、河中絳隰節度使，復得隸晉、慈二州，益兵三千。進檢校司徒，更封韓。召拜太子太保。以司徒致仕。卒，年八十，贈太傅。

子從，字順之，以蔭授左淸道率府兵曹參軍，累遷汾州刺史，隄文谷、濾河二水，引漑公私田，汾人利之。徙濮州，儲粟二萬斛以備凶災。於是山東大水，詔右司郎中趙傑爲賑卹使，傑表其才，擢將作監。終左領軍衞上將軍。贈工部尙書。

程務挺，洺州平恩人。父名振，隋大業末，仕竇建德爲普樂令，盜不跡境。俄棄賊自歸，高祖詔授永寧令，使率兵經略河北，卽夜襲鄴縣，俘男女千餘人以歸，去數舍，閱婦人方乳者九十餘人，還之，鄴人感其仁。劉黑闥陷洺州，名振與刺史陳君賓自拔歸，母妻爲賊所得。名振率衆千餘，掠冀、貝、滄、瀛等州，邀擊糧道，悉毀賊水陸餉具。黑闥怒，殺其母妻。賊平，請手斬黑闥，以其首祭母。拜營州長史，封東平郡公，賜物二千段、黃金三百兩。轉洺州刺史。太宗征遼東，召問方略，不合旨，帝勃然詰之，名振辯對益詳，帝意解，謂左右曰：「房玄齡常在朕前，見朕嗔餘人，色不能主。名振生平未識我，一旦詰讓，而辭吐不屈，奇士哉！」拜右驍衞將軍、平壤道行軍總管。攻沙卑城，破獨山陣，皆以少擊衆，號爲名將。遷營州都督，兼東夷都護。擊高麗於貴端水，焚其新城。歷晉、蒲二州刺史，鏤方道總管。卒，贈右衞大將軍，謚曰烈。

務挺少從父征討，以勇力聞，拜右領軍衞中郎將。破突厥六萬騎於雲州。會僞可汗阿史那伏念叛，總管李文暕等三將以次奔敗。詔裴行儉討之，以務挺副，檢校豐州都督。時伏念屯金牙山，務挺與副總管唐玄表引兵赴之，伏念懼，乃間道降於行儉，故裴炎以爲非行儉功，遷務挺右武衞將軍，封平原郡公。

綏州部落稽白鐵余據城平叛，建僞號，署置百官，進攻綏德、大斌〔二〕，殺官吏，火廬舍。詔務挺與夏州都督王方翼討之，務挺生禽白鐵余。進左驍衞大將軍，檢校左羽林軍。嗣聖初，與右領軍大將軍張虔勗等豫廢中宗、立豫王爲皇帝，累被褒賚。以左武衞大將軍爲單于道安撫大使，禦突厥。務挺善綏禦，士服其威愛，突厥憚之，不敢盜邊。

裴炎下獄，務挺密表申治，又素與唐之奇、杜求仁善，或言務挺與炎及徐敬業潛相援結，后遣左鷹揚將軍裴紹業即軍中斬之，籍其家。突厥聞務挺死，率相慶，爲立祠，每出師，輒禱焉。

王孝傑，京兆新豐人。少以軍功進。儀鳳中，劉審禮討吐蕃，孝傑以副總管戰大非川，爲虜執，贊普見之，曰「貌類吾父」，故不死，歸之。武后時，爲右鷹揚衛將軍。孝傑居虜中久，悉其虛實。長壽元年，爲武威道總管，與阿史那忠節討吐蕃，克龜茲、于闐、疏勒、碎葉等城。武后曰：「貞觀中，西境在四鎭，其後不善守，棄之吐蕃。今故土盡復，孝傑功也。」乃遷左衛大將軍。進夏官尙書、同鳳閣鸞臺三品，清源縣男。證聖初，復爲朔方道總管，與吐蕃戰不利，免。

會契丹李盡忠等叛，有詔起白衣爲清邊道總管，將兵十八萬討之。軍至東硤石谷，與賊接。道隘虜衆，孝傑率銳兵先驅，出谷整陣，與賊戰，而後軍總管蘇宏暉以其軍退，援不至，爲虜所乘，軍潰，孝傑墮谷死，士相蹂且盡。初，進軍平州，白鼠晝入營頓伏。皆謂「鼠坎精，胡象也，白質歸命，天亡之兆」。及戰，乃孝傑覆焉。時張說以管記還白狀，后問之，說具陳：「孝傑乃心國家，敢深入，以少當衆，雖敗，功可錄也。」乃贈夏官尙書、耿國公，以其子无擇爲朝散大夫。遣使者斬宏暉，使未至而宏暉已立功，遂贖罪。

唐璿字休璟，以字行，京兆始平人。曾祖規，爲後周驃騎大將軍。休璟少孤，授易於馬嘉運，傳禮於賈公彥，舉明經高第。爲吳王府典籤，改營州戶曹參軍。會突厥誘奚、契丹叛，都督周道務以兵授休璟，破之於獨護山，數馘多，遷朔州長史。

永淳中，突厥圍豐州，都督崔智辯戰死，朝廷議棄豐保靈、夏。休璟以爲不可，上疏曰：「豐州控河遏寇，號爲襟帶，自秦、漢以來，常郡縣之。土田良美，宜耕牧。隋季喪亂，不能堅守，乃遷就寧、慶，戎羯得以乘利而交侵，始以靈、夏爲邊。唐初，募人以實之，西北一隅得以完固。今而廢之，則河傍地復爲賊有，而靈、夏亦不足自安，非國家利也。」高宗從其言。垂拱中，遷安西副都護。會吐蕃破焉耆，安息道大總管韋待價等敗，休璟收其潰亡，以定西土，授靈州都督。乃陳方略，請復四鎭。武后遣王孝傑拔龜茲等城，自休璟倡之。

聖曆中，授涼州都督、右肅政御史大夫、持節隴右諸軍副大使。吐蕃大將麴莽布支率騎數萬寇涼州，入洪源谷，休璟以兵數千臨高望之，見賊旗鎧鮮明，謂麾下曰：「吐蕃自欽陵死，贊婆降，莽布支新將兵，欲以示武，且其下皆貴臣酋豪子弟，騎雖精，不習戰，吾爲諸君取之。」乃被甲先登，六戰皆克，斬二將，獲首二千五百，築京觀而還。吐蕃來請和，旣宴，使者屢覘休璟，后問焉，對曰：「洪源之戰，是將軍多殺臣士卒，其勇無比，今願識之。」后嗟異，擢爲右武威、金吾二衞大將軍。

西突厥烏質勒失諸蕃和，舉兵相攻，安西道閉。武后詔休璟與宰相計議，不少選，畫所當施行者。既而邊州建請屯置，盡如休璟策。后曰：「恨用卿晚。」進拜夏官尚書、同鳳閣鸞臺三品。后謂楊再思、李嶠、姚元崇等曰：「休璟練知邊事，卿輩十不當一。」改太子右庶子，仍知政事。

會契丹入塞，復以夏官尚書檢校幽營等州都督、安東都護。時中宗爲皇太子，休璟將行，進啓曰：「易之兄弟恩寵過幸，數入禁闥，非人臣所宜，願加防察。」帝復位，召授輔國大將軍、同中書門下三品、酒泉郡公。謂曰：「初欲召公計事，以有北狄憂，前日直言，今未忘也。」加特進、尚書右僕射，賜邑戶三百，封宋國公。是歲大水，上疏自劾免，不許。累遷檢校吏部尚書。景龍二年致仕〔三〕。未幾，復起爲太子少師、同中書門下三品，監脩國史。景雲初，以特進爲朔方行軍大總管，備突厥；停舊封，別賜百戶。明年，復請老，給一品全祿。延和元年卒，年八十六，贈荆州大都督，謚曰忠。

休璟以儒者號知兵，自碣石踰四鎭，其間緜地幾萬里，山川夷岨，障塞之要，皆能言之，故行師料敵未嘗敗。初得封，以賦絹數千散賙其族，又出財數十萬大爲塋墓，盡葬其五服親，當時稱重。惟張仁愿議築受降城，而休璟獨謂不可，卒就之，而漠南無虜患。始老，已踰八十，猶託倚權近求復用。於是賀婁尙宮方用事，附者輒榮赫，休璟乃爲子娶其義女，故復起宰相，頗爲時譏訾。其當國，亦無它毗益云。

子先愼至陳州刺史，先擇爲右金吾衞將軍。

張仁愿，華州下邽人。本名仁亶，以睿宗諱音近避之。有文武材。武后時，累遷殿中侍御史。御史郭弘霸者，稱后乃彌勒佛身，又鳳閣舍人張嘉福、王慶之請以武承嗣爲皇太子，邀仁愿聯章，仁愿正色拒之。後王孝傑爲吐剌軍總管，與吐蕃戰不利，仁愿監其軍，因入言狀，孝傑坐免，擢仁愿侍御史。

萬歲通天中，監察御史孫承景監淸邊軍，戰還，自圖先鋒當矢石狀。武后歎曰：「御史乃能如是乎！」擢爲右肅政臺中丞，詔仁愿即敍其麾下功。仁愿先問承景破敵曲折，承景實不行，所問皆窮。仁愿劾奏承景罔上，虛列虜級。貶爲崇仁令，以仁愿代爲中丞，檢校幽州都督。

默啜寇趙、定，還出塞，仁愿以兵邀之，賊引去，矢著其手，武后遣使勞問，賜藥注傅。遷并州都督長史。神龍中，進左屯衞大將軍，兼檢校洛州長史。會穀貴多盜，仁愿一切捕殺，胔積府門，畿甸震慴，無敢犯。先是，賈敦頤嘗爲長史，有政績，時人爲之語曰：「洛有前賈後張，敵京兆三王。」

三年，朔方軍總管沙吒忠義爲突厥所敗，詔仁愿攝御史大夫代之。既至，賊已去，引兵躡擊，夜掩其營，破之。始，朔方軍與突厥以河爲界，北厓有拂雲祠，突厥每犯邊，必先謁祠禱解，然後料兵度而南。時默啜悉兵西擊突騎施，仁愿請乘虛取漠南地，於河北築三受降城，絕虜南寇路。唐休璟以爲「兩漢以來皆北守河，今築城虜腹中，終爲所有」。仁愿固請，中宗從之。表留歲滿兵以助功，咸陽兵二百人逃歸，仁愿禽之，盡斬城下，軍中股慄，役者盡力，六旬而三城就。以拂雲爲中城，南直朔方，西城南直靈武，東城南直榆林，三壘相距各四百餘里，其北皆大磧也，斥地三百里而遠。又於牛頭朝那山北置烽候千八百所。自是突厥不敢踰山牧馬，朔方益無寇，歲損費億計，減鎭兵數萬。初建三城也，不置壅門、曲敵、戰格。或曰：「邊城無守備，可乎？」仁愿曰：「兵貴攻取，不宜退守。寇至，當併力出拒，敢回望城者斬，何事守備，退恤其心哉！」後常元楷代爲總管，始築壅門，議者益重仁愿而輕元楷。

景龍二年，拜左衞大將軍〔四〕、同中書門下三品，封韓國公。春還朝，秋復督軍備邊，帝爲賦詩祖道，賞賚不貲。遷鎭軍大將軍。睿宗立，乃致仕。加兵部尙書，稟祿全給。開元二年卒，贈太子少保。

仁愿爲將，號令嚴，將吏信伏，按邊撫師，賞罰必直功罪。後人思之，爲立祠受降城，出師輒享焉。宰相文武兼者，當時稱李靖、郭元振、唐休璟、仁愿云。在朔方，奏用御史張敬忠、何鸞、長安尉寇泚、鄠尉王易從、始平主簿劉體微分總軍事，太子文學柳彥昭爲管記，義烏尉晁良貞爲隨機，皆著稱，後至大官，世名仁愿知人。

子之輔，至趙州刺史。

張敬忠自監察御史累遷吏部郎中，開元七年拜平盧節度使。

王晙，滄州景城人，後徙洛陽。父行果，爲長安尉，知名。晙少孤，好學。祖有方奇之，曰：「是子當興吾宗。」長豪曠，不樂爲銜檢事。擢明經第，始調淸苑尉，歷除殿中侍御史。會朔方元帥魏元忠討賊不利，劾奏副將韓思忠敗，律當誅。晙以「思忠偏裨，權不己制，且其人勇智可惜，不宜獨誅」，固爭，得釋，晙亦出爲渭南令。

景龍末，授桂州都督。州有兵，舊常仰餉衡、永。晙始築羅郛，罷戍卒；堨江，開屯田數千頃，以息轉漕，百姓賴之。後求歸上冢，州人詣闕留。有詔：「桂往罹寇暴，戶口彫瘠，宜卽留，以須政成。」在桂踰期年，人丐刻石頌德。初，劉幽求放封州，廣州都督周利貞欲必殺之，道出晙所，晙知其故，留不遣。利貞移書督趣，幽求懼曰：「勢且難全，正恐累君，奈何？」晙曰：「公之坐，非朋友所絕。晙在，終不忍公無罪就死。」俄崔湜等誅，幽求復執政，故詔幽求爲刻石辭。遷鴻臚少卿，充朔方軍副大總管、安北大都護，豐安、定遠等城並授節度。進太僕少卿、隴右羣牧使。

開元二年，吐蕃以精甲十萬寇臨洮，次大來谷，其酋坌達延以兵踵而前。晙率所部二千與臨洮軍合，料奇兵七百，易胡服，夜襲，去賊五里，令曰：「前遇寇，士大呼，鼓角應之。」賊驚，疑伏在旁，自相鬬死者萬計。俄而薛訥至武階，距大來二十里，賊陣兩軍間，亙一舍而近。晙往迎訥，夜使壯士銜枚廛突，虜駭引去，追至洮水，敗之，俘獲如積。以功加銀青光祿大夫、淸源縣男，兼原州都督；以子琁爲朝散大夫。又進幷州都督長史。

明年，突厥默啜爲拔曳固所殺，其下多降，分置河曲。旣而小殺繼立〔三〕，降者稍稍叛去。晙上言：

突厥向以國亂，故款塞，與部落無間也。延傫北風，何嘗忘之？今徙處河曲，使內伺邊鏄，久必爲患。比者不受要約，兵已屢動，擅作烽區，閉障行李。虜脫南牧，降帳必與連衡，以相應接，表裏有敵，雖韓、彭、孫、吳，無所就功。請至農隙，令朔方軍大陳兵，召酋豪，告以禍福，啗以金繒，且言南方麋鹿魚米之饒，並遷置淮右、河南寬鄉，給之程糧。雖一時之勞，然不二十年，漸服諸華，料以充兵，則皆勁卒。議者若謂降狄不可以南處，則高麗舊俘置沙漠之西，城傍編夷居靑、徐之右，何獨降胡不可徙歟？

臣復料議者必曰：「故事，置于河曲，前日已寧，今無獨異。」且往者頡利破亡，邊鄙安定，故降戶得以久安。今虜未殄滅，此降人皆戚屬，固不與往年同已。臣請以三策料之：悉其部落置內地，獲精兵之實，閉黠虜之患，此上策也；亭障之下，蕃華參處，廣屯戍，爲備擬，費甚人勞，下策也；置之朔塞，滋成禍萌，此無策也。不然，前至河冰，且必有變。

書未報，而虜已叛，乃敕晙將幷州兵濟河以討。晙間行，卷甲捨幕趨山谷，夜遇雪，恐失期，誓於神曰：「晙事君不以忠，不討有罪，天所殛者，當自蒙罰，士衆無罪。心誠忠，而天監之，則止雪反風，以獎成功。」俄而和霽。時叛胡分二道走，晙自東道追及之，獲級三千。以功遷左散騎常侍、朔方行軍大總管。改御史大夫。跌跌部及僕固都督勺磨等散保受降城之鄙，潛引突厥內擾，晙密言上，盡誘而誅之。拜兵部尚書，復爲朔方軍大總管。封淸源公，官一子。

九年，蘭池胡康待賓據長泉反，陷六州，詔郭知運與晙討平之。玄宗以宮人賜知運等，晙獨不敢取，曰：「臣之事君，猶子事父，詎有常近闈掖而臣子敢當乎？誓死以免。」見聽。初，晙奏：「朔方兵力有餘，願罷知運，獨當戍。」未報，而知運至，故不協。晙所降附，知運輒縱擊，賊意晙賣己，乃復叛。晙坐貶梓州刺史。改太子詹事、中山郡公。進吏部尚書、太原尹。代張說爲兵部尚書、同中書門下三品，充朔方軍節度大使，河北、河西、隴右、河東之軍盡屬。是冬，帝親郊，追會大禮，晙以冰壯，請留將兵待邊，手敕慰勉。會有人告許州刺史王喬謀反，辭逮晙，詔源乾曜、張說雜訊，無狀，以黨與貶蘄州刺史，遷定州。復以戶部尚書爲朔方軍節度使。卒，贈尚書左丞相，謚曰忠烈。

晙氣兒偉特，時謂爲熊虎相。感慕節義，有古人風。其操下肅壹，吏人畏愛。始，二張之誣魏元忠，晙獨上疏申治。宋璟曰：「魏公全矣，子再觸逆鱗，其殆乎！」晙曰：「魏公以忠獲罪，苟得辨，雖死弗悔。」

晙卒後，信安王禕討奚於幽州，告捷，且言「戰時，士咸見晙與部將高昭麾兵赴敵」，天子嗟異。戶部郎中陽伯成上疏，請封晙墓，表異之，優其子孫。帝乃遣使祭晙廟，進諸子官。

贊曰：唐所以能威振夷荒、斥大封域者，亦有虎臣爲之牙距也。至師行數千萬里，窮討殊鬬，獵取其國由鹿豕然，可謂選値其才歟！夫宰相代天秩物，變化人神，惟有德者宜之。若休璟、仁愿，用以丞弼，非彊所不能邪？據功名之地，則綽綽矣。

校勘記

〔一〕高宗知之　「高宗」，各本原作「太宗」。按本書卷三及舊書卷四高宗紀、本書卷九〇及舊書卷六八程知節傳、通鑑卷二〇〇，此乃高宗顯慶中事，據改。

〔二〕進攻綏德大斌　「德」，各本及舊書卷八三程務挺傳作「息」，冊府卷三五八及通鑑卷二〇三作「德」。按綏德、城平、大斌均綏州屬縣。「德」古作「悳」，「息」當爲「悳」之形誤，今改。

〔三〕景龍二年致仕　「景龍」，本書卷四及舊書卷七中宗紀、本書卷六一宰相表、通鑑卷二〇八作「神龍」。

〔四〕左衞大將軍　舊書卷九三張仁愿傳同。本書卷六一宰相表、舊書卷七中宗紀及通鑑卷二〇九均作「左屯衞大將軍」。

〔五〕既而小殺繼立　「立」，各本原作「降」。按舊書卷九三王晙傳云：「突厥默啜爲九姓所殺，其下酋長多款塞投降，置之河曲之內。俄而小殺繼立，降者漸叛。」舊書卷八玄宗紀及通鑑卷二一一合。此處「降」當作「立」，蓋涉上下文而誤。今改。

唐書卷一百一十二

列傳第三十七

王義方　員半千 石抱忠　韓思彥 琬　蘇安恆　薛登　王求禮

柳澤 範 奭　馮元常 元淑　蔣欽緒 沇 清

王義方，泗州漣水人，客于魏。孤且窶，事母謹甚。淹究經術，性謇特，高自標樹。舉明經，詣京師，客有徒步疲于道者，自言：「父宦遠方，病且革，欲往省，困不能前。」義方哀之，解所乘馬以遺，不告姓名去，由是譽振一時。不肯造請貴勢，太宗使宰相聽其論。於是尚書外郎獨孤悊以儒顯，給事中許敬宗推悊確論，義方引逮百家異同，連拄悊，直出其上。左右爲悊不平，輒罷會。補晉王府參軍，直弘文館。魏徵異之，欲妻以夫人之姪，辭不取。俄而徵薨，乃取女。人問其然，曰：「初不附宰相，今感知己故也。」

素善張亮，亮抵罪，故貶吉安丞。道南海，舟師持酒脯請福，義方酌水誓曰：「有如忠獲戾，孝見尤，四維廓氛，千里安流。神之聽之，無作神羞。」是時盛夏，濤霧蒸湧，既祭，天雲開露。人壯其誠。吉安介蠻夷，梗悍不馴，義方召首領，稍選生徒，爲開陳經書，行釋奠禮，淸歌吹籥，登降跽立，人人悅順。久之，徙洹水丞。而亮兄子皎自朱崖還，依義方。將死，諉妻子，願以尸歸葬，義方許之。以皎妻少，故與之誓於神，使奴負柩，輟馬載皎妻，身步從之。既葬皎原武，歸妻其家，而告亮墓乃去。遷雲陽丞。

顯慶元年，擢侍御史，不再旬，會李義府縱大理囚婦淳于，迫其丞畢正義縊死，無敢白其姦。義方自以與縣屬，不三時拜御史，且疾當世附離匪人以欺朝廷，內決劾奏，意必得罪，即問計於母。母曰：「昔王母伏劍，成陵之誼。汝能盡忠，吾願之，死不恨。」義方即上言：「天子置公卿大夫士，欲水火相濟，鹽梅相成，不得獨是獨非也。昔堯失之四凶，漢高祖失之陳豨，光武失之逢萌，魏武失之張邈〔一〕。彼聖傑之主，然皆失於前而得於後。今陛下撫萬邦而有之，蠻區夷落，罪無逃罰，況輦轂下姦臣肆虐乎？殺人滅口，此生殺之柄，不自主出，而下移佞臣，履霜堅冰，彌不可長。請下有司雜治正義死狀。」即具法冠對仗，叱義府下，跪讀所言。帝方安義府狡佞，恨義方以孤士觸宰相，貶萊州司戶參軍。歲終不復調，往客昌樂，聚徒教授。母喪，隱居不出。卒，年五十五。

義方爲御史時，買第，後數日，愛廷中樹，復召主人曰：「此佳樹，得無欠償乎？」又予之錢。其廉不貪類此。始，魏徵愛其材也，每恨太直，後卒以疾惡不容于時。既死，門人員半千、何彥先行喪，蒔松柏冢側，三年乃去。

彥先，齊州全節人。武后時，位天官侍郎。

員半千字榮期，齊州全節人。其先本彭城劉氏，十世祖凝之，事宋，起部郎，及齊受禪，奔元魏，以忠烈自比伍員，因賜姓員，終鎭西將軍、平涼郡公。

半千始名餘慶，生而孤，爲從父鞠愛，羈丱通書史。客晉州，州舉童子，房玄齡異之，對詔高第，已能講易、老子。長與何彥先同事王義方，以邁秀見賞。義方常曰：「五百歲一賢者生，子宜當之。」因改今名。凡舉八科，皆中。咸亨中，上書自陳：「臣家貲不滿千錢，有田三十畝，粟五十石。聞陛下封神岳，舉豪英，故鬻錢走京師。朝廷九品無葭莩親，行年三十，懷志潔操，未蒙一官，不能陳力歸報天子。陛下何惜玉陛方寸地，不使臣披露肝膽乎？得天下英才五千，與榷所長，有一居先，臣當伏死都市。」書奏，不報。

調武陟尉，歲旱，勸令殷子良發粟振民，不從。及子良謁州，半千悉發之，下賴以濟。刺史大怒，囚半千于獄。會薛元超持節度河，讓太守曰：「君有民不能恤，使惠出一尉，尚可罪邪？」釋之。俄舉岳牧，高宗御武成殿，問：「兵家有三陣，何謂邪？」衆未對，半千進曰：「臣聞古者星宿孤虛，天陣也；山川向背，地陣也；偏伍彌縫，人陣也。臣謂不然。夫師以義出，沛若時雨，得天之時，爲天陣；足食約費，且耕且戰，得地之利，爲地陣；舉三軍士如子弟從父兄，得人之和，爲人陣。捨是，則何以戰？」帝曰：「善。」既對策，擢高第。

歷華原、武功尉。厭卑劇，求爲左衞胄曹參軍。使吐蕃，將行，武后曰：「久聞爾名，謂爲古人，乃在朝邪！境外事不足行，宜留待制。」即詔入閤供奉。遷司賓寺主簿。稍與丘悅、王勮、石抱忠同爲弘文館直學士，又與路敬淳分日待制顯福門下。擢累正諫大夫，兼右控鶴內供奉。半千以控鶴在古無有，而授任者皆浮狹少年，非朝廷德選，請罷之，忤旨，下遷水部郎中。會詔擇牧守，除棣州刺史。復入弘文館爲學士。武三思用事，以賢見忌，出豪、蘄二州刺史。半千不顓任吏，常以文雅粉澤，故所至禮化大行。睿宗初，召爲太子右諭德，仍學士職。累封平原郡公。表丏骸骨，有詔聽朝朔望。

半千事五君，有淸白節，年老不衰，樂山水自放。開元九年，遊堯山、沮水間，愛其地，遂定居。卒，年九十四，即葬焉。吏民哭野中。

抱忠，長安人。名屬文。初置右臺，自淸道率府長史爲殿中侍御史，進檢校天官郎中，與侍郎劉奇、張詢古共領選，寡廉潔，而奇號淸平，二人坐綦連耀伏誅。

悅，河南人。亦善論譔，仕至岐王傅。

韓思彥字英遠，鄧州南陽人。游太學，事博士谷那律。律爲匪人所辱，思彥欲殺之，律不可。萬年令李乾祐異其才，舉下筆成章、志烈秋霜科，擢第。授監察御史，昌言當世得失。高宗夜召，加二階，待詔弘文館，仗內供奉。

巡察劍南，益州高貲兄弟相訟，累年不決，思彥敕廚宰飲以乳。二人寤，齧肩相泣曰：「吾乃夷獠，不識孝義，公將以兄弟共乳而生邪！」乃請輟訟。至西洱河，誘叛蠻降之。會蜀大饑，開倉振民，然後以聞，璽書褒美。使幷州，方賊殺人，主名不立，醉胡懷刀而汙，訊掠已服。思彥疑之，晨集童兒數百，暮出之，如是者三。因問：「兒出，亦有問者乎？」皆曰：「有之。」乃物色推訊，遂禽眞盜。

後太白晝見，勸帝修德答天譴。帝讓中書令李義府曰：「八品官能言得失，而卿冒沒富貴，主何事邪？」義府謝罪。司農武惟良擅用幷州賦二百萬緡，思彥劾處死，武后爲請而免。義府與諸武共譖思彥，出爲山陽丞。初，尉遲敬德子姓陷大逆，思彥按釋其冤，至是贈黃金良馬，思彥不受。至官閱月，自免去，放蹟江、淮間。久之，補建州司戶參軍。帝召問：「不見卿久，今何官邪？」思彥泣道所以然。帝謂宰相：「此亦太屈。」復召爲御史。俄出爲江都主簿，又徙蘇州錄事參軍。罷，客汴州。張僧徹者，廬墓三十年，詔表其閭，請思彥爲頌，餉縑二百，不受。時歲凶，家窶甚，僧徹固請，爲受一匹，命其家曰：「此孝子縑，不可輕用。」上元中，復召見。思彥久去朝，儀矩梗野，拜忘蹈舞，又詆外戚擅權，后惡之。中書令李敬玄劾奏思彥見天子不蹈舞，負氣鞅鞅，不可用。時已拜乾封丞，故徙朱鳶丞。遷賀州司馬，卒。

始，思彥在蜀，引什邡令鄧惲右坐，曰：「公且貴，願以子孫諉公。」比其斥，而惲已爲文昌左丞。

子琬。

琬字茂貞，喜交酒徒，落魄少崖檢。有姻勸舉茂才，名動里中。刺史行鄉飲餞之，主人揚觶曰：「孝于家，忠于國，今始充賦，請行無算爵。」儒林榮之。擢第，又舉文藝優長、賢良方正，連中。拜監察御史。景雲初，上言：

國安危在於政。政以法，暫安焉必危；以德，始不便焉終治。夫法者，智也；德者，道也。智，權宜也；道，可以久大也。故以智治國，國之賊；不以智治國，國之福。貞觀、永徽之間，農不勸而耕者衆，法施而犯者寡；俗不偷薄，器不行窳；吏貪者士恥同列，忠正淸白者比肩而立；罰雖輕而不犯，賞雖薄而勸；位尊不倨，家富不奢；學校不勵而勤，道佛不懲而戒；土木質厚，裨販弗蚩。其故奈何？雜以皇道也。自茲以來，任巧智，斥謇諤；趨勢者進，守道者退；諂附者無黜剝之憂，正直者有後時之歎；人趨家競，風俗淪替。其故奈何？行以霸道也。貞觀、永徽之天下，亦今日天下，淳薄相反，由治則然。

夫巧者知忠孝爲立身之階，仁義爲百行之本，託以求進，口是而心非，言同而意乖，陛下安能盡察哉！貪冒者謂能，淸貞者謂孤，浮沉者爲黠，剛正者爲愚。位下而驕，家貧而奢。歲月漸漬，不救其弊，何由變浮之淳哉？不務省事而務捉搦。夫捉搦者，法也。法設而滋章，滋章則盜賊多矣。法而益國，設之可也。比法令數改，或行未見益，止未知損。譬弈者一棋爲善，而復之者愈善，故曰設法不如息事，事息則巧不生。聖人防亂未然，天下何繇不治哉？

永淳時，雍丘令尹元貞坐婦女治道免官，今婦夫女役常不知怪。調露時，河內尉劉憲父喪，人有請其員者，有司以爲名教不取，今謂爲見機。太宗朝，司農以市木橦倍價抵罪，大理孫伏伽言：「官木橦貴，故百姓者賤。臣見司農識大體，未聞其過。」太宗曰：「善。」今和市顓刻剝，名爲和而實奪之。往者學生、佐史、里正每一員闕，擬者十人，今當選者亡匿以免。往選司從容有禮，今如仇敵買販。往官將代，儲什物俟其至；今交罷，執符紛競校在亡。往商賈出入萬里，今市井至失業。往家藏鏹積粟相夸，今匿貲示羸以相尙。往夷狄款關，今軍屯積年。往召募，人賈其勇；今差勒，闔宗逃亡。往倉儲盈衍，今所在空虛。

夫流亡之人非愛羈旅、忘桑梓也，斂重役亟，家產已空，鄰伍牽連，遂爲游人。窮詐而犯禁，救死而抵刑。夫亂繩已結，急引之則不可解。今刻薄吏能結者也，舉劾吏能引者也，則解者不見其人。願取奇材卓行者，量能授官。

又言：

仕路太廣，故棄農商而趨之。一夫耕，一婦蠶，衣食百人，欲儲蓄有餘，安可得乎？

書入，不報。

出監河北軍，兼按察使。先天中，賦絹非時，於是穀賤縑益貴，丁別二縑，人多徙亡。琬曰：「御史乃耳目官，知而不言，尙何賴？」又上言：「須報則弊已甚，移檄罷督乃聞。」詔可。

開元中，遷殿中侍御史，坐事貶官，卒。

蘇安恆，冀州武邑人。博學，尤明周官、春秋左氏學。武后末年，太子雖還東宮，政事一不與，大臣畏禍無敢言。安恆投匭上書曰：「陛下膺先聖顧託，受嗣子揖讓，應天順人，二十餘年，豈不聞虞舜褰裳、周公復辟事乎？今太子孝謹，春秋盛壯，使統臨宸極，何異陛下身撫天下哉！胡不傳位東宮，休安聖躬？自昔天下無二姓並興，且梁、河內、建昌諸王，以親得封，恐萬歲後不能良計，宜退就公侯，任以閑簡。又陛下二十餘孫，無尺土封，非長久計也，請以都督府要州分而王之。縱今尚幼，且擇立師傅，養成德器，藩屏皇家。」書奏，后雖猜克，不能無感，乃召見賜食，厚慰遣之。

明年，復諫曰：「臣聞天下者，高祖、太宗之天下。有隋失馭，羣雄鹿駭，唐家親事戎旅，以平宇縣，指河爲誓，非李氏不王，非功臣不封。陛下雖居正統，實唐舊基。前日太子在諒闇，相王非長嗣，唐祚中弱，故陛下因以即位。今太子年德已盛，尚貪有大寶，忘母子之恩，蔽其元良，以據神器，何施顏面見唐家宗廟、大帝陵寢哉！臣謂天意人事，還歸李氏。物極則復，器滿則覆；當斷不斷，將受其亂。誠能高揖萬機，自怡聖心，史臣書之，樂府歌之，斯盛事也。臣聞見過不諫非忠，畏死不言非勇。陛下以臣爲忠，則擇是而用；以爲不忠，則斬臣頭以令天下。」書聞，不報。

於是魏元忠爲張易之兄弟所構，獄方急，安恆獨申救，曰：

王者有容天下之量，故濟其心；能進天下之善，故除其惡。不然，則神鬼馮怒，陰陽紛舛。陛下始革命，勤秉政樞，博逮謀猷，天下以爲明主。暮年厭怠，讒佞熾結，水火相災，百姓不親，五品不遜，天下以爲暗君。邪正糅進，獄訟冤劇。何昔是而今非邪？居安忘危之失也。

竊見元忠廉直有名，位宰相，履忠正，邪佞之徒嫉之若讎。易之兄弟無功無德，但以馮附，不閱數期，位勢隆極，指馬獻蒲，先害善良。自元忠下獄，人人偶語，謂易之交亂，且及四國。烈士撫髀，忠臣鉗口，懼易之之權，恐先諫受戮，虛死無名。況賊虜方彊，賦斂重困，而自縱讒慝，搖變遐邇。臣恐四夷低目窺覘，爲邊鄙患，百姓託義以清君側，逐鹿之人叩關而至，陛衞左右，從中以應，爭鋒朱雀之門，問鼎大明之宮，陛下何以謝之？臣今計者，莫若收雷電之威，解恢恢之網，復爵還位，君臣如初，則天下幸甚。陛下縱不能斬佞臣，塞人望，且當抑奪榮寵，翦其羽翅，無使驕橫爲社稷之憂。

疏奏，易之等大怒，遣刺客邀殺之，賴鳳閣舍人桓彥範等悉力營解，乃免。

神龍初，爲習藝館內敎。節愍太子難，或譖安恆豫謀，死獄中。睿宗立，知其枉，詔贈諫議大夫。

薛登，常州義興人。父士通，爲隋鷹揚郎將。江都亂，與州民聞人嗣安據城拒賊。武德初，持地自歸，授東武州刺史。輔公祏反，士通與賊將西門君儀戰，破之。及平，封臨汾侯。終泉州刺史。

登通貫文史，善議論，根證該審，與徐堅、劉子玄齊名。調閬中主簿。天授中，累遷左補闕。時選舉濫甚，乃上疏曰：

比觀舉薦，類不以才，馳聲假譽，互相推引，非所謂報國求賢者也。古之取士，考素行之原，詢鄉邑之譽，崇禮讓，明節義，以敦樸爲先，雕文爲後。故人崇勸讓，士去輕浮，以計貢賢愚爲州之榮辱。昔李陵降而隴西慙，干木隱而西河美。名勝於利，則偷競日銷；利勝於名，則貪暴滋煽。蓋冀缺以禮讓升而晉人知禮，文翁以經術敎而蜀士多儒。未有上好而下不從者也。漢世求士，必觀其行，故士有自脩，爲閭里推舉，然後府寺交辟。魏取放達，晉先門閥，梁、陳薦士特尚詞賦。隋文帝納李諤之言，詔禁文章浮詞，時泗州刺史司馬幼之表不典實得罪，由是風俗稍改。煬帝始置進士等科，後生復相馳競，赴速趨時，緝綴小文，名曰策學，不指實爲本，而以浮虛爲貴。

方今舉士，尤乖其本。明詔方下，固已驅馳府寺之廷，出入王公之第，陳篇希恩，奏記誓報。故俗號舉人皆稱覓舉。覓者，自求也，非彼知之義。是以耿介之士羞於自拔，循常小人奔疎取附。願陛下降明制，頒峻科，斷無當之游言，收實用之良策，文試効官，武閱守禦。昔吳起將戰，左右進劍，吳子辭之，諸葛亮臨陣，不親戎服，蓋不取弓劍之用也。漢武帝聞司馬相如之文，恨不與同時，及其至也，終不處以公卿之位，非所任故也。漢法，所舉之主，終身保任。楊雄之坐田儀，成子之得魏相，賞罰之令行，則請謁之心絕，退讓之義著，則貪競之路銷。請寬年限，以容簡汰，不實免官，得人加賞，自然見賢不隱，食祿不專矣。

時四夷質子多在京師，如論欽陵、阿史德元珍、孫萬榮，皆因入侍見中國法度，及還，並爲邊害。登諫曰：

臣聞戎、夏不雜，古所戒也。故斥居塞外，有時朝謁，已事則歸，三王之法也。漢、魏以來，革襲衣冠，築室京師，不令歸國。較其利害，三王是而漢、魏非，拒邊長而質子短。昔晉郭欽、江統以夷狄處中夏必爲變，武帝不納，卒有永嘉之亂。伏見突厥、吐蕃、契丹往因入侍，並被奬遇，官戎秩，步黌門，服改氈罽，語習楚夏，窺圖史成敗，熟山川險易。國家雖有冠帶之名，而狼子孤恩，患必在後。

昔申公奔晉，使子狐庸爲吳行人，教吳戰陣，使之叛楚。漢遷五部匈奴於汾、晉，卒以劉、石作難。竊計秦幷天下，及劉、項用兵，人士凋散，以冒頓之盛，乘中國之虛，而高祖困厄平城，匈奴卒不入中國者，以其生長磧漠，謂穹廬賢於城郭，氈罽美於章紱，既安所習，是以無窺中國心，不樂漢故也。元海五部散亡之餘而能自振者，少居內地，明習漢法，鄙單于之陋，竊帝王之稱。使其未嘗內徙，不過劫邊人繒綵、麴糵歸陰山而已。

今皇風所覃，含識革面，方由余効忠，日磾盡節。然臣慮備豫不謹，則夷狄稱兵不在方外，非貽謀之道。臣謂願充侍子可一切禁絕，先在國者不使歸蕃，則夷人保疆，邊邑無爭。

武后不納。

久之，出爲常州刺史。屬宣州賊鍾大眼亂，百姓潰震，登嚴勒守備，闔境賴安。再遷尚書左丞。景雲中，爲御史大夫。僧慧範怙太平公主勢，奪民邸肆，官不能直，登將治之，或勸以自安，答曰：「憲府直枉，朝奏暮黜可矣。」遂劾奏，反爲主所構，出岐州刺史。遷太子賓客。開元初，爲東都留守，再爲太子賓客。登本名謙光，以與皇太子名同，詔賜今名。坐子累歸田里，家苦貧，詔給致仕祿。卒，年七十三，贈晉州刺史。

王求禮，許州長社人。武后時，爲左拾遺、監察御史。后方營明堂，琱飾譎怪，侈而不法。求禮以爲「鐵鷟金龍、丹雘珠玉，乃商瓊臺、夏瑤室之比，非古所謂茅茨棌椽者。自軒轅以來，服牛乘馬，今輦以人負，則人代畜」，上書譏切。久不報。

契丹叛，使孫萬榮寇河北，詔河內王武懿宗禦之，懦擾不進，賊敗數州去。懿宗乃條華人爲賊詿誤者數百族，請誅之。求禮劾奏曰：「詿誤之人無良邊吏教習，城不完固，爲虜脅制，寧素持叛心哉？懿宗擁兵數十萬，聞敵至，走保城邑，今乃移禍無辜之人，不亦過乎？請斬懿宗首以謝河北。」懿宗大懼，后盡赦其人。

當是時，契丹陷幽州，饋輓屈竭，左相豆盧欽望請停京官九品以上兩月奉助軍興。求禮曰：「公祿萬鍾，正可輟，仰祿之人可奈何？」欽望拒不應。既奏，求禮歷階進曰：「天子富有四海，何待九品奉，使宰相奪之以濟軍國用乎？」姚璹曰：「秦、漢皆有稅算以佐軍，求禮不識大體。」對曰：「秦、漢虛天下事邊，奈何使陛下効之？」后曰：「止。」

久視二年三月，大雨雪，鳳閣侍郎蘇味道等以爲瑞，率羣臣入賀。求禮讓曰：「宰相燮和陰陽，而季春雨雪，乃災也。果以爲瑞，則冬月雷，渠爲瑞雷邪？」味道不從。既賀者入，求禮即厲言：「今陽氣僨升，而陰冰激射，此天災也。主荒臣佞，寒暑失序，戎狄亂華，盜賊繁興，正官少，僞官多，百司非賄不入，使天有瑞，何感而來哉？」羣臣震恐，后爲罷朝。然以剛正故，宦齟齬。神龍初，終衞王府參軍。

柳澤，蒲州解人。曾祖亨，字嘉禮，隋大業末，爲王屋長，陷李密，已而歸京師。姿貌魁異，高祖奇之，以外孫竇妻之。三遷左衞中郎將，壽陵縣男。以罪貶邛州刺史，進散騎常侍。代還，數年不得調。持兄喪，方葬，會太宗幸南山，因得召見，哀之。數日，入對北門，拜光祿少卿。亨射獵無檢，帝謂曰：「卿於朕舊且親，然多交游，自今宜少戒。」亨由是痛飭厲，謝賓客，身安靜素，力吏事。終檢校岐州刺史，贈禮部尚書、幽州都督，謚曰恭。

澤耿介少言笑，風度方嚴。景雲中，爲右率府鎧曹參軍，四歲不遷。先是，中宗時，長寧、宜城、定安諸公主及后女弟〔三〕、昭容上官與其母鄭、尚宮柴、隴西夫人趙及姻聯數十族，皆能降墨敕授官，號斜封。及姚元崇、宋璟輔政，白罷斜封官數千員。元崇等罷去，太平公主盡奏復之。澤詣闕上疏曰：

臣聞藥不毒不可以蠲疾，詞不切不可以補過。故習甘旨者，非攝養之方；邇諛佞者，非治安之宜。臣竊見神龍以來，綱紀大壞，內寵專命，外嬖制權，因貴憑勢，賣官鬻爵。妃主之門同商賈然，舉選之署若闤闠然，屠販者由邪忝官，廢黜者因姦冒進。天下溷亂，幾危社稷，賴陛下聰明神武，拯溺舉墜。耳目所親，豈可忘鑒誡哉？且斜封官者，皆僕妾私謁，迷謬先帝，豈盡先帝意邪？陛下卽位之初，用元崇等計，悉以停廢，今又收用之。若斜封之人不可棄邪，韋月將、燕欽融不應褒贈，李多祚、鄭克乂不容盪雪也。陛下何不能忍於此而能忍於彼，使善惡混幷，反覆相攻，道人以非，勸人以僻。今天下咸稱太平公主與胡僧慧範以此誤陛下，故語曰：「姚、宋爲相，邪不如正；太平用事，正不如邪。」臣恐流遁致遠，積小爲大，累微成高。勿謂何傷，其禍將長；勿謂何害，其禍將大。

又言：

尙醫奉御彭君慶以巫覡小伎超授三品，奈何輕用名器，加非其人？臣聞賞一人而千萬人悅者，賞之；罰一人而千萬人勸者，罰之。惟陛下裁察。

疏入，不報。

澤入調，會有詔選者得言事。乃上書曰：

頃者韋氏蠱亂，姦臣同惡，政以賄成，官以寵進，言正者獲戾，行殊者見疑，海內寒心，人用不保。陛下神聖勇智，安宗社於已危，振黎苗之將溺。乃今蠲煩省徭，法明德舉，萬邦愷樂，室家胥歡。詩曰：「靡不有初，鮮克有終。」惟陛下愼厥初，脩其終。書曰：「惟德罔小，萬邦惟慶；惟不德罔大，墜厥宗。」甚可懼也。

夫驕奢起於親貴，綱紀亂於寵倖。禁之於親貴，則天下從；制之於寵倖，則天下畏。親貴爲而不禁，寵倖撓而不制，故政不常，令不一，則姦詐起而暴亂生焉，雖朝施暮戮，而法不行矣。陛下欲親與愛，莫若安之福之。夫寵祿之過，罪之階也，謂安之邪？驕奢之淫，危之梯也，謂福之邪？前事不忘，後之師也。陛下敷求俊哲，使朝夕納誨。其有逆于耳、謬于心者，無速罰，姑求之道；順于耳、便于身者，無急賞，姑求之非道。羞淫巧者拒之，則淫巧息；進忠讜者賞之，則忠讜進。

臣聞生於富者驕，生於貴者慠。書曰：「罔淫於逸，罔遊於樂。」今儲宮肇建，王府復啓，願采温良、博聞、恭儉、忠鯁者爲之僚友，仍請東宮置拾遺、補闕，使朝夕講論，出入侍從，授以訓誥，交修不逮。

臣又聞「馳騁畋獵，令人發狂」。今貴戚打毬擊鼓，飛鷹奔犬，狎比宵人，盤游藪澤。

書曰：「內作色荒，外作禽荒。」惟陛下誕降謀訓，勸以學業，示之以好惡，陳之以成敗，則長享福祿矣。

臣聞：「富不與驕期而驕自至，驕不與罪期而罪自至，罪不與死期而死自至」。頃韋庶人、安樂公主、武延秀等可謂貴且寵矣，權侔人主，威震天下。然怙侈滅德，神怒人棄，豈不謂愛之太極、富之太多乎？「殷鑒不遠，在夏后之世。」今陛下何勸？其皇祖謀訓之則乎！陛下何懲？其孝和寵任之失乎！故愛而知其惡，憎而知其善。夫寵愛之心未有能免，要去其太甚，閑之以禮，則可矣。諸王、公主、駙馬，陛下之所親愛也，矯枉監戒，宜在厥初，使居寵思危，觀過務善。書曰：「三風十愆，卿士有一于身，家必喪，邦君有一于身，國必亡。」惟陛下黜奢僭驕怠，進樸素行業，以勗其非心。

臣聞「常厥德，保厥位；厥德匪常，九有以亡」。願陛下不作無益，不啓私門，不差刑，不濫賞，則惟德是輔，惟人之懷，天祿永終矣。

睿宗善之，拜監察御史。

開元中，轉殿中侍御史，監嶺南選。時市舶使、右威衞中郎將周慶立造奇器以進，澤上書曰：「『不見可欲，使心不亂』，是知見可欲而心必亂矣。慶立雕製詭物，造作奇器，用浮巧爲珍玩，以譎怪爲異寶，乃治國之巨蠹，明王所宜嚴罰者也。昔露臺無費，明君不忍；象箸非大，忠臣憤歎。慶立求媚聖意，搖蕩上心。陛下信而使之乎，是宣淫於天下；慶立矯而爲之乎，是禁典之所無赦。陛下新即位，固宜昭宣菲薄，廣示節儉，豈可以怪好示四方哉！」書奏，玄宗稱善。歷遷太子右庶子。爲鄭州刺史，未行，卒，贈兵部侍郎。

澤從祖範、奭。

範，貞觀中爲侍御史，時吳王恪好田獵，範彈治之。太宗曰：「權萬紀不能輔道恪，罪當死。」範進曰：「房玄齡事陛下，猶不能諫止畋獵，豈宜獨罪萬紀？」帝怒，拂衣起。頃之，召謂曰：「何廷折我？」範謝曰：「主聖則臣直，陛下仁明，臣敢不盡愚？」帝乃解。高宗時，歷尙書右丞、揚州大都督府長史。

奭字子邵。以父隋時使高麗卒焉，故往迎喪，號踊盡哀，爲夷人所慕。貞觀中，累遷中書舍人。外孫爲皇后，遷中書侍郎，進中書令。皇后挾媚道覺，罷爲吏部尙書。后廢，貶愛州刺史。許敬宗等構奭通宮掖，謀行鴆毒，與褚遂良朋黨，罪大逆。遣使殺之，沒其家，期以上親並流嶺表，奭房隸桂州爲奴婢。神龍初，乃復官爵，子孫親屬緣坐者悉免。開元初，澤兄渙爲中書舍人，上言：「臣從伯祖奭，去顯慶三年與褚遂良等五門同被讒戮，雖被原雪，而子孫殆盡，唯曾孫无忝客籍巂州。陛下先天後詔書，嘗任宰相家並錄其後。況臣之伯祖無辜被誅，今藁窆未還，後嗣僑處，願許伯祖歸葬，孤孫北遷。」於是詔无忝護奭柩歸鄉里，官給喪事。无忝後歷潭州都督。

馮元常，相州安陽人，其先蓋長樂信都著姓。曾祖子琮，北齊右僕射。叔祖慈明，有文辭，仕隋爲內史舍人。奉詔討李密，爲密將所縛，身數創，密厚禮之，情謂曰：「東都危蹙，我欲率四方賢豪建功業，幸公同之。」慈明曰：「公家事先帝，名在王室，乃挾玄感舉兵，亡命至今，復圖反噬，何耶？」密囚之。俄爲翟讓所殺。武德初，贈吏部尙書，謚壯武。

元常舉明經及第，調浚儀尉。高宗時，擢累監察御史、劍南道巡察使，興利除害，蜀人順賴。歷尙書左丞。嘗密諫帝中宮權重，宜少抑，帝雖置其計，而內然之，由是爲武后所惡。元常在職脩舉，識鑒澄遠，帝委遇特厚。及不豫，詔平章百司奏事。武后擅朝，嵩陽令樊文進瑞石，后暴石朝堂示百官。元常奏石妄僞，不可以示羣臣。后怒，出爲隴州刺史。會天下岳牧集乾陵，后不欲元常得會，故道徙眉州刺史。劍南有光火盜，夜掠人，晝伏山谷。元常喩以恩信，約悔過自新，賊相率脫甲面縛。賊平，轉廣州都督，詔便驛走官。安南酋領李嗣仙殺都護劉延祐，劫州縣，詔元常討之。率士卒航海，馳檄先示禍福，賊黨多降，元常縱兵斬首惡而還。雖有功，猶以拂旨見怨，不錄功。凡三徙，終不得至京師，卒爲酷吏周興所陷，追赴都，下獄死。

元常閨門雍睦，有禮法，雖小功喪不御私室。神龍中，旌其家，大署曰「忠臣之門」。天下高其節，凡名族皆願通婚。

從弟元淑，及后時，歷淸漳、浚儀、始平三縣令，右善去惡，人稱爲神明。與奴僕日一食，馬日一秣，所至不挈妻子，斥奉餘以給貧窮。或譏其近名，元淑曰：「吾性也，不爲苦。」中宗降璽書勞勉，付狀史官。元淑約潔過於元常，然剛直不及也。終祠部郎中。

蔣欽緒，萊州膠水人。頗工文辭，擢進士第，累遷太常博士。中宗始親郊，國子祭酒祝欽明建言，皇后應亞獻，欲以媚韋氏。天子疑之，詔禮官議。衆曲意阿徇，欽緒獨抗言不可，諸儒壯其節。

歷吏部員外郎。始，韓琬爲高郵主簿，使京師，自負其才，有不遇之言題客舍。它日，欽緒見之，笑曰：「是子歎後時耶？」久之，琬舉賢良方正，欽緒擢其文異等，因謂曰：「朋友之過免未？」琬曰：「今日乃見君子之心。」其務薦引士類此。

欽緒精治道，馭吏整嚴，雖銖秒罪不貸。出爲華州長史。蕭至忠自晉州被召，過欽緒，欽緒本姻家，因戒曰：「以君才不患不見用，患非分而求耳。」至忠竟及禍。開元十三年，以御史中丞錄河南囚，宣尉百姓，振窮乏。徙吏部侍郎，歷汴、魏二州刺史，卒。性孤潔自守，唯與賈曾、郭利貞相友云。

子沇，亦専潔博學，少有名。以孝廉授洛陽尉，遷監察御史，與兄演、溶、弟凊俱爲才吏，有名天寶間。始，河南尹韓朝宗、裴迥嘗委訊覆檢句，而處事平，剖斷精允，羣寮莫能望也。乾元中，歷陸渾、盩厔、咸陽、高陵四縣令，美政流行，長老紀焉。郭子儀軍出其縣，敕麾下曰：「蔣沇，賢令，供億當有素，士得蔬飯足矣，毋撓其清也！」遷長安令，以刑部郎中兼侍御史，領渭橋運出納使。元載持政，守道士類不遷，沇以故滯郎位，不得調。常袞代相，聞士議恨沇屈，故擢御史中丞、東都副留守。再遷大理卿，持法明審，號稱職。德宗出奉天，沇奔行在，爲賊所拘，欲誘署僞職，沇絕食不應命，竄伏里中，不復見。京師平，乃出，擢右散騎常侍。卒年七十四，贈工部尙書。

清舉明經中第，調鞏丞。東京留守李憕賢之，表爲判官，與憕同死安祿山亂，贈禮部侍郎。敬宗時，錄其孫鄘爲伊闕令。初，淸蒙難，以秩卑不及謚。大和初，其出吏部郎中王高言之朝，追謚曰忠。

校勘記

〔一〕漢高祖失之陳豨光武失之逄萌魏武失之張邈　按後漢書卷一一二龐萌傳載，龐萌爲侍中，漢光武視爲「社稷之臣」，拜平狄將軍，後乃以兵反。與陳豨、張邈正相類似。而逄萌不事光武，後漢書列入逸民傳，與此處所論毫不相關。「逄萌」當是「龐萌」之誤。

〔二〕中宗時長寧宜城定安諸公主　「定安」，各本原作「安定」。按本書卷八三諸帝公主傳及唐會要卷六，安定爲唐高祖女，此應爲定安，據改。

唐書卷一百一十三

列傳第三十八

唐臨 皎 紹　張文瓘 文琮 錫 文收　徐有功 商 彥若

唐臨字本德，京兆長安人。周內史瑾之孫。其先自北海內徙。武德初，隱太子討王世充，臨以策進說，太子引直典書坊，授右衞率府鎧曹參軍。太子廢，出爲萬泉丞。有輕囚久繫，方春，農事興，臨說令可且出囚，使就畎畝。不許。臨曰：「有所疑，丞執其罪。」令移疾，臨悉縱歸，與之約，囚如期還。

再遷侍御史。大夫韋挺責著位不肅，明日，挺越次與江夏王道宗語，臨進曰：「王亂班。」道宗曰：「與大夫語，何至爾！」臨曰：「大夫亦亂班。」挺失色，衆皆悚伏。俄持節按獄交州，出冤繫三千人。累遷大理卿。高宗嘗錄囚，臨占對無不盡，帝喜曰：「爲國之要在用法，刻則人殘，寬則失有罪，惟是折中，以稱朕意。」它日復訊，餘司斷者輒紛訴不臣，獨臨所訊無一言。帝問故，答曰：「唐卿斷四不冤，所以絕意。」帝歎曰：「爲獄者固當若是。」乃自述其考曰「形如死灰，心若鐵石」云。

永徽元年，拜御史大夫。蕭齡之嘗任廣州都督，受賕當死，詔羣臣議，請論如法，詔戮于朝堂。臨建言：「羣臣不知天子所以議之之意。在律有八。王族戮于隱，議親也；刑不上大夫，議貴也。今齡之貪贓狠戾，死有餘咎。陛下以異於它囚，故議之有司，又令入死，非堯、舜所以用刑者，不可爲後世法。」帝然之。齡之，齊高帝五世孫，由是免死。

臨累遷吏部尚書。初，來濟謫台州，李義府謫普州，臨奏許褘爲江南巡察使，張倫劍南巡察使。褘與濟善，而倫與義府有隙。武后常右義府，察知之，謂臨遣所私督其過，坐免官。起爲潮州刺史，卒，年六十。

臨儉薄寡欲，不好治第宅。性旁通，專務掩人過。見妻子，必正衣冠。

兄皎，武德初，爲秦王府記室，從王征討，掌書檄。貞觀中，官吏部侍郎。先是，選集四時補擬，不爲限。皎請以冬初集，盡季春止，後遂爲法。終益州長史，贈太常卿。子之奇，給事中。坐章懷太子屬徙邊。後除括蒼令，與徐敬業起兵，誅。

臨孫紹。

紹，神龍時爲太常博士。遷左臺侍御史、度支員外郎，常兼博士。韋庶人請妃、公主、命婦以上葬給鼓吹，詔可。紹曰：「鼓吹本軍容，黃帝戰涿鹿，以爲警衞，故曲有靈夔吼、鵰鶚爭、石墜崖、壯士怒之類。惟功臣詔葬，得兼用之。男子有四方功，所以加寵。雖郊祀天地，不參設，容得接閨閫哉？在令，五品官昏葬，無給鼓吹者，唯京官五品則假四品，蓋班秩在夫若子。請置前詔，用舊典。」不省。

中宗始郊，國子祭酒祝欽明等知韋后能制天子，欲迎諂之，即奏以皇后亞獻，安樂公主終獻，又四時及列帝誕日，遣使者詣陵如事生。紹以爲非禮，引正誼固爭。帝又詔武氏陵及諸武墓皆置守戶，紹謂：「昊、順二陵守戶五百，與昭陵同。在令，先世帝王陵戶二十，今雖崇奉外家，宜準附常典。又親王墓戶十，梁、魯乃追贈，不可踰眞王。褒德衞卒，至踰宗廟，不可明甚，請罷之。」又言：「比羣臣務厚葬，以俑人象騶眩耀相矜，下逮衆庶，流宕成俗。願按令切敕裁損，凡明器不許列衢路，惟陳墓所。昏家盛設障車，擁道爲戲樂，邀貨捐貲動萬計，甚傷化紊禮，不可示天下。」事雖不從，議者美歎。

睿宗即位，數言政損益，再遷給事中，兼太常少卿。先天二年，玄宗講武驪山，紹以典儀坐失軍容，當斬。帝怒甚，執纛下，左右猶冀少貸，金吾將軍李邈遽傳詔斬之。時深咎遯，帝亦悔，俄詔罷遯官，擯于家。

張文瓘字稚圭，貝州武城人。隋大業末，徙家魏州之昌樂。幼孤，事母、兄以孝友聞。貞觀初，第明經，補并州參軍。時李勣爲長史，嘗歎曰：「稚圭，今之管、蕭，吾所不及。」勣入朝，文瓘與屬僚二人皆餞，勣贈二人以佩刀、玉帶，而不及文瓘。文瓘以疑請，勣曰：「子無爲嫌。若某，尢豫少決，故贈以刀，欲其果於斷；某放誕少檢，故贈以帶，俾其守約束。若子才，無施不可，焉用贈？」因極推引。再遷水部員外郎。時兄文琮爲戶部侍郎，於制，兄弟不並臺閣，出爲雲陽令。累授東西臺舍人，參知政事。乾封二年，遷東臺侍郎、同東西臺三品，遂與勣同爲宰相。俄知左史事。

時高宗造蓬萊、上陽、合璧等宮，復征討四夷，京師養廐馬萬匹，帑儥寖虛。文瓘諫曰：「王者養民，逸則富以康，勞則怨以叛。秦、漢廣事四夷，造宮室，至二世土崩，武帝末年戶口減半。夫制治於未亂，保邦於未危。人罔常懷，懷于有仁。臣願撫之，無使勞而生怨。隋監未遠，不可不察。」帝善其言，賜繒錦百段，爲減廐馬數千。改黃門侍郎，兼太子右庶子，又兼大理卿。不旬日，斷疑獄四百，抵罪者無怨言。嘗有小疾，囚相與齋禱，頗亟視事。時以執法平恕方戴胄。後拜侍中，兼太子賓客。諸囚聞其遷，皆垂泣，其得人心如此。性嚴正，未嘗回容，諸司奏議，悉心糾駁，故帝委之。或時移疾，佗宰相奏事，帝必問與文瓘議未。若不者，曰：「往共籌之。」或曰：「已議。」卽皆報可。新羅叛，帝將出兵討之。時文瓘病臥家，自力請見，曰：「吐蕃盜邊，兵屯境未解，新羅復叛，議者欲出師，二虜俱事，臣恐人不堪弊，請息兵修德，以懷異俗。」詔可。

初，同列以堂饌豐餘，欲少損。文瓘曰：「此天子所以重樞務、待賢才也，吾等若不任職，當自引避，不宜節減，以自取名。」衆乃止。卒，年七十三，贈幽州都督，謚曰懿。以嘗事孝敬皇帝，詔陪葬恭陵。

四子：潛，爲魏州刺史；沛，同州刺史；洽，衞尉卿；涉，殿中監。父子皆至三品，時謂「萬石張家」。韋溫誅，涉爲亂兵所殺。

文琮，好自寫書，筆不釋手。子弟諫止，曰：「吾好此，不爲倦。」貞觀中，爲治書侍御史，遷亳州刺史。永徽初，獻文皇帝頌，優制褒美，拜戶部侍郎。坐房遺愛從母弟，出爲建州刺史。州尙淫祀，不立社稷，文琮下敎曰：「春秋二社本于農，今此州廢不立，尙何觀？比歲田畝卒荒，或未之思乎！神在于敬，可以致福。」於是始建祀場，民悅從之。卒于官。

子錫，久視初，爲鳳閣侍郎、同鳳閣鸞臺平章事，代其甥李嶠爲宰相。請還廬陵王，不爲張易之所右。與鄭杲俱知選，坐洩禁中語，又賕謝鉅萬，時蘇味道亦坐事，同被訊，繫鳳閣，俄徙司刑三品院。錫按轡專道，神氣不懾，日膳豐鮮，無損貶。味道徒步赴逮，席地菜食。武后聞之，釋味道，將斬錫，既而流循州。神龍中，累遷工部尚書，兼修國史，東都留守。韋后臨朝，詔同中書門下三品，旬日，出爲絳州刺史。累封平原郡公，卒。

文琮從父弟文收，終太子率更令。善音律，著新樂書十餘篇。

徐有功名弘敏，避孝敬皇帝諱，以字行，國子博士文遠孫也。舉明經，累補蒲州司法參軍，襲封東莞縣男。爲政仁，不忍杖罰，民服其恩，更相約曰：「犯徐參軍杖者，必斥之。」訖代不辱一人。累遷司刑丞。時武后僭位，畏唐大臣謀己。於是周興、來俊臣、丘神勣、王弘義等揣識后指，置總監牧院諸獄，捕將相，俾相鉤逮，掩搦護送，楚掠凝慘。又汙引天下豪桀，馳使者即按，一切以反論。吏爭以周內窮詆相高，后輒勸以官賞，於是以急變相告言者無虛日。朝野震恐，莫敢正言，獨有功數犯顏爭枉直，后厲語折抑，有功爭益牢。

時博州刺史琅邪王沖，責息錢于貴鄉，遣家奴督斂，與尉顏餘慶相聞知，奴自市弓矢還。會沖坐逆誅，魏州人告餘慶豫沖謀，后令俊臣鞫治，以反狀聞。有司議：「餘慶更永昌赦，法當流。」侍御史魏元忠謂：「餘慶爲沖督償，通書，合謀明甚，非曰支黨，請殊死，籍其家。」詔可。有功曰：「永昌赦令：『與虺貞同惡，魁首已伏誅，支黨未發者原之。』書曰：『殲厥渠魁』，律以『造意爲首』，尋赦已伏語，則魁首無遺。餘慶赦後被言，是謂支黨。今以支爲首，是以生入死。赦而復罪，不如勿赦；生而復殺，不如勿生。竊謂朝廷不當爾。」后怒曰：「何謂魁首？」答曰：「魁者，大帥；首者，元謀。」后曰：「餘慶安得不爲魁首？」答曰：「若魁首者，虺貞是已。既已伏誅，餘慶今方論罪，非支黨何？」后意解，乃曰：「公更思之。」遂免死。當此時，左右及衞仗在廷陛者數百人，皆縮項不敢息，而有功氣定言詳，巇然不橈。

有韓紀孝者，受徐敬業僞官，前已物故，推事使顧仲琰籍其家，詔已報可。有功追議曰：「律，謀反者斬。身亡卽無斬法，無斬法則不得相緣。所緣之人亡，則所因之罪減。」詔從之，皆以更赦免，如此獲宥者數十百姓。

累轉秋官郎中。鳳閣侍郎任知古、多官尙書裴行本等七人被誣當死，后謂宰相曰：「古人以殺止殺，我今以恩止殺，就羣公丐知古等，賜以再生，可乎？」俊臣、張知默固請如法，后不許。俊臣獨引行本更驗前罪。有功奏曰：「俊臣違陛下再生之賜，不可以示信。」於是悉免死。

道州刺史李仁褒兄弟爲人誣構，有功爭不能得。秋官侍郎周興劾之曰：「漢法，附下罔上者斬，面欺者亦斬。在古，析言破律者殺。有功故出反囚，罪當誅，請按之。」后不許，猶坐免官。

俄起爲左肅政臺侍御史，辭曰：「臣聞鹿走山林而命繫庖廚者，勢固自然。陛下以法官用臣，臣守正行法，必坐此死矣。」后固授之。天下聞有功復進，洒然相賀。時有詔：「公坐流、私坐徒以上會赦免，踰百日不首者，復論。」有功奏曰：「陛下寬殊死罪，已發者原之，是通改過之心、自新之路。故律，告赦前事，以其罪坐之。若無告言，所犯終不自發；如告言赦前事，則與律乖。今赦前之罪，不自言者，還以法論，卽恩雖布天下，而一罪不能貸，臣竊爲陛下不取。」后更詔五品以上議可。

又上疏曰：「天下員有定，比選者日多，選曹諉囑公行，囂謗滿路。唐季人多逆節，鞫訊結斷，刑慘獄嚴，革命歲久，其流弗改。事表生情，法外構理，而刻薄吏驅扇成姦。雖朝堂進表，列匭內牒，叫閽弗聽，叩鼓弗聞，使申其冤，正增其枉。誠令天官銓注有所不平、法司推斷舞法深詆、三司理匭受所上章擁塞不白者皆許臣按驗劾發，奪祿貶勞，不越月踰時，可致刑措。」后納之。

竇孝諶妻龐爲其奴怖以妖祟，敎爲夜解，因告以厭詛。給事中薛季昶鞫之，龐當死。子希瑊訟冤，有功明其枉。季昶劾有功黨惡逆，當棄市。有功方視事，令史泣以告。有功曰：「豈吾獨死，而諸人長不死邪？」安步去。后召詰曰：「公比斷獄多失出，何耶？」對曰：「失出，臣小過；好生，陛下大德。」后默然。龐得減死，有功免爲民。

起拜左司郎中，轉司刑少卿。與皇甫文備同按獄，誣有功縱逆黨。久之，文備坐事下獄，有功出之。或曰：「彼嘗陷君於死，今生之，何也？」對曰：「爾所言者私忿，我所守者公法，不可以私害公。」

嘗謂所親曰：「大理，人命所繫，不可阿旨詭辭，以求苟免。」故有功爲獄，常持平守正，以執據冤罔，凡三坐大辟，將死，泰然不憂，赦之，亦不喜，后以此重之。所全活甚衆，酷吏爲少衰，然疾之如讎矣。改司僕少卿。卒，年六十八，贈司刑卿。中宗卽位，加贈越州都督，遣使就第弔祭，賜物百段，授一子官。開元初，竇希瑊等請以己官讓有功子惀，以報舊德，由是自大理司直遷恭陵令。會昌中，追謚忠正〔一〕。

初，鹿城主簿潘好禮慕有功爲人，論之曰：「昔稱張釋之爲廷尉，天下無冤人，今有功斷獄，亦天下無冤人。然釋之當漢文帝時，中外無事，守法而已。有功居革命之際，周興、來俊臣等掩義隱賊，崇飾惡言，以誣盛德，有功守死明道，身瀕殆者數矣，此其賢於釋之明甚。」或稱有功仁恕過漢于、張。起居舍人盧若虛曰：「徐公當雷霆之震，而能全仁恕，雖千載未見其比。」

五世孫商。

贊曰：徐有功不以唐、周貳其心，惟一於法，身蹈死以救人之死，故能處猜后、酷吏之間，以恕自將，內挫虐焰，不使天下殘於燎，可謂仁人也哉！議者謂過漢于、張，渠不信夫！

商字義聲，或字秋卿，客新鄭再世，因爲新鄭人。幼隱中條山。擢進士第。大中時，擢累尚書左丞。宣宗詔爲巡邊使，使有指，拜河中節度使。突厥殘種保特峨山，以千帳度河自歸，詔商綏定。商表處山東寬鄉，置備征軍，凡千人，襞紙爲鎧，勁矢不能洞。徙節山南東道，襄多山棚，爲票賊，商取材卒爲捕盜將，別爲屯營，寇所發，輒迹捕，捕必得，遂爲精兵。江西都將反，韋宙乘傳抵山南發兵，商命部將韓季友以捕盜營士往。賊平，宙表留季友所部爲綱紀。咸通初，以刑部尚書爲諸道鹽鐵轉運使，封東莞縣子。四年，進同中書門下平章事，出爲荊南節度使。累進太子太保，卒。

子彥若，事僖宗爲中書舍人。昭宗立，再用爲御史中丞。張濬師敗太原，以彥若爲戶部侍郎、同中書門下平章事。俄代李茂貞爲鳳翔節度使，不得入，還爲御史大夫。乾寧初，復當國，進位太保、齊國公。崔胤專政，以彥若位己右，不悅，以平章事爲淸海軍節度使，卒於鎭，而行軍司馬劉隱因主留務。方時多難，彥若最見信于帝，有以事自陳者，帝曰：「汝當問彥若。」其所倚任如此。

校勘記

〔一〕忠正　考異卷五三云：「謚法無『正』字，宋時避仁宗嫌名，改『貞』爲『正』。」

唐書卷一百一十四

列傳第三十九

崔融 從 能 愼由 安潛 彥曾　徐彥伯　蘇味道　豆盧欽望

史務滋　崔元綜　周允元

崔融字安成，齊州全節人。擢八科高第。累補宮門丞、崇文館學士。中宗爲太子時，選侍讀，典東朝章疏。武后幸嵩高，見融銘啓母碣，歎美之。及已封，即命銘朝覲碑。授著作佐郎，遷右史，進鳳閣舍人。時有司議關市，行人盡征之，融上疏謂：「周官九賦，其七曰關市。以市多淫巧，而關通末游，欲止抑之，故加稅耳。然唯斂工商，而不及往來。今一切通取，則事不師古。且四人異業舊矣，復動而搖之。市者，兼受善惡也。若甚，則細人無所容，細人無所容，久必爲亂。天下之關必險道，市必要津，豪宗、惡少在焉，聞一旦變法，或致騷動，恐南走蠻，北走狄。今江津、河滸列鋪率稅，檢覆稽留，加主司僦略邀丐，則商人廢業。魏、晉、齊、隋所不行，況陛下乎？有如師興費廣，雖倍算商旅、加斂齊人可也。」后納之。

張易之兄弟頗延文學士，融與李嶠、蘇味道、麟臺少監王紹宗降節佞附。易之誅，貶袁州刺史。召授國子司業。與脩武后實錄勞，封清河縣子。融爲文華婉，當時未有輩者。朝廷大筆，多手敕委之，其洛出寶圖頌尤工。譔武后哀册最高麗，絕筆而死，時謂思苦神竭云。年五十四。贈衞州刺史，謚曰文。膳部員外郎杜審言爲融所獎引，爲服緦麻。

六子，其聞者禹錫、翹。禹錫，開元中，中書舍人，贈定州刺史，謚曰貞。翹，禮部尚書，贈荊州大都督，謚曰成。

孫亘，右補闕，亦有文。

曾孫從。

從字子乂，少孤貧，與兄能偕隱太原山中。會歲饑，拾橡實以飯，講學不廢。擢進士第。從山南嚴震府爲推官，以母喪免。兄弟廬墓，手藝松柏。喪闋，不應辟命。久之，韋皋引爲西山運務使。奏遷判官，攝守邛州。前刺史有以盜繫獄，辭已具。從疑其冤，縱不治，俄得眞盜。皋卒，劉闢反，欲并東川。從以書諭止闢，闢怒，從乃募兵嬰城守。闢方悉兵拒高崇文，戰而敗，從完州自如。盧坦表宣州副使。

入爲殿中侍御史，遷吏部員外郎。異時，吏給選者成牒，以先後丐賕，從一限出之，後遂爲法。裴度爲御史中丞，奏以右司郎中知雜事。度已相，代爲中丞。所彈治，不屈權幸。事繫臺閣而付仗內者，必請還有司。薦引御史，務取質重廉退者。李脩以寵得京兆尹，爲莊憲太后山陵橋道使，務以減末徭費爲功，至不治道，輴車留渭橋，久不得進。從三劾之，無少貸。

俄授陝虢觀察使。遷尚書右丞。王承宗請割德、棣而遣子入侍也，憲宗選堪使者，以命從。議者謂承宗很譎，非單使可屈。次魏，田弘正請以五百騎從，辭之，惟童騎十數，疾趨鎮。集軍士毬場宣詔，爲陳逆順大節禍福之效，音辭暢厲，士感動，承宗自失，貌愈恭，至泣下，即按二州戶口、符印上之。還爲山南西道節度使。帝欲遂相，監軍使揣知，爲用事者求金，從不肯答，用是不得相。長慶初，繇尚書左丞領鄜坊節度。屬部多神策屯軍，數亂法驕橫，吏不能制，從一繩以法，下皆重足畏之。党項互市羊馬，類先遺帥守，從獨不取，而厚慰待之，羌不敢盜境。寶曆初，爲東都留守。故事，留司官入宮城門列晨衙見留守。吏誕傲，久廢，至是復行。

召拜戶部尚書。宰相李宗閔以從裴度、李德裕所善，內不喜。從求致仕，除太子賓客，分司東都，告滿百日去。於是衆譁語不平，宗閔懼，復授檢校尚書左僕射、淮南節度副大使，知節度事。揚州凡交易貲産、奴婢有貫率錢，畜羊有口算，又貿麴牟其贏，以佐用度，從皆蠲除之。官吏俸帛常加估以給，獨節度使則否，從皆與之同。大和六年卒，年七十二。下有刲股肉以祭者。贈司空，謚曰貞。

從爲人嚴偉，立朝稜稜有風望，不喜交權利，忠厚而讓。階品當立門戟，終不請。位方鎭，內無聲妓娛玩。士大夫賢之。

從子愼由、安潛。能子彥曾。

能字子才。朱泚之亂，渾瑊以朔方軍戰武功，引佐幕府。進累侍御史。河東鄭儋表爲判官。累遷黔中觀察使，以讒坐貶。從爲中丞，奏以自代。繇將作監授嶺南節度使，與從皆秉節居鎭，世傳爲榮。卒，年六十八，贈禮部尚書。

愼由字敬止。聽瞽彊記，資端厚，有父風采。繇進士第擢賢良方正異等。鄭滑高銖辟府判官。入爲右拾遺，進翰林學士。授湖南觀察使。召還，由刑部侍郎領浙西。入遷戶部侍郎，判戶部。始，愼由苦目疾，不得視，醫爲治刮，適愈而召。

俄進工部尚書、同中書門下平章事。與蕭鄴有隙，鄴輔政，引劉瑑，而出愼由爲東川節度使。初，宣宗餌長年藥，病渴且中躁，而國嗣未立。帝對宰相欲肆赦，患無其端。愼由曰：「太子，天下本。若立之，赦爲有名。」帝惡之，不答。鄴等乘是譖去之，時大中十二年也。咸通初，徙華州刺史，改河中節度使。以吏部尚書請老，授太子太保，分司東都。卒，贈司空，謚曰貞。子胤，別傳。

安潛字進之。進士擢第。咸通中，歷江西觀察、忠武節度使。乾符初，王仙芝寇河南，安潛募人增陴繕械，不以力費仰朝廷。首請會兵討捕，號令精明，賊畏之，不犯陳許境。使大將張自勉將兵七千援宋州。時宋威屯曹州，而官軍數却，賊圍宋益急。自勉收南月城，斬賊二千級，仙芝夜解去。宰相鄭畋建言：「請以陳許兵三千隸宋威。」而威忌自勉，乞盡得安潛軍，使自勉隸麾下。畋謂威有疑忿，必殺自勉，奏言：「今以兵悉畀威，是自勉以功受辱。安潛抗賊有功，乃取銳兵付威，後有緩急，何以戰？是勞不蒙賞，無以示天下。」詔止以四千付威，餘還自勉。

俄代高駢領西川節度。吏倚駢爲姦利者，安潛皆誅之，數更除繆政，於是盜賊衰，蜀民以安。宰相盧攜素厚駢，乃誣以罪，罷爲太子賓客，分司東都。

僖宗避賊劍南，召爲太子少師。王鐸任都統，表以自副。鐸解兵，安潛復爲少師、東都留守。青州王敬武卒，詔拜平盧節度使，檢校太師兼侍中。會敬武子師範專地，不得入而還。後還太子太傅。卒，贈太子太師，謚貞孝。

安潛於吏事尤長，雖位將相，閱具獄，未嘗不身聽之。

彥曾，咸通初，繇太僕卿爲徐州觀察使。曉律令，然卞急，爲政剛猛。徐軍素驕，而彥曾長于撫民，短治軍，士多怨之。

初，蠻寇五管，陷交趾，詔節度使孟球募兵三千往屯，以八百人戍桂林。舊制，三年一更。至期請代，而彥曾親吏尹戡、徐行儉貪不恤士，乃議稟賜乏，請無發兵，復留屯一年。戍者怒，殺都將王仲甫，脅糧料判官龐勛爲將，取庫兵，剽湘、衡，虜丁壯，合衆千餘北還，自浙西趨淮南，達泗口。所過先遣俳兒弄木偶，伺人情，以防邀遏。彥曾命牙將田厚簡慰勞，而用都虞候元密伏甲任山館擊賊。勛遣吏紿言士思歸，不敢遏，請至府解甲自歸，彥曾斬其吏。勛陷宿州，發廥錢募兵，亡命者從亂如歸，船千艘，與騎夾岸，譟而進。彥曾料丁男乘城。或勸率衆奔兗州，彥曾曰：「我，方帥也，奉命守此，惟有死爾。」斬議者一人號于衆。俄而勛傅城，城中大霧如晦。彥曾悉誅賊家屬，勛衆四面超墉入，囚彥曾大彭館。有曹君長者說勛曰：「貴者不並處，今朝廷未以留後命公，蓋觀察使存爾。」勛乃殺彥曾於寢，自監軍使逮官屬皆死。始，彥曾治第鄭州，引水灌沼，水十步忽化爲血。署張佛筵，液蜜爲人，一昔鼠齧皆斷首。徐有子亭，下瀦水爲沱，彥曾導淸河灌之，鐫石龍首注溜，蔽以屋。徐人謂屋覆龍，於文爲「龐」；淸河，崔望也，爲吞噬云。贈刑部尙書。乾符中，錄其子祜之爲滎陽尉。

徐吏有路審中者，彥曾知其能，頗任之。旣遇害，賂守卒，斂藏其尸。張玄稔攻徐州，審中率死士應官軍，開南白門，官兵入，因得破勛。後位嵐州刺史。鄭畋謂審中節貫神明，請擢爲右羽林將軍，詔可。

有許鐸者，罷武城令，客於徐，勛脅以官，不從。彥曾官屬被囚，鐸潛饋資糧，及死，爲收瘞，匿免其子弟，賊平，乃皆歸其喪。詔拜石首令，賜銀緋。僚官焦璐、温廷皓、李棁、崔蘊、柳泰、盧崇嗣、韋廷範贈官有差，錄其子官之。

徐彥伯，兗州瑕丘人，名洪，以字顯。七歲能爲文。結廬太行山下。薛元超安撫河北，表其賢，對策高第。調永壽尉、蒲州司兵參軍。時司戶韋暠善判，司士李亘工書，而彥伯屬辭，時稱「河東三絕」。遷職方員外郎，奉迎中宗房州，進給事中。武后撰三教珠英，取文辭士，皆天下選，而彥伯、李嶠居首。遷宗正卿，出爲齊州刺史。帝復位，改太常少卿。以脩武后實錄勞，封高平縣子。爲衞州刺史，政善狀，璽書嘉勞。移蒲州，以近畿，會郊祭，上南郊賦一篇，辭致典縟。擢脩文館學士、工部侍郎。歷太子賓客。以疾乞骸骨，許之。開元二年卒。

彥伯事寡嫂謹，撫諸姪同己姓。秉筆累朝，後來翕然慕傚。晚爲文稍蹇澀，然當時不及也。

始，武后時，大獄興，王公卿士以語言爲酷吏所引，死徙不可計。彥伯著樞機論，以謂：「言者，德之柄，行之主，志之端，身之文也。君子之樞機，動則物應，得失之見也。可以濟身，亦以覆身，否泰榮辱一繫之。能審思而應，精慮而動，擇其交以後談，則悔吝何由而生？怨惡何由而至？如此乃可以言也。」以爲戒世云。

蘇味道，趙州欒城人。九歲能屬辭，與里人李嶠俱以文翰顯，時號「蘇李」。逮冠，州舉進士，中第。累調咸陽尉。吏部侍郎裴行儉才之，會征突厥，引管書記。裴居道爲左金吾衞將軍，倩味道作章，攬筆而具，閑徹淸密，當時盛傳。

延載中，以鳳閣舍人檢校侍郎、同鳳閣鸞臺平章事，歲餘爲眞。證聖元年，與張錫俱坐法繫司刑獄。錫雖下吏，氣象自如，味道獨席地飯蔬，爲危惴可憐者。武后聞，放錫嶺南，纔降味道集州刺史。召爲天官侍郎。聖曆初，復以鳳閣侍郎、同鳳閣鸞臺三品。更葬其親，有詔州縣治喪事。味道因役庸過程，遂侵毀鄉人墓田，蕭至忠劾之，貶坊州刺史。遷益州大都督府長史。張易之敗，坐黨附，貶眉州刺史。復還益州長史，未就道卒，年五十八，贈冀州刺史。

味道練臺閣故事，善占奏。然其爲相，特具位，未嘗有所發明，脂韋自營而已。常謂人曰：「決事不欲明白，誤則有悔，摸稜持兩端可也。」故世號「摸稜手」。性友愛。其弟味元，味元嘗請託不遂，因慢折之，味道怡然不屑。所論著行于時。

豆盧欽望，雍州萬年人。祖寬，隋文帝外孫，爲梁泉令。高祖定關中，與郡守蕭瑀率豪姓進款。擢累殿中監。子懷讓，尙萬春公主。詔寬用魏太和詔，去「豆」姓，著「盧」。貞觀中，遷禮部尙書、左衛大將軍，芮國公。卒，贈特進、幷州都督，陪葬昭陵，謚曰定。復其舊姓。欽望累官越州都督、司賓卿。長壽二年，拜內史，封芮國公。李昭德被罪，有司劾奏欽望阿順昭德不執正，附臣罔君，貶趙州刺史。入爲司府卿，遷秋官尚書。中宗還東宮，拜太子宮尹。進文昌右相、同鳳閣鸞臺三品。罷爲太子賓客。帝復位，擢尚書左僕射、平章軍國重事。欽望居宰相積十餘年，方易之、三思等怙勢宣烝，窺問王室，戮忠戚，觖冀非常，不能有所裁抑，獨謹身諄諄自全。進開府儀同三司，檢校安國相王府長史。卒，年八十，贈司空、幷州大都督，陪葬乾陵，諡曰元。

武后時，宰相又有史務滋、崔元綜、周允元，略可述者附左方。

史務滋，宣州溧陽人。累吏勞，遷司賓卿，進拜納言。后革命，詔務滋等十人分行天下。雅州刺史劉行實兄弟爲侍御史來子珣誣其反，詔務滋與來俊臣雜治，俊臣言務滋與囚善，掩其反狀，后命俊臣幷治，遂自殺。

崔元綜，鄭州新鄭人。祖君肅，武德中爲黃門侍郎、鴻臚卿。元綜，天授初以鸞臺侍郎、同鳳閣鸞臺平章事。性恪愼，坐政事堂，束帶，終日不休偃，尤護細槩。外若謹厚，而中刻薄。每受制鞫獄，必澡垢索疵，不入死不肯止，人畏鄙之。未幾，坐事流振州，搢紳爲慶。會赦還，除監察御史。遷蒲州刺史，致仕。善攝生，年九十餘卒。

周允元字汝良，豫州安城人。自右肅政御史中丞，拜檢校鳳閣侍郎、同鳳閣鸞臺平章事。武后宴宰相，詔陳書傳善言，允元曰：「恥其君不如堯、舜。」武三思劾奏語指斥，后曰：「聞其言足以誡，安得爲過？」卒，贈貝州刺史。